中国建筑业企业
国际竞争力·柔性策略与案例分析

赵振宇　申立银　著

中国建筑工业出版社

图书在版编目（CIP）数据

中国建筑业企业国际竞争力·柔性策略与案例分析/赵振宇，申立银著．—北京：中国建筑工业出版社，2009
ISBN 978-7-112-10559-5

Ⅰ．中…　Ⅱ．①赵…②申…　Ⅲ．建筑企业—国际市场—市场竞争—中国　Ⅳ．F426.9

中国版本图书馆 CIP 数据核字（2008）第 198885 号

本书论述了国际建筑市场经营环境的特征、分析了国际建筑市场准入及工程承包全球价值链问题，在此基础上建立了涵盖规模与效率、企业管理与运营、项目管理、学习与创新、营销与市场、环境与影响力六大属性的建筑企业国际竞争力全要素评价指标体系。并分析了中国国际承包商在国际建筑市场中的优势、劣势、机会和威胁。

本书还应用柔性理论和方法，分析了提高企业竞争力的几种主要策略。重点论述了基于国际工程的柔性策略；并以三个大型工程联营体为案例展开实证分析。为企业进行分析及制定提高竞争力战略提供了有效的方法。

本书强调理论与实践相结合，以理论为重点，以案例为支持，视角新颖。可供建筑业企业经营管理和技术人员、咨询机构研究人员、相关政府主管部门和行业团体的管理人员、高校工商管理、企业管理和工程管理等专业师生参考使用。

*　　*　　*

责任编辑：张礼庆
责任设计：董建平
责任校对：王雪竹　刘　钰

中国建筑业企业
国际竞争力·柔性策略与案例分析
赵振宇　申立银　著
*
中国建筑工业出版社出版、发行（北京西郊百万庄）
各地新华书店、建筑书店经销
北京永峥排版公司制版
北京建筑工业印刷厂印刷
*
开本：787×1092 毫米　1/16　印张：12　字数：292 千字
2009 年 1 月第一版　2009 年 1 月第一次印刷
定价：**28.00** 元
ISBN 978-7-112-10559-5
（17484）

前言

企业竞争力和经营管理策略是任何企业赖以生存和发展的关键，是企业管理研究领域的核心内容。在优胜劣汰的市场竞争中，只有经营管理得当、有竞争力的企业才能发展壮大。

实施“走出去”战略是我国对外开放基本国策中新的重要内容。积极开拓国际市场、开展国际化经营是增强我国企业发展动力的一个途径，作为实施“走出去”战略的一支重要力量，中国建筑业企业正努力通过国际市场拓展发展空间，在国际市场上扮演着越来越重要的角色。

研究我国建筑业企业进入国际市场竞争力及经营管理策略是研究企业国际经营管理的重要组成，也是提升我国建筑业企业管理水平的需要。目前，已有一些关于建筑业企业竞争力和经营管理方面的研究，在已有成果基础上，亟待以新的视角研究企业在国际建筑市场中的竞争力，从而丰富这一研究领域并应用于行业和企业实践。

本书是住房和城乡建设部科学技术项目计划“中国建筑业企业进入国际市场竞争力及柔性策略研究”的主要成果。内容以国际建筑市场为背景，以中国国际承包商为代表的建筑业企业为对象，以国际竞争力、柔性策略为主线。

价值链理论是研究企业国际竞争力的重要理论之一，其中全球价值链理论可用于研究解释全球经济背景下的一系列新的经济结构。本书应用价值链理论分析工程承包全球价值链问题，建立国际工程承包全球价值链模型，为研究建筑产业升级和国际承包商全球化经营提供新的有效的分析工具。

建筑业企业国际竞争力研究的一项重要基础工作是竞争力评价体系的科学构建。本书建立涵盖了规模与效率、企业管理与运营、项目管理、学习与创新、营销与市场、环境与影响力六大属性的建筑企业国际竞争力全要素评价指标体系。该指标体系可以为我国建筑业企业衡量自身的国际竞争力水平提供参考，也可成为有关管理部门和行业协会开展建筑业企业国际竞争力评价的工具。

我国建筑业企业要走向国际市场首先应做到知己知彼：了解不同国家和地区建筑市场的准入条件和管理制度，分析中国国际承包商自身面临的机会和威胁，是“知彼”的重要方面；识别中国国际承包商自身的优势和劣势则是“知己”的重要方面。面对日益复杂多变的国际环境，中国建筑业企业只有预先分析国际建筑市场趋势，正确判断企业的竞争位势并积极应对变化的环境，才能化风险为机遇，主动利用变化，制定适于自身条件的经营策略，提升企业的国际竞争力。

从国际上看，建筑产业分工体系日益深化、承发包模式不断变革、承包商经营和管理的范围不断拓宽、新的金融和技术支持不断介入，企业内外环境的不确定性很高，国际承包商面临政治、经济，文化、合作、冲突等因素的影响，研究处于复杂多变环境下的企业的柔性化问题非常必要。开展我国建筑业企业国际化经营柔性策略研究既具有一定的学术价值又具有很强的实践性。

本书针对建筑行业特点，并结合柔性理论和方法，分别对各类建筑业企业进行柔性需求分析，重点建立环境动荡性指标体系、柔性扫描指标体系、柔性潜能培养和开发指标体系，并设计出相关问卷的评测内容。帮助企业掌握柔性分析的实施步骤和方法，借以从柔性分析中得到改进建议。

在建立上述企业柔性分析框架的基础上，重点从组织形式、冲突管理、跨文化管理、战略联盟、Partnering 等几个方面进行分析，并贯穿企业人力资源柔性、物资资源柔性、信息资源柔性、资金资源柔性和组织资源柔性等多个方面。

企业的组织结构要服从组织战略，组织柔性是企业柔性化的根本，通过对直线制、职能制、直线职能制、事业部制、矩阵制及流程导向型、网络制等组织形式的分析，探讨各类项目组织形式对不同项目的适应性问题，利于企业选择适于自身特点和复杂市场环境的组织形式，并随着企业战略的变化而动态发展。

在现实中，组织和组织成员之间不可避免地会产生各类冲突。如何应对和管理这些冲突对国际工程项目各相关方能否顺利完成项目有重要影响。竞争、回避、迁就、抚平、折中、合作等都是冲突管理中可以选择又可以相互转换的策略，本书对从竞争向合作发展的冲突管理柔性策略做了重点探讨。

国际工程往往有不同国家的众多相关方参加并带来相应的跨文化问题，增大了国际工程的风险和管理难度，制定跨文化管理策略是提高项目管理水平、赢得市场和客户的需要。本书建立国际工程跨文化冲突管理模型，探讨跨文化管理团队的组建、跨文化训练、文化协同、本土化经营等。

企业参与国际竞争需要有可持续的不同种类的互补性资源，合作也是生产力，战略联盟可以使企业利用其现有的关键性资源或核心能力与其他企业的资源进行融合，有助于提高联盟企业战略的灵活性。本书分析联盟方式对企业资源柔性、能力柔性、组织柔性和战略柔性的增强效用，探讨如何选择战略联盟合作伙伴，如何确定战略联盟关系，如何构建国际工程企业战略联盟及如何进行运行管理等问题。

Partnering（“伙伴关系”或“合作管理”）是国际工程领域一种新的管理模式，致力于通过沟通协作，用更策略、更具创造性的方式实现项目各方共同获益，给传统的工程建设领域带来合作多赢的新理念。本书在综合国内外研究和实践基础上，建立 Partnering 管理环境下体现信任、合作、协调、沟通和激励的项目管理机制框架模型，并提出新的 Partnering 工作流程设计。

柔性分析是本书的特色和重点之一，本书以工程承包联营体为例，提出联营体环境和联营体现实柔性分析方法，建立联营体的柔性评价指标。并以三个大型工程联营体为案例进行实证研究，通过环境动荡性和柔性评分，判断工程承包联营体柔性能力对环境动荡性的适应程度，以帮助联营体制定相应的改善措施，为企业进行相关柔性分析及制定战略提供借鉴。

在本书撰写过程中，华北电力大学乌云娜教授、黄文杰教授为本研究提供了许多帮助。华北电力大学硕士研究生殷音参加了本书有关建筑业企业国际竞争力全要素评价指标、建筑业企业环境动荡性和柔性指标、国际工程企业战略联盟、工程承包联营体柔性分析方法部分的研究；博士研究生杨光参加了国际工程承包组织柔性、冲突管理、跨文化冲突管理部分的研究；硕士研究生黄勇参加了工程承包全球价值链、国际建筑市场准入部分的研究。本书还参考或引用了一些同仁发表的案例，并已将案例来源在参考文献中列明。谨向参与本课题的研究人员和案例提供者深致谢忱。

建筑业企业国际竞争力、柔性化及管理策略问题复杂，涉及面很广，许多理论和实践都有待不断地研究探索，本书对一些重要方面进行探讨，旨在抛砖引玉，希望有更多的同仁在该领域做出更多更好的研究工作。

赵振宇　申立银

2008 年 11 月

目 录

第一章　建筑业企业竞争力

第一节　企业竞争力

一、企业竞争力概述

企业竞争力是企业在稀缺资源竞争中生存和发展的综合力量，即在竞争环境中企业获取资源、有效整合资源并做出正确的战略选择的能力。有竞争力的企业能比竞争对手更好更快地满足顾客需求，进而为企业带来更多资源和收益，并促进企业成长。

关于国际竞争力，世界经济论坛和瑞士洛桑管理学院（IMD）（1985 年）提出：国际竞争力是指一国或一个公司在全球市场上均衡地生产出比其竞争对手更多财富的能力。国际竞争力是竞争力资产和竞争力过程的统一，其中竞争力资产包括固有的（如自然资源）或创造的（如基础设施）资产；竞争力过程是指将资产转化为经济结果（如通过制造），然后通过国际化（在国际市场测量的结果）产生出竞争力。可以用下式表示：

竞争力资产 × 竞争力过程 = 国际竞争力

美国竞争力委员会（1985 年）认为，竞争力主要不是取决于拥有原材料或劳动力成本，而主要取决于是否比其他竞争者更有能力去创造、获取和应用知识。

有关企业竞争力的研究经历了从产业分析到企业资源、能力理论的发展历程，如表 1-1 所示。

企业竞争力研究发展历程　　表 1-1

年　代	主要环境特征	相关理论
18 世纪中叶～20 世纪初期	劳动分工；供给短缺；相关实践工具和理论工具不足	Adam Smith 的劳动分工理论；Marshall 的新古典经济学理论等
20 世纪初期	第一次技术革命；资本主义世界从自由竞争发展到国际垄断竞争；国家垄断资本主义不断发展	Coase 的现代企业理论；Marshall 的企业内部成长论；Schumpeter 主义竞争理论等
20 世纪 50 年代	买方市场形成；科学技术迅速发展；垄断资本跨部门发展、跨国公司成为垄断组织的主要形式，私人垄断向国家垄断进化；国际竞争格局呈现多元化	Penrose 的企业内在成长论等
20 世纪 60～70 年代	多元化兴起；大企业之间的联合与兼并加剧；局部竞争走向整体竞争；封闭式竞争走向开放式竞争	Richardson 的组织间协调；Andrews 的经典战略管理理论；Williamson 交易费用经济学理论等
20 世纪 80～90 年代	参与竞争的客体由有形商品竞争向无形商品和服务性商品转移	Nelson 和 Winter 的演化经济学，Porter 的竞争优势理论，Wernerfelt 的资源基础论等

续表

年　代	主要环境特征	相关理论
20世纪90年代初中期	信息技术飞速发展；多元化；产品的生命周期缩短；非价格竞争已经取代传统的价格竞争占主导地位；企业呈多元化发展趋势	Prahalad 和 Hamel 的核心能力理论；Chandler的组织能力理论等
20世纪90年代中后期至今	企业及其赖以生存环境所构成的“商业生态系统”的动态变化；国际贸易日益多样化；国际竞争更趋激烈；更为复杂的动态环境和更大的经营风险；互联网快速发展；企业竞争战略要求与环境动态匹配	Teece的动态能力理论等

二、企业竞争力理论

1. 基于产业分析和战略定位的企业竞争力理论

企业战略理论为企业竞争力研究提供了重要理论支持，其核心思想是在某一结构化的产业内寻求企业生存和发展的空间，通过资源配置实现市场扩张的目标；其战略重点是从既有的产业市场出发，使企业适应环境。企业战略理论主要有以下几个学派：

（1）战略规划学派

20世纪60年代初期，安东尼（R. N. Anthony）、安德鲁斯（K. R. Andrews）等奠定了战略规划学派基础。该学派主要利用SWOT分析工具、波士顿矩阵、SPACE矩阵等方法使企业能力与竞争环境进行匹配。战略规划的核心思想是注重资源与未来机遇的匹配，认为战略规划的优劣与环境变化密切相关，匹配不当会对经营产生消极影响。从某种意义上，战略规划学派强调企业是作为游戏规则的接受者在产业中竞争。该理论假设环境是可预测的，强调企业战略的实现要确定明确的目标，而现实中企业出于竞争的目的有时会对目标采用模糊的方法，以防竞争对手模仿。

（2）环境适应学派

随着环境的不确定性对企业冲击的加强，人们逐渐认识到，战略需要根据环境的不断变化而进行调整，并由此产生了环境适应学派。该学派的主要观点是强调战略的动态变化，即战略的制定与决策过程取决于环境波动的程度。该学派代表人物Ansoff认为世界上没有通用战略、战略不是唯一的、战略的正确与否和企业所处的特定环境密切相关。并划分了五种环境波动：重复的（稳定且可预测）；递增的（缓慢并逐步增强）；变化的（快速但仍是逐步递增的）；不连续的（有些方面不连续，其他方面可预测）；惊人的（不连续且不可预测）。该学派认为柔性目标是企业战略的一个重要组成部分，为了长期有利可图，企业必须进行持续的自我更新，以增强企业的外部柔性与内部柔性。其中外部柔性包括两方面：一是进攻柔性，即主动为未来的突破做好准备，如企业通过为快速的产品或过程创新创造更好的便利条件以超越竞争对手的努力；二是防御柔性，即在发生重大错误之后立刻改正错误或采取有效措施以减少风险或不确定性，从而使未知因素的影响最小化。内部柔性则是指在出现意外事件时组织具备的实施缓冲的能力。

环境适应学派弥补了战略规划学派的某些缺陷，但其思想具有生态类比色彩，在针对不同的环境采用何种对策方面尚缺少有效的分析工具用以确定企业应如何与同行竞争。

(3) 产业组织理论学派

产业组织学派的出现源于人们认识到市场结构与各种战略因素——诸如产业集中度、规模经济、垂直一体化、产业壁垒、产品差异等对企业盈利能力的影响比外部政治和经济环境的影响更大，因而，产业选择与市场定位成为企业战略的核心问题。该学派中有代表性的是 Michael E. Porter 的企业战略思想，认为企业是一个零散的但内部关联的经济活动的集合体，战略就是确定这些活动的组合及其相互关系。Porter 提出了成本领先、差异化、成本积聚化与差异积聚化等四大战略，企业必须从中选择一种战略来赢得竞争优势。企业竞争力差异的主要驱动力包括：规模、积累性学识、活动间的关联、部门间活动共享的能力、活动的区位分布、对活动的投资选择的时机、纵向一体化的程度等。国际化战略的核心是如何组合这些活动，即如何将这些活动散布到其他国家，并且协调分部在各地的活动。

Porter 的一大贡献是把企业战略理论化，强调在竞争战略的制定过程中要考虑竞争对手的反应。但其关于产业集中度与利润率和价格是否成正相关，能否同时采用成本领先战略与产品差异化战略，以及企业成功的关键取决于市场结构还是企业的内部资源与能力等问题上也有一些争议。

(4) 资源基础理论学派

资源基础论建立了资源（Resources）、能力（Capability）与核心竞争力理论（Core Competencies）三个概念体系。资源可以是有形的，如资金、厂房、设备等；也可以是无形的，如专利、品牌等。能力总是无形的，能力产生于各种媒体的相互作用。其中核心竞争力具有稀缺性、专用性和方法性特征，它可以通过长期的学习和积累形成，也可以通过兼并其他企业来获取。核心竞争力理论把能力从资源中分离出来，强调企业是能力的集合体，能力决定企业的发展方向。在关于多元化经营政策方面强调企业在进入产业的选择上要充分考虑产业的相关性。

资源基础理论的局限性在于强调资源与能力，忽视对企业外部环境的分析；注重对企业现有资源分析，忽视如何创造新资源；亦缺少有效的分析工具用以分析哪种资源对企业成功起决定性作用。

在当今强竞争时代，一方面，持续发生的不可预测的竞争环境的变化限制了线性管理方法的应用，要求企业能从整体战略上做出快速的根本性的调整；另一方面，战略逻辑、战略意图、管理过程等要素的变化往往需要较长的动态反应时间。因此，一个重要而有效的工具就是增强战略柔性。

综合以上各种战略管理观点：企业战略管理主要是对未来投入和产出的动态管理来实现企业竞争力的提高。制定企业战略成功的关键是对企业内外部环境以及企业自身资源进行分析，通过培养学习创新能力来开发新的资源，协调整合各种企业活动，以实时迅速地适应各种变化，进而提高企业自身的核心竞争力和可持续发展能力。

2. 基于资源观的企业竞争力理论

企业资源基础论是经典战略管理理论、产业经济学和组织经济学等多学科结合与创新的产物。Rumelt 和 Wernerfelt 等学者在 Penrose（1959）的企业内在成长论的基础上建立了基于资源的企业战略理论。该理论认为，企业的资源和能力是异质的，这种异质性决定了一个行业中不同的企业在绩效上的不同。企业可以通过提高其所占有资源的质量或通过比竞争对手更有效地使用资源来获得竞争优势，当这种资源不易模仿时，企业就获得了持续的竞争优势。

企业资源基础论放宽了理论假设，在资源异质性和非完全性的基础上提出了分析企业竞争优势的新方法，从企业内部入手，分析企业是如何通过占有和挖掘能够产生竞争优势的资源来确定自己的竞争地位。该理论认为，并不是所有企业都具备持续的竞争优势，竞争地位归根到底取决于企业控制的资源状况，即与知识相关的、难以买卖和在企业内各部门可分割的资源。

但该理论仍存在如下不足：第一，过分注重企业内部的资源问题，而对企业外部环境重视不够，难以适应环境变化的需要；第二，资源基础论的研究更注重于理论上的解释和学术上的探讨，且对资源的定义过于模糊，可操作性较差；第三，行业代表性不强，仅是通过对某几个行业的研究得出的结论，尚需进一步考证。

3. 基于能力的企业竞争力理论

(1) 组织能力理论

Chandler (1992) 认为企业能力是企业长期发展并维持优势的保证。企业能力是企业在其历史发展过程中，充分利用规模经济和范围经济获得的生产能力、营销能力和管理技能，是企业内部的物资、设施和人的能力的集合。企业能力来源于企业对三个方面的投资：即对企业进行大规模生产所需设备的投资；对全国乃至国外的营销、流通网络的投资；对管理的投资。

(2) 核心能力理论

Prahalad 和 Hamel 于 1990 年发表在《哈佛商业评论》上的“公司的核心能力”一文的主要观点是：核心能力（Core Competence）是组织中的积累性学识，尤其是关于如何协调不同生产技能和有机结合多种技术流派的学识。联结核心能力和终端产品的环节是核心产品，核心产品是核心能力的物质体现。核心能力包括五个要素，即文化（Culture）、技术（Technology）、人力资源（Human resource）、信息（Information）和组织（Organization），这五个要素相辅相成，密不可分。全球竞争在核心能力、核心产品和终端产品三个层次上同时展开，而每一层次上的竞争又具有不同特点。

与企业资源基础论相似，核心能力理论弥补了注重企业外部分析的 Porter 的五力分析模型的缺陷，但其本身仍存在不足：第一，过分注重企业的内部分析，忽视了企业的外部分析，致使内外部分析失衡；第二，核心能力是一个较难理解、较为抽象的概念，核心能力理论在解释企业长期竞争优势的源泉的同时，并没有给出可行的用来识别核心能力的方法，也未能对如何针对核心能力的提高进行有效管理提出可操作性的途径。

(3) 基于业务流程能力理论

波士顿咨询公司的 Stalk 和 Schulman (1992) 提出，成功的企业极为注重组织活动和业务流程，并把改善这些活动和流程作为首要的战略目标。企业成功的关键不仅在于核心能力，还在于必须管理一些基本业务流程，每个流程都要求部门间协调配合，每个流程也都应创造价值。

(4) 动态能力理论

动态能力理论认为如何发展、保持和增强组织能力对企业赢得竞争优势具有关键作用，企业最宝贵的资产是以组织知识为基础的能力。该理论强调要开发公司内外部独特的竞争能力来适应变化的环境，主要解决以下两个问题：一是识别可能为公司带来持续竞争优势的独特能力；二是解释竞争能力和资源间的联合是如何得到发展、分配和保护的。开始重视企业外部环境和内部资源、能力的整合，从企业竞争的静态分析转向更多地注重企业可持续发展的动态分析。基于动态能力的企业竞争力分析已成为企业竞争力分析的主流。

4. 关于战略柔性的研究

"基于资源"、"基于能力"尤其是"基于核心能力"的企业战略理论仍是当前企业战略研究的主流，但无论持哪种观点的学者都认识到环境的变化越来越快，企业的战略应当适应环境的变化。除传统的产品和服务的质量和成本外，时间的竞争和战略柔性的程度已成为新的甚至是更重要的竞争内容。目前，战略柔性（Strategic Flexibility）已成为国际上对战略灵活性研究使用的专门术语。Vans（1991）认为战略柔性是在原有战略的基础上，通过能力的提高来使这一战略获得有效的调整，这实际上是在战略内容中更多地考虑环境变化并加入可能的措施；Lan（1996）则提出战略柔性是公司借助于其更高级的知识和能力，通过调整其目标来适应不确定环境的能力。国外学者曾用战略柔性分析大型制造业（Lau 1996；Beach，Muhlemann 和 Price 2000）、工业品市场竞争（Sanchez 1995）、项目研发（R&D）（Raynor 和 Leroux 2004）、物流平台（Abrahamsson，Aldin 和 Stahre 2003）、市场营销（Johnson 2003）等。

第二节　工程承包全球价值链

一、工程承包全球价值概述

1. 价值链概述

价值链理论是研究和提升企业国际竞争力的有效工具，价值链可分为企业价值链、产业价值链和全球价值链，将其进行比较，如表 1-2 所示。

价值链发展阶段比较　　**表 1-2**

名　称	地理范围	学术上相似的称谓	定位/视野
企业价值链	单一企业环境	价值链	传统/单一
产业价值链	产业链上中下游企业环境	价值系统	产业/系统
全球价值链	跨国产业链上以及相关产业链上的众多企业环境	全球商品链全球生产网络	经济全球化/世界范围

(1) 企业价值链——传统定位

Porter（1985）提出，每一个企业都是由设计、生产、营销、交货以及对产品起辅助作用的各种活动组成的集合，而所有这些活动都可以用价值链来表示，价值链是企业在一个特定产业内的各种活动的组合。企业的价值链反映了企业战略推行的途径以及企业活动的效益。Porter 是基于传统的制造企业背景提出了价值链的模型并定义了主要的价值活动，Porter 的企业价值链模型表明：企业若要比竞争对手更具竞争优势，必须以更低的成本完成这些活动，或以特有的方式使产品产生差异化。

（2）产业价值链——现代产业定位

不仅企业内部存在价值链，一个企业价值链与其他经济单位的价值链也是相连的，任何企业的价值链都存在于一个由许多价值链组成的价值体系中。在 Porter 的价值链基础上，Kaplinsky（2000）考虑了价值链中公司间的联系，进而提出了产业间价值链和产业内价值链。不同产业创造价值的环节各不相同，其价值链亦各不相同。

企业价值链研究的是单个企业内部的活动，而产业价值链研究的是企业之间的活动。这样，价值链分析就从具体单个的企业扩展到了与其供应、生产、分配等活动相关的所有企业，即从相关原材料生产商到最终用户，并包括竞争者在内的整个产业。可以说，企业内部价值链的外化便形成了产业价值链。

（3）全球价值链（Global Value Chain，GVC）——经济全球化定位

在过去的几十年中，随着专业分工的细化和信息网络技术的迅速发展，跨界分包和海外直接投资等经济活动不断加强，那些在地理上分散于全球的经济活动开始聚集整合，生产和贸易呈全球化趋势。

全球价值链是指为实现商品或服务的价值而连接生产、销售、回收等过程的全球性跨企业网络组织，涉及从原料采集、运输，半成品和成品的生产和分销，直至消费和回收处理的整个过程，包括所有参与者和生产销售等活动的组织及其价值和利润的分配。处于全球价值链上的企业从事的是产品开发、设计、生产制造、营销、出售、消费、售后服务、最后循环利用等各种增值活动。

全球价值链理论是在企业价值链、产业价值链和全球商品链等理论基础上创立发展起来的。与强调单个企业竞争优势的企业价值链的观点相比，全球价值链理论更能反映出价值链的垂直分离和全球空间再配置之间的关系。全球价值链理论可用来研究解释全球经济这一深刻变化和全球经济背景下的一系列新的经济结构，为研究当前跨国公司经营活动的开展、利益的分配以及发展中国家如何参与经济的全球化并在其中实现产业升级提供了新的有效的分析工具。这样，价值链分析从对单个企业和行业的研究进一步拓展到了对整个全球产业网络的研究。

2. 工程承包全球价值链及其特征

大多国际工程承包商也正通过推行全球化战略，突破传统国际分工的产业边界和国家边界，将建筑服务延伸到价值链的所有增值环节。处于价值链高端环节的全球主导承包商为进一步提高生产要素配置效率，通过跨国承揽工程项目、跨国并购和全球采购等一系列全球化活动在世界范围拓展市场。

在全球经济一体化背景下，建筑产业的经济活动与其他产业的经济活动在本质上是一致的，但建筑业与一般制造业在价值链上存在着区别，如表 1-3 所示。

建筑业与一般制造业在价值链上的区别 **表1-3**

类　别	建 筑 业	制 造 业
顾客角色	绝大多数由用户个性化定制	绝大多数是标准化产品，少量由用户直接提出需求定制
产品/生产	单件产品生产，不可移动，每个产品都不同，以“项目”为中心，寿命期长	大部分是大量大批生产，可运输，有较多标准产品，以“产品”为中心，寿命期相对较短
营销特点	依靠企业资质、业绩、规模等	依靠产品价格、特点、可获得性等
自动化程度	较低	较高
生产能力	模糊的	可明确规定的
上下游合作	上下游围绕同一产品，在进行过程中不断调整，联系紧密，有大量的信息交互	成熟产品间有明确界限，有标准化接口，上下游信息交流少
环　境	自然环境多变；社会环境复杂，涉及政府、公用部门、新闻媒体、周边单位与居民	环境相对稳定
管理模式	侧重项目管理	侧重生产管理
政府监管	规范多，手续多，监控点多，切入力度大，过程监管	相对宽松，主要是结果监管
质量控制	项目内部由专业第三方监理，项目外部由质监站等进行监管	厂内由企业自行监管，厂外由市场及工商、行业质量监督部门监管

可以说，建筑业是制造业在高度复杂和变化环境下的一种深入发展的特例，制造业中的一些管理技术变革在理论上对工程承包商经营管理的有效性方面具有可借鉴性。广义的建筑工程领域涵盖了建筑工程产品的生产以及与建筑工程生产相关的所有服务内容，包括规划、勘察、设计、建筑材料与成品及半成品的生产、施工、安装、维护，以及相关的咨询和中介服务等。

建筑业的全球价值链是以国际工程项目为纽带而形成的。业主以及总承包商通过对国际工程项目实行国际招标、分包来进行国际采购，由此把生产建筑产品（构筑物）的各个价值贡献、增值环节（供应商、施工分包商等）集结在一起而形成一条或多条全球范围的产业链。

对建筑企业而言，往往是产业内领先的工程承包商，能更快地通过频繁的外部联系获取丰富的信息和知识，它们根据所处区域以及工程项目业绩，逐渐专注于产业价值链的某个或某几个优势环节，而放弃或弱化非核心经济活动，由此带来其竞争力的进一步提升并吸引产业集群内其他企业借助区域内频繁的网络联系纷纷跟进和模仿，出现了建筑产业整体产业活动基于全球产业价值链的垂直、水平分离。大量的产业间、集群与区域外经济行为为主体的项目承揽、国际采购、技术、信息、文化交流，把基于同一产业的不同区域产业集群联系起来，实现了全球尺度上建筑产业基于价值链的整合。

综合对工程承包产业链的分析，本书给出工程承包全球价值链的定义如下：以国际工程项目为纽带，为实现建筑产品或相关服务的价值，通过国际建筑市场而连接项目规划、投资（融资）、设计（研发）、设备采购、施工、运营、维护、回收以及项目管理、咨询和相关中介服务等过程（环节），跨越不同地理空间的工程企业（承包商）或其他经济行为主体的全球性价值创造链，是一种全球性跨企业、跨地域的网络组织。并建立工程承包全球价值链如图1-1所示。

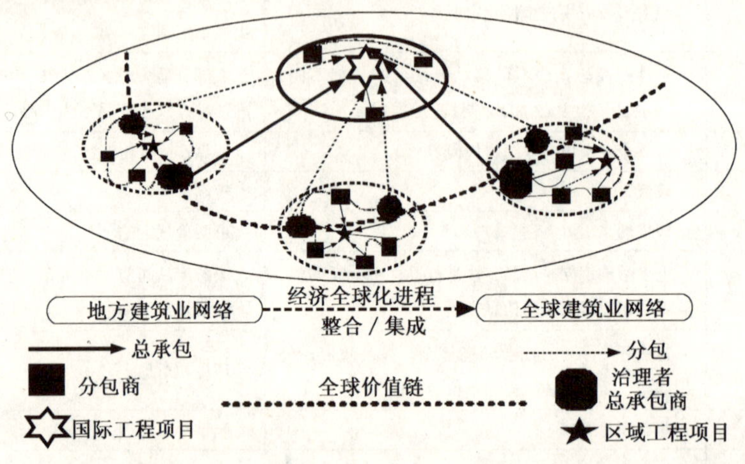

图1-1　工程承包全球价值链

二、工程承包全球价值链驱动机制

Gereffi（1999）以及国内学者张辉（2006）对全球价值链生产者驱动和采购者驱动两种驱动机制进行过对比研究，分别从以下一些方面对两种驱动机制的特点做了对比：动力根源、核心能力、主要产业联系、进入门槛、产业分类、企业的业主、环节分离形式、主导产业结构、辅助体系以及典型产业部门。根据建筑行业以及工程承包全球价值链的定义，从以上指标中选取与本研究的目标密切相关的动力根源、核心能力、主要产业联系、环节分离形式以及主导产业结构等5个指标来对工程承包全球价值链的驱动机制进行分析。

1. 动力根源

该指标主要用于界定全球价值链是由产业资本还是商业资本所驱动。

（1）产业资本驱动

所谓产业资本是指投入在工业、矿业、农业、交通运输业和建筑业等物质生产部门的资本，是能够实现价值增值的资本。

建筑行业在经济发展中往往起支柱作用，它对国民经济的发展有着极强的拉动性，对国民经济中其他行业的发展有着巨大的影响和推动作用。《中国大百科全书土木工程卷》和《辞海》都把建筑业界定为国民经济的物质生产部门。

由于建筑业市场竞争的加剧，建筑市场已经成为一个买方市场。作为买方的业主（包括控制了产业资本代表国家、地方政府和国有企业投资的业主以及私有企业、私人投资的业主）对建筑业的要求和期望越来越高，希望建筑产品的成本逐步降低、建筑产品的质量逐步提高、建筑产品满足多元化的需求。这些要求将促进建筑业和建筑市场的变化和发展，同时驱动工程承包全球价值链的整合。

根据以上分析，从建筑业价值链的原始驱动力来判断，该行业价值链是由产业资本驱动的，因为几乎所有国际工程项目都是由力图推动经济发展的东道国政府或其他组织的产业资本投资建设的，这具有明显的生产者驱动特征。

（2）商业资本驱动

商业资本是在流通领域中独立发挥作用的职能资本，是从产业资本中分离出来的独立的资本形式。

当工程承包价值链历经原始驱动以后，工程进入发包、承包和分包阶段，各分包商和供应商通过招标、投标等采购活动纷纷嵌入到由总承包商带动的价值链条中，这里面起驱动作用的是从产业资本中分离出来的商业资本。对应商业资本定义，这里的流通领域就是以总承包商为枢纽的贯穿招投标活动的整个采购过程；在该过程中发挥作用的是各企业用于工程产品和服务买卖、以获取商业利润为目的的职能资本。这里的产品指的是工程实体，而服务包括了咨询、项目管理以及金融服务。因此，以工程项目为纽带的全球价值链也具备采购者驱动的相关特征。

2. 核心能力

从工程承包行业的发展来看，一个国家或者一个组织的生产和研发能力显得非常重要。一个国家的经济发展状态良好，将使国家各产业部门的生产、研发能力快速提升。工程承包行业对经济发展的依赖性大，其生产能力随国家经济发展而提升，同时生产能力所代表的国家竞争的比较优势容易发挥作用。从产业核心能力角度可以看出工程承包价值链具备生产者驱动的特征。

核心能力对应采购者驱动的指标，是指设计能力和市场营销能力。当前风行全球工程承包领域的 EPC 总承包模式，即是以设计为龙头的价值链垂直整合总承包驱动模式。如 2006 年国际市场电力建设行业设计公司全球排名第一的 Black & Veatch 公司，其提供的主要的综合服务项目之一就是 Design-Build/EPC 总承包模式。就嵌入全球价值链参与国际市场竞争的工程承包商而言，其市场营销能力起着举足轻重的作用。工程承包商的市场营销体现在品牌建设、区域市场的选择、进入相关行业的选择以及投标报价等多个方面。工程承包全球价值链中的治理者，即国际承包商，凭借其强大的品牌优势对国际工程实行总承包模式；承包商的竞争策略是通过市场营销分析而确定的，如成本领先策略、延伸服务策略、区域市场选择策略以及联盟策略等。因此，从核心能力指标来分析，工程承包全球价值链兼具生产者和采购者驱动的特点。

3. 主要产业联系

在经济全球化不断深化的环境中，工程承包全球价值链上的所有活动环节始终贯穿着投资和贸易两条主线。

根据动力根源的分析，建筑业作为国民经济重要的物质生产部门，其原始动力源于产业资本的固定资产投资；同时由于国际带资承包的兴起，使一些承包商的经济活动增添了投资的色彩，因此投资是国际建筑业的一个主要的产业联系。

由于国际投资是国际建筑产业的一个主要的产业联系，而国际贸易是因国际投资驱动的，因此，国际贸易也成为国际建筑业一个主要的产业联系。根据世界贸易组织（WTO）

关于部门的分类，将建筑业的大部分业务归为贸易范畴。处于建筑业产业链上、中、下游各环节的企业在国际工程投资和贸易的驱动下纷纷嵌入工程承包全球价值链当中。

从主要产业联系指标分析也可以看出，工程承包全球价值链同时具有生产者驱动和采购者驱动价值链的特点。

4. 环节分离形式

该指标对应的生产者驱动体现的是海外直接投资的功能。一般而言，工程承包商是建筑市场卖方的主体，主要以投标的形式承揽工程项目，因此从传统的角度看，并不具备投资的功能。

随着国际建筑市场竞争日趋激烈，逐渐形成买方市场的格局。在国际项目招标活动中，业主或工程的发包方越来越关注承包商提供综合服务的能力和实力，对承包方的要求越来越高，其中的一个重要方面是评价承包商融资的能力，即承包商带资承包的能力。在竞争激烈的市场环境下，催生了工程承包商的投资、融资功能，而且该功能在很大程度上已成为承包商国际竞争取胜的重要条件之一，据专家初步估算，带资承包项目约占国际工程承包市场的65%。为适应国际竞争的要求，出现了多种具备投资、融资功能的承包模式，如BOT（Build-Operate-Transfer）、PPP（Public-Private-Partnerships）以及PFI（Private-Finance-Initiation）等，这些建设模式都具备很强的投资功能。我国承包商在“走出去”的过程中也逐渐在培育自身的海外投资功能。

采购者驱动价值链的环节分离形式体现在工程项目分包网络方面。

分包是采购者驱动价值链的主要特征。从国际工程总承包建设模式来看，分包（外包）活动更是普遍存在，国际承包商将其核心能力以外的业务分包给其他专业承包商以及劳务分包商，从而扩大业务并进一步提升自己的核心竞争力，实现效益的最大化。通过总包、分包的长期合作，形成一批庞大的分包商队伍，构成广阔的分包网络合作渠道。在分包过程中的采购活动包括了设计全球招标采购、设备全球招标采购以及施工招标采购等。因此，工程承包全球价值链具备采购者驱动的分包网络的特点。从环节分离形式上判断，工程承包全球价值链也同时具备生产者驱动和采购者驱动两种驱动特征。

5. 主导产业结构

主导产业结构包括生产者驱动的垂直一体化和采购者驱动的水平一体化两种形式。国际建筑产业结构主要从其全球价值链各环节的组合形式来判断，在全球化背景下，出于降低产业链企业之间交易成本、减少管理界面、优化资源配置以及增强学习效应等方面的考虑，工程承包商普遍倾向于产业价值链各环节的垂直一体化的整合，这符合产业链上、中、下游各专业企业的逻辑联系。这样就形成了国际建筑市场以总承包为主的垂直一体化整合的承包模式。同时，在国际建筑市场也存在水平一体化的价值链整合形式，比如在国际投标活动中被许多国际承包商所采用的联合体投标模式就是水平一体化整合形式的体现。但是，总体来看，国际建筑行业价值链在水平一体化整合之后，如联合体投标中标后，仍然通过垂直一体化的整合来具体开展工程的分包建设和管理。从以上分析可以看出国际建筑业的主导产业结构属于垂直与水平一体化的混合类型，但更倾向于垂直一体化的产业结构，因此，从该指标判断该产业全球价值链侧重于生产者驱动模式。

综合以上对工程承包全球价值链驱动因素5个指标的分析，每个指标分析的结论都是工程承包全球价值链同时具备生产者和采购者驱动的特征，即是介于生产和采购驱动之间的中间混合驱动模式。其中从价值链的投资和贸易主线、海外投资功能、分包网络等方面来界定价值链的驱动类型，反映了经济全球化背景下决定国际建筑市场特征的重要因素。结合以上几个因素的分析，同时考虑到国际工程项目业主选择总承包商的活动属于采购活动，因此，可以认为工程承包全球价值链是混合型的驱动模式，并更偏向采购者驱动的全球价值链，如图1-2所示。

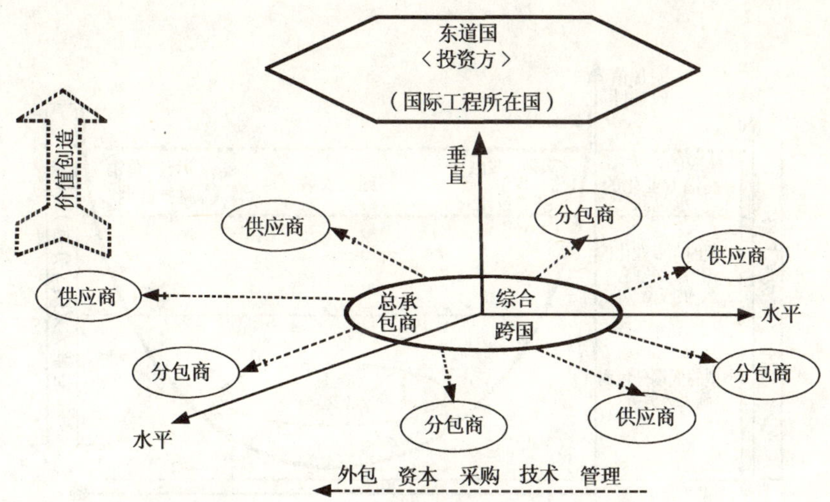

图1-2　工程承包全球价值链中间驱动模式

不同驱动类型的价值链条有着不同的规律，虽然工程承包全球价值链的驱动类型属于中间驱动类型，但在不同阶段往往是某一种驱动占主导，而另一种驱动起着辅助作用，因此，识别价值链在不同阶段的主要驱动力对于准确把握该驱动类型下价值链条经济活动的规律有着积极的作用。

在以产业资本为原动力的阶段，价值链条上各环节的活动应该更加强调建筑技术的研究与发展、施工工艺的不断改进、建筑产品的不断更新以及通过产业的垂直一体化来强化项目管理和学习效应；而以商业资本为原动力的阶段，要强调市场营销、拓展合作渠道，采取延伸服务以及联盟等策略，细分工程建设环节，同时加强信息等软环境的建设。

由此看来，如果在全球经济背景下产业参与的是生产者驱动的全球价值链，则以增强核心技术能力为中心的策略是合乎全球竞争规则的正确路径；而那些参与采购者驱动的全球价值链的产业，则更应强调销售渠道的扩展以获取范围经济等方面的竞争优势。那些正在或即将“走出去”参与全球价值链实现国际化升级的各类承包商，可通过明晰工程承包全球价值链驱动模式的类型，采取适合于自己的战略战术。

三、工程承包全球价值链微笑曲线

施振荣（1992）等研究提出，在一个抛物线的左侧（价值链上游），随着新技术研发的投入，产品附加价值逐渐上升；在抛物线的右侧（价值链下游），随着品牌运作、销售渠道的建立，附加价值逐渐上升；而作为劳动密集型的中间制造、装配环节，相对技术含量低、利润空间小，而且市场竞争激烈，容易被成本更低的同行所替代，因此成为整个价值链条中利润最低的部分。上述抛物线形成“附加价值曲线”，因形如微笑，又称“微笑曲线”，即通过品牌、行销渠道、运筹能力提升工艺、制造、规模的附加价值，也就是要通过向“微笑曲线”两端的渗透来创造更多的价值。微笑曲线以形象的方式诠释了全球价值链理论，可以作为全球价值链分析的辅助工具。结合建筑行业特点，绘制微笑曲线如图1-3所示。

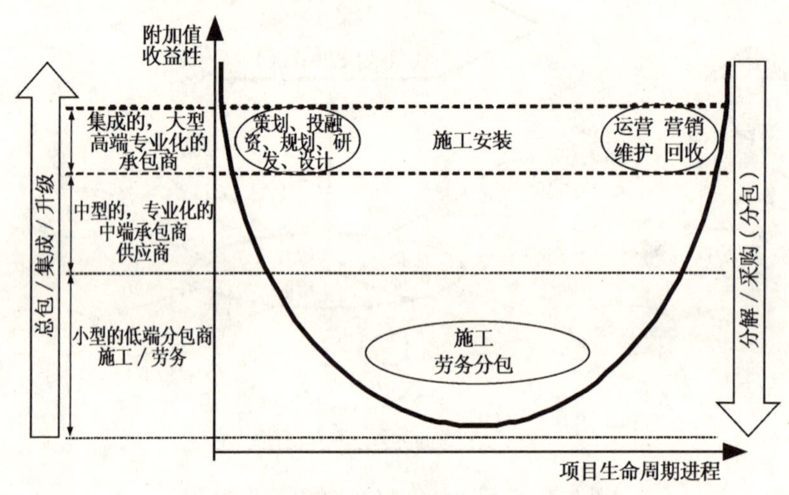

图1-3　国际工程承包全球价值链“微笑曲线”

(1) 从左往右看

曲线的左端是价值链上游的环节，包括了策划、投融资、研发和设计等环节；曲线的中间部分是价值链中游的环节，该环节以劳动密集型的施工为主；曲线的右端是价值链下游环节，包括了运营、营销、维护以及回收等环节。

以下游的回收环节为例：尽管人们更为关注新的建设项目，但在一些发达国家，更新和维护原有建筑和设施几乎可以占到建筑业产出的50%，并能吸收更多的劳动力。

(2) 从上往下看

微笑曲线从上至下是一个采购、分包的过程，而从下至上则是一个承包商综合能力升级以及向总承包价值组合模式集成发展的过程。

微笑曲线上部，以全球排名前列的发达国家承包商为代表，大都是具有综合服务能力、集成化的大型承包商，他们具备提供从策划、投融资、设计、施工到运营等一体化工程服务的实力，总承包是这些承包商全球化战略的主要手段；在这一区间还有一类承包商，主要以其高端的专业化的技术（设计、咨询、管理）而占据价值链的高附加值环节，这类企业专注于提高专业化的工程服务，同样可以成为全球价值链的治理者。微笑曲线中部主要是一些专业化的供应商以及一些发展中国家的承包商，中国“走出去”的承包商大多处于该位置。微笑曲线下部主要是一些以劳动密集型为特点的从事施工分包以及劳务分包的单位，处于价值链利润链的最底层。

从图 1-3 还可以看出，从上至下可划分三个区间，每个区间代表一类工程企业群体，每个区间的跨度是不一样的，其中最上面的一个区间跨度最小，该区间的企业群体的数量是最少的，只有著名优势企业才可能跻身该行列。

从国际建筑工程行业来看，国际承包商已经成为建筑行业全球化过程中推动全球经济发展的主要力量。他们在全球范围承揽工程项目，配置资源，使中国建筑产业嵌入全球价值链成为必然。20 世纪 90 年代以来，国际工程承包商迅猛发展，工程承包企业通过持续的绿地投资和跨国并购活动，推动工程承包业务本土化，推动承包商国际竞争力的提升，推动全球价值链上的行业活动向强势承包商集中。近年来，具有投资功能的带资承包在世界大型项目运作中已占到 2/3 左右。

据世界银行和联合国贸发会议的统计分析，建筑业是发展中国家吸收外资最大的服务部门之一。据 ENR，每年全球前 10 家最大工程承包商（以境外营业额衡量）均为特大型跨国公司。随着全球化进程的深化，国际承包商正通过兼并、联盟、分包以及特许等多种形式整合全球价值链各环节，开拓市场。价值链上的主导承包商则凭借其掌控的价值链的核心环节而占据工程承包高端市场。

第三节　建筑业企业柔性分析

一、柔性的定义

“柔性（Flexibility）”一词包括了弹性、适应性、机动性等含义。引申到管理学领域，指的是企业对于所处的环境变化适应、反应和处理的能力。对于企业来说，柔性是企业所固有的一种属性，与企业的刚性、惯性相对应。而柔性的存在，是以环境变化为条件的，环境的变化意味着不确定性和风险性，柔性对于企业来说就是应对不确定和风险、保持竞争优势的能力。当今世界经济全球化的趋势下，市场竞争日趋激烈，科学技术进步加快，社会、经济和自然环境变化更为复杂。在这样的背景下，企业的柔性化问题尤为重要。

国内外学者对于企业管理中的柔性问题研究已经有几十年的历史，对于柔性的定义也各有不同，比较具有代表性的定义和研究综述如下：

Ansoff 是最早系统分析柔性概念的学者，1965 年他在《公司战略》（Corporate Strategy）一书中提出，柔性是组织的适应性和准备性，是组织生存的必需特性。组织需要柔性来适应和应对日益加速的环境变化，并促进企业的再生和创新。在此基础上，Eppink（1978）指出，由于 Ansoff 是设定环境变革对组织的影响为条件界定柔性的，所以这种界定背景具有一定的被动性，Eppink 提出的柔性定义整合了被动部分和能动部分：柔性可以看成是一种组织特征，组织据此能够减少在可预测的外部变革面前的脆弱性，或者占据一个能对这种变革做出成功反应的更好的位置。Quinn（1980）认为，柔性意味着通过明确指定宽泛的绩效目标并允许各种不同的技术性方法尽可能长时间地参与竞争来保持选择的公开性。Aaker 和 Mascarenhas（1984）认为组织柔性是一种战略选择。柔性是组织对实质性的、不确定的、快速发生的（和所要求的反应时间有关）并且对组织绩效有深远影响意义的环境变革的适应能力。Buzacott（1985）将柔性定义为系统所具有的处理变化的环境或环境引起的不稳定的能力；Frazell（1986）将柔性定义为能快速而不昂贵地响应变化的或新的情况的能力；Gupat 和 Buzacott（1989）将柔性定义为系统处理变化的能力；Chung 和 Chen（1990）将柔性定义为经济而快速地响应环境变化的能力。

在综合柔性理论研究基础上，傅博达（Volberda，1996）对柔性提出了较为全面的综合性的阐释：首先，柔性是一种管理性任务，要求管理者们能在正确的时间、用正确的方式做出反应。其关注点是赋予企业柔性的管理能力，如制造柔性能增加市场上为企业盈利的产品的数量，创新柔性能减少把新产品推向市场的反应时间。其次，柔性是一种组织设计任务，要求组织能在正确的时间用指导性方法做出反应。其关注点是组织的变革力或控制力，并要依赖于培育柔性的正确条件来创造。傅博达据此提出了柔性定义：柔性是组织所拥有各种管理能力的程度和激活这些能力的速度，以此来增强管理的控制能力和组织的控制力。

二、柔性的维度与类型

通过对有关柔性定义诸多文献的研究，可以发现柔性定义的内涵非常丰富。由于各学者关注的角度不同，得出的结论也往往不同。因此，应进行柔性在不同环境下不同层次上的维度分析。

1. 柔性的二维观

即柔性包含“范围”和“反应”两个维度。“范围”这一维度衡量的是系统的适应性，即企业所拥有的选择的种类，通常根据可供选择的方案数目来确定，这个维度和企业系统的效果有关；“反应”这一维度衡量的是为应对已发生的变化而采取行动时的时间和成本的条件，即企业采取适应性措施的难易程度，这一维度和企业的效率相关。

2. 柔性的三维观

即柔性具有范围、时间、费用三个维度。三维特性的具体含义如下：（1）范围（range），一个系统能表现状态或采取行为的范围；（2）费用（cost），从一种状态转移到另一种状态所需要的费用；（3）时间（time），从一种状态转移到另一种状态所需要的时间。这样，柔性可以看作是一个三维空间，任何一种柔性水平可以看作是此三维空间中的一个点。通常，柔性的时间要素和费用要素是负相关的。

3. Eppink 提出的三种类型

Eppink（1978）将柔性和不可预测的变革联系起来并区分了三种柔性类型，每种柔性和每种变革相互联系。

（1）运营柔性（Operational flexibility）。常规的而且经常在组织的活动层次上导致临时性变化的变革所要求具备的柔性。

（2）竞争柔性（Competitive flexibility）。这种柔性对于直接环境中的变革的反应是很有必要的。与运营性变革相比较，竞争变革会导致一个企业或行业在市场的地位发生重大转变。例如，具有实质性市场影响的新产品的引入或者新的竞争力量进入市场等。

（3）战略柔性（Strategic flexibility）。弥补源于组织的非直接性环境的战略变革，并且经过直接环境的组成部分而达到这个目标所需的柔性。这种变革具有高度的非常规性，而且非常动态和迫切，需要即刻关注以防组织受到变革的严重影响。战略变革的例子如全新技术的涌现、海湾战争、能源涨价、粮食短缺等。

4. 傅博达提出的四种类型

傅博达（Volberda，1992）将柔性区分为四种类型：

（1）稳态柔性。当生产能力的规模和技术长期稳定时，稳态柔性由优化企业绩效的静态程序构成。在稳态条件下，企业中仅有一些次要的变革，这对于企业对外部条件的反应速度也只有很小的促进作用。

（2）运营柔性。由基于现有的组织结构或组织目标的惯例性能力所组成。这是一种最普通的柔性类型，与组织活动的数量和调配有关系，运营柔性能够为日常的经营变化提供快速反应。

（3）结构柔性。由适应组织结构、决策过程和沟通过程的管理能力组成，它以一种演进的方式和不断变革的条件相互匹配。

（4）战略柔性。由与组织目标或环境相关的管理能力所组成。这种柔性形式是最激进、最本质的，涉及组织活动的性质变化。当组织面对着具有深远影响的新变化、新需求时，做出快速反应是十分必要的。

5. 基于资源的柔性分类

Volberda柔性理论将柔性划分为管理性任务和组织设计任务。在组织设计任务中，企业或组织所拥有的相关资源和硬件，成为企业调整和变革所必备的条件。在分析资源柔性时，主要基于资源与能力相关的理论，可按照传统资源的分类方式，分为人力资源、物资资源、信息资源、资金资源和组织资源等方面的柔性。

（1）人力资源柔性指的是具有一定流动性和变化性的人力资源。与柔性相关的人力资源，不仅指既定岗位上人的劳动能力，更强调人的素质和潜在能力。素质和潜在能力主要受到人的学习能力、责任感、工作作风、环境、人的需求层次结构与价值观念等因素影响，并取决于人本身具有的柔性。在柔性生产环境下，要求围绕工作任务与目标，跨部门、跨职能组织人们协同工作，要求各岗位的作业内容、作业程序、作业范围、作业方法等等都具有高度的可变性。人力资源柔性主要体现为人们接受过良好的职业训练、勇于接受新生事物、富有创新意识、具有团队协作精神与较好的感知能力和决断力、自我挑战、不断学习、对待工作精益求精和永不满足。人力资源柔性对企业而言具体就是柔性员工，柔性员工的典型特征表现为：基本素质较高、善于学习、掌握多重技能、注重创新、具有协作精神。

（2）信息资源主要涉及信息的采集、加工、传输和利用。计算机和网络的应用使信息采集、加工、传输和利用的方法与手段发生了革命性变化。在柔性环境下，在每一个作业环节上都不时地需作出现场决策，且这些决策之间有很大的相关性，这种相关性还会进一步影响中层或高层管理决策。因此，柔性环境下的信息资源必须具备下列特征：信息的采集、加工、传输与利用具有一定的实时性；在纵横交叉的决策网络（或决策流）中的每一个决策点上，都可方便快速地进行相关信息的存取；在上述的每一个决策点上都可随时提供相关决策所需的各种支持性或辅助性决策分析工具；当作业内容、方法、程序、范围等发生变化时，上述三个方面仍然能很好地满足工作要求。

（3）物资资源主要指企业可以控制的可直接用于生产的物资，如工具、机械、设备、燃料动力、原材料等。影响物资资源柔性的主要因素是取得该柔性的成本与效益。一般来说，柔性以一定的成本为代价，但柔性又能较好地缩短生产周期、减少库存和在制品的周转量、减少不必要的过剩生产能力、提高设备的利用率、降低因市场预测失误可能带来的风险。针对众多用户小批量、个性化、多品种的需求趋势和变化不定的市场环境，物资资源柔性化对赢得竞争优势具有重要的作用。获得物资资源柔性，要从工艺能力、生产能力和转换性三个方面综合考虑。一个多功能施工机械具有富余的工艺加工能力；而一个具有额外生产能力的生产单元具有富余的生产能力；为应付变化的需求，需建立零件、产品和半成品库存，帮助企业以更快的速度对需求变化做出反应。

（4）资金资源的灵活性和流通性使得企业将资金资源也作为一种柔性很强的资源，资金资源的管理模式就是资金资源的优化配置模式，资金资源管理的风险性对资金资源优化配置有着重要的影响。

（5）组织资源主要针对组织的自我组织、自我设计。对组织柔性化的要求是：对外部环境具有较强的感知能力，能良好地处理企业与供应商及企业与用户之间的关系；能较好地根据市场变化组织跨部门、跨职能的协作，富有成效地进行大量的现场决策；能根据市场变化，快速有效地围绕目标与任务合理配置并充分利用各种有效资源。

以上各资源的柔性分析，不应该分别割裂来看待，而应该系统整合到一个企业和组织的角度来加以分析。企业可以从自身调整、发展的角度来改善资源柔性，开发更多的柔性资源，如在全球化经济环境下，通过合作、联营和联盟的方式，能够更加快速、低成本地获取相应的柔性资源。

三、不同类型企业的柔性分析

在我国建筑行业中，由于企业规模、经营范围和技术实力等的不同，不同建筑业企业之间的实际情况和经营管理特点区别很大。

针对中国建筑行业特点，并结合柔性理论方法的分析，以下分别对各类建筑企业和勘察设计企业进行相关环境扫描和柔性匹配能力分析，概要性地得出各自柔性情况以及相应的需要开发的柔性潜能。

（1）施工总承包企业

对于资质等级较高的施工总承包企业，从国内市场看，依托于企业在某些专业领域中的优势及全面的建设项目管理和协调能力，大都占据了较为有利的竞争地位，但随着总承包市场的开放，竞争会更加激烈，利润空间更加狭小；从国际市场看，面对着国际著名承包商的竞争，在技术、管理、人才、融资、社会网络等方面都存在较大差距，但在相关一些专业领域，如房建、路桥、石油、化工、电力等领域近年来取得了不错的业绩。针对环境状况，这些企业在柔性匹配方面一般都不同程度地具备了独创的工艺设计、精良的施工设备、有效的进度、费用、质量控制手段以及对施工、安装、劳务分包企业的协调管理能力，融资能力也有一定的提升。在柔性需求方面主要表现为人才的培养和引进、融资能力的进一步提高、组织结构的优化和协调能力的提高。

(2) 中型建筑企业和专业承包企业

对于中国许多中型建筑企业来说，基本的战略定位是向着特色化、专业化、精细化发展，形成技术密集型企业。但是，这并不代表要以牺牲企业柔性能力为代价。这些企业应该针对建筑产品价值链中高利润环节进行项目整体规划和运营管理，以自身专业优势为立足点，借助大型建筑企业和集团，不断提高自身项目管理运作能力，发展自身营销网络和满足业主多样化需求的柔性能力。

对于专业承包企业，由于处在产业结构的底层，企业数目较多，加上产业结构的不合理，面临着过度竞争和利润率过低的困境，又由于工程款项的拖欠，缺乏融资能力，法律体系不完善造成的市场秩序混乱，许多企业只能专注于低成本竞争，面临着巨大的生存压力。在柔性匹配方面，此类企业能提供单一的施工安装服务，具有专业产品体系或工艺研发能力，服务于所在地区及行业。企业所需要的是稳态柔性和运营柔性，强调专业施工的精细和品牌，加强融资能力的柔性，在专业施工精细化的基础上建立与大中型建筑企业的良好合作关系，争取获得更多的分包机会。

(3) 大型勘察设计企业

国内大型勘察设计企业大多将发展目标定位于国际工程公司，随着建筑业市场化进程的不断深入和中国对 WTO 的承诺，全面开放的设计市场已基本形成，大型勘察设计企业将面临着国际大型设计咨询公司的挑战，竞争更为激烈。在柔性匹配度上，大型勘察设计企业大多拥有其专业领域较强的技术实力，在国内具备较广阔的营销网络，但相对于国外优秀工程公司，在组织结构、项目管理体系、工程项目整体协调管理能力、高级复合型国际工程管理人才以及项目融资等方面存在较大差距。其改进方面应该围绕自身核心技术优势向产业链上下游扩展，提高业务承包范围和柔性，提供专业技术设计、技术管理、技术咨询、工程建设全过程管理咨询和工程总承包服务。在组织设计方面，应建立适合工程管理模式的组织机构，重新整合自有资源，通过逐步的机构重组，调整公司的组织结构，使其适应于工程公司模式。还应建立起从工艺、设计、采购、施工一休化的或各阶段的集成化系统，提供从市场分析预测、招标投标、工程规划、项目控制、设计与施工、设备采购等的一条龙服务。

(4) 中小型勘察设计企业

面对大型国有设计单位、外资和合资设计机构，海归派设计事务所、名人设计工作室等，中小型勘察设计企业面临的市场竞争非常激烈。在柔性匹配上，中小型勘察设计企业大多选择做精做细的战略定位，立足于具有优势的专业领域，集中优势占领市场细分领域的制高点，重视品牌建设，做好对设计质量的控制。同时，中小型企业机制灵活，对于客户需求十分重视，具备较好的柔性能力。而在柔性需求方面，由于企业规模较小，应依托自己专业特色优势，努力开拓市场，可以通过与国内大型设计院及国外设计事务所的交流合作，不断提高业务水平。还要十分重视人才资源，发挥优秀设计人才能力，给予更大发展空间，提升企业竞争力。

综合上面各类建筑业企业情况，再结合各类企业所处的竞争环境加以分析，就可以得到企业柔性的具体需求，并针对需求进行柔性潜能的开发以获得与环境相匹配的柔性，各类建筑企业柔性需求的分析如表 1-4 所示。

各类建筑企业柔性需求分析 **表1-4**

企业类型	环境扫描	现实柔性	柔性需求	激发柔性潜能及改进途径
施工总承包企业	◆国内：中等竞争程度，部分可预测 ◆国外：与国际著名企业有一定差距，部分专业领域有优势	◆专业较强 ◆缺乏复合型人才 ◆协调能力较强 ◆工程管理能力较强 ◆融资较弱	◆培养和吸引人才 ◆融资能力 ◆企业组织结构改善 ◆全面协调管理能力	◆重视人才培养和引进 ◆提升品牌资信，提高融资能力 ◆与国际接轨，提升管理能力 ◆组织结构扁平化 ◆组建联盟
专业分包企业	◆过度竞争 ◆市场秩序混乱	◆具备较好专业施工能力 ◆成本低廉 ◆机制灵活	◆融资能力 ◆市场定位 ◆专业精细化和品牌建设	◆加强融资能力 ◆围绕大型建筑企业获取分包机会
大型勘察设计企业	◆中度竞争 ◆与国外工程公司有差距	◆专业实力强 ◆市场网络广 ◆逐步转型改制	◆项目全面协调管理能力 ◆组织结构适应工程项目模式 ◆融资能力差	◆产业链扩张 ◆机构重组 ◆建立项目管理体系 ◆全面协调管理能力 ◆系统化集成化 ◆信息建设
中小型勘察设计企业	◆高度竞争 ◆市场细分	◆专业特色 ◆机制灵活 ◆品牌建设	◆业务扩张 ◆发挥人才优势 ◆规模化	◆合作交流 ◆提升业务水平 ◆拓广业务范围

案例　国家体育场“鸟巢”工程建设价值链分析

1. 国家体育场工程承包全球价值链分析

（1）项目策划

2002年4月，北京市发改委组建“奥运项目办公室”专职负责奥运项目法人招标，发改委聘请了四类辅助机构：策划顾问，聘请的是美国BECHTEL（ENR2005年度前225家国际承包商中排列第七）；财务顾问，聘请的是国家开发银行/美国普华永道联合体、香港汇丰银行；法律顾问，聘请的是英国安理国际律师事务所、北京竞天公诚律师事务所；招标代理机构，聘请的是国信招标有限责任公司、中技国际招标公司、三峡国际招标公司、中机国际招标公司和中国国际工程咨询公司。

（2）项目设计方案全球招标

2002年10月，北京市规划委员会通过竞赛的方式面向全球招标征集国家体育场设计方案，有分别来自中国、美国、法国、意大利、德国、澳大利亚、日本、加拿大、瑞士和墨西哥等国家和地区的14家设计单位进入正式的方案竞赛，其中有7家独立参赛单位、7家联营体参赛单位。由瑞士Herzog & De Meuron设计事务所、英国ARUP工程顾问公司及中国建筑设计研究院设计联合体共同提交的“鸟巢”方案，最终中选。

（3）项目法人全球招标

2003年4月，国家体育场项目法人合作方全球招标。分别来自中国、法国、美国、德国、澳大利亚、日本、荷兰、中国香港、中国台湾等国家和地区的涵盖了投资、融资、咨询、设计、建筑和运营等价值创造环节的55家国际承包商组成的5家联合体参与项目法人竞标（见表1-5）。

国家体育场项目法人全球招标的投标联合体（部分） 表1-5

投标人名称：中国中信集团联合体	
联合体成员	中信集团、北京城建集团、美国金州控股集团
项目管理顾问	法国万喜建筑公司、法国布依格建筑公司
项目运营战略合作伙伴	法兰西体育场公司
项目设计顾问	澳大利亚 H. O. K Sports + Venue + Event 公司
投标人名称：筑巢国际投标联合体（中国建筑工程总公司投标联合体）	
核心成员	中国建筑工程总公司、西图西尔国际公司、汉马斯体育发展国际公司
从属成员	花旗银行集团、怡安保险公司、江森自控有限公司 宝维士联盛工程咨询（上海）有限公司、Ellerbe Becket，Inc DHV Building and Industry BV、Sinclair Knight Merz Pty Limited
投标人名称：北京建工集团国家体育场项目联合体	
联合体成员	北京建工集团有限公司、重庆国际信托投资有限公司、美国美洲集团公司、北京控股有限公司、北京金隅集团、首钢总公司、北京市建筑设计研究院、清华大学建筑设计研究院、北京国金管理咨询有限公司、美国西埃集团、上海建工（集团）总公司、澳大利亚GHD公司、阿姆斯特丹运动场公司、中国诚信信用管理有限公司、北京大华邦投资集团有限公司等

以中国中信集团公司为代表的联合体，最终成为国家体育场项目法人合作方招标的中标人，中信联合体成员包括北京城建集团、美国金州控股集团及中信集团所属国安岳强有限公司（香港）；联合体中，中信的出资比例是65%（牵头方），城建占30%，美国金州占5%。中信集团联合体还引入了澳大利亚的H. O. K建筑设计事务所作为项目设计顾问。

（4）施工总承包

根据投标书的联合体内部协议，如果中信—北京城建为主的联合体中标，工程将是按照股份比例来实施。中信所拥有的承包资质为一级，而国家体育场建设招标要求总承包商有特级资质。业主合作方招标文件中规定，如果联合方中有企业拥有特级资质的话，可成为总承包方，因此，北京城建集团成为工程的施工总承包方。另因中国的《建筑法》规定，施工总承包商须承担建筑工程主体结构的施工。中信和城建协商，城建集团完成总工程量的约52%，中信国华完成48%。双方各自成立项目部，中信国华项目部在施工总承包方城建集团的牵头下，完成自己承担的工程。

（5）项目管理咨询

在中信集团联合体中，有两家法国的跨国承包商万喜公司和布依格公司作为项目管理咨询顾问加盟，这两家承包商在 ENR2006 中分别列第三和第五。同时联合体还聘请了澳大利亚 H. O. K、北京城建和中信武汉设计院作为项目的设计监理，中咨工程建设监理公司为该工程的施工监理。

(6) 供应商全球招标采购

国家体育场设备采购，除部分建材和少数设备为了缩短订货周期在国内采购，如钢材全部采用国产，其他大量的设备、建材以及技术服务都通过全球招标采购。如有美国科勒提供 VIP 贵宾席和 VVIP 重要贵宾席卫浴设施；德国霍尼韦尔提供建筑智能化系统；美国 GE 提供变配电和照明系统；西班牙 SIMON 提供开关、插座；美国 3M 提供楼宇综合布线系统、会议演示设备和技术服务；中国联想提供计算机设备；美国开利提供暖通空调和冷冻设备；中国海尔提供空调设备系统及相关技术服务；中国无锡尚德提供太阳能光伏发电系统等。

(7) 项目运营商

在中信联合体中，中信集团是国家体育场建成后的运营商，来自法国的法兰西体育场公司加盟联合体作为项目运营战略合作伙伴，该公司有着丰富的体育场馆商业运营经验。

综上所述，以国际工程——中国国家体育场“鸟巢”项目为纽带，以项目法人为核心的工程承包全球价值链在项目启动以及实施的整个过程中形成（见图 1-4），并随着项目的进展，价值链持续向更多的服务环节延伸。这条价值链因建造工程产品（国家体育场）而连通了全球范围内不同地理空间（几十个国家和地区）中的建筑工程以及相关服务行业的经济行为主体，包括了生产该工程产品的产业链条上游、中游和下游的各个环节。全球范围内所有参与了项目法人、工程服务以及设备供应单位招标投标的企业也都直接（中标）或者间接（未中标）地参与了价值的创造，因为他们的参与，业主方才选出了合格的承包商、供应商（招投标方式对优化价值链产生的增值效应），从而更有利于国家体育场使用价值的创造。因此，所有参与了该产业链业务竞标的企业，都可以认为是该全球价值链上的价值创造和增值环节。

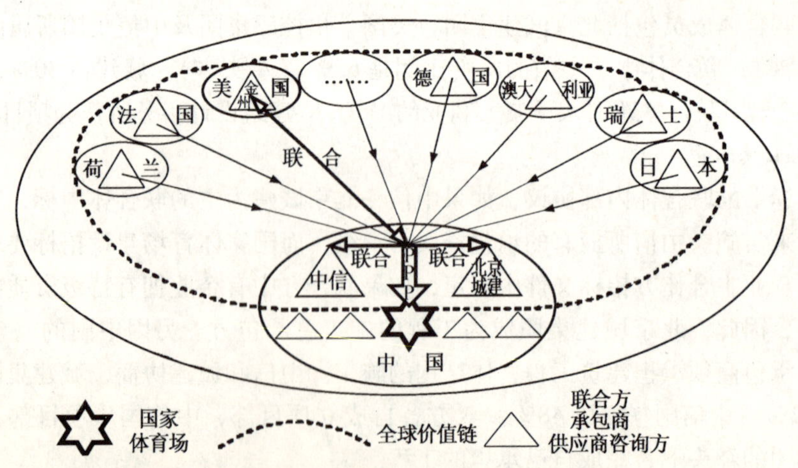

图 1-4 以中国国家体育场国际工程为纽带的全球价值链

2. PPP价值组合全球价值链功能升级路径

（1）PPP价值组合模式分析

2008年北京奥运会的相关投资额将在3000亿元人民币左右，其中市政基础设施就需要投入1800亿，若全部由政府负担显然过于沉重。因此，北京市政府选择了国际上通行的政府和社会投资人合作的PPP公私合营模式。北京市政府作为公方（Public）出资58%，授权北京市国有资产经营有限责任公司作为出资代表；中信联合体作为私方（Private）出资42%，负责该项目的设计、投融资（除政府出资外的）、建设、运营及移交，获得2008年奥运会后30年的经营权。

通过联合投标和采用PPP价值组合模式实现了承包商的功能升级：中国承包商通过与工程承包全球价值链的治理者（占据了该价值链中项目管理等高端环节）组成联合体，增强了自身的竞标实力。根据价值创造环节组合实现功能升级的理论，在这个项目上，国内投资方（政府）以及承包商选择了PPP模式，实现的是建筑工程行业及其承包商的功能升级，这里组合了设计、施工、采购以及运营等价值创造环节，尤其是，作为PPP的实质，整合了融资环节，中信联合体将出资42%，全部通过其联合体的融资方案解决。

价值组合中值得关注的还有，中信联合体PPP模式对运营环节的组合也是非常关键的中标因素，从表1-6中可以看到，运营方案在评标因素中所占的权重是最高的，达到了25%，联合体中选择引入法兰西体育场公司作为运营战略合作伙伴，有利于提高这一重要评标因素的得分。在国家体育场项目上，承包商选择的PPP模式，进行了多价值环节的组合，得以承包至今世界上最大的单体钢结构防腐涂料建筑工程，实现了以中信和北京城建为代表的我国本土承包商在建筑工程承包全球价值链上的功能升级。

国家体育场项目法人招标评标评分指标及其权重 **表1-6**

评标评分因素	权重（%）	评标评分因素	权重（%）
（A）建筑设计优化方案（含投资估算）	10	（E）财务分析	5
（B）建设方案	15	（F）保险方案	5
（C）融资方案	20	（G）移交方案	5
（D）运营方案	25	（H）对合同文件的响应	15

资料来源：奥运经济网站（http：//www.bjoe.gov.cn）

（2）全球范围业主方对承包商融资能力的要求在提高

采用PPP模式修建体育场，除中国的“鸟巢”项目外，在国外早有类似的成功案例。由于奥运场馆很难靠自身平衡资金，国际上这类项目大多是以PPP模式建设，如1992年巴塞罗那奥运会和1998年法国世界杯的体育场馆建设以及美国最著名的4大职业联赛俱乐部（MLB、NBA、NFL、NHL）所拥有的82个体育场馆中的30%都是用PPP模式兴建的。政府选择PPP模式，说明了全球化背景下业主发包的项目越来越趋向巨型化和复杂化。

从表1-6中，国家体育场项目法人招标所显示的各评标因素权重数据可以看出，作为发包方的业主，对承包商的能力要求越来越高，除了基本的价值组合能力外，更重要的是承包商的融资能力，融资方案的评标评分权重占到了20%。这也证明了承包商的FDI功能越来越成为在国际市场竞争取胜的重要条件。

PPP价值组合模式，是实现承包商价值组合功能升级的良好策略，国家体育场通过PPP模式，整合了业主方所重视的运营和融资环节，为我国基础设施投融资及运营管理领域探索了一条新路，并对其他地方建筑产业有示范作用。PPP模式不仅能拓展我国承包商的国际化发展空间，也能带动地方建筑产业的升级。

又如2005年国际最大的工程承包商德国的Hochtief AG公司，国际市场营业额达到了113.8亿欧元，该承包商采用PPP作为其开拓市场的主要的价值链组合模式，以该模式突出其融资的优势，实现价值链环节的有效集成，为Hochtief AG成为全球价值链上的治理者起到重要作用。

3. 全球价值链驱动机制类型分析

本书选取了5个与建筑工程承包领域密切相关的指标（动力根源、核心能力、主要产业联系、环节分离形式、主导产业结构）对国际工程承包全球价值链的驱动机制进行分析，依据这些关键指标来判断以国家体育场为纽带的全球价值链的驱动机制类型。

（1）动力根源。国家体育场项目全球价值链的原始驱动力源于东道国，中国政府举办2008年奥运会而投资兴建国家体育场，由此推动首都经济发展，具有明显的产业资本驱动特点；在历经原始驱动后，全球范围各种工程服务环节因招标采购活动嵌入该价值链，则主要是由商业资本推动的。

（2）核心能力。中国经济发展迅速，以奥运会为契机的“奥运经济”更成为首都经济发展的催化剂。奥运场馆以及相关配套工程的建设，推动了首都建筑工程产业生产能力的快速提升，也吸引了全球工程建设巨头的眼球。由该产业领域所代表的国家竞争比较优势充分发挥了作用，比较优势转化为产业核心能力，促使项目融资、策划、设计、运营等价值创造环节集结而形成全球价值链。在该过程中，中信联合体整合本土的资源优势，是国家比较优势及产业核心能力的代表。

（3）主要产业联系。从上述动力根源的分析可以看出，该价值链原始驱动力源于对国家体育场这一固定资产的投资，中信联合体的直接投资功能也增强了投资作为产业联系的特征，并由此催生了与国际贸易产业联系，全球众多工程相关服务供应商纷纷嵌入到这一全球价值链中。

（4）环节分离形式。生产者驱动主要体现为在海外直接投资（FDI）功能，该国际工程项目就在中国，中信联合体有东道主的优势，在该PPP模式中，中信联合体作为P（Private）的一方出资42%，体现出明显的投资目的。从采购者驱动角度看，该全球价值链的形成中有庞大的工程分包网络。

（5）主导产业结构。国家体育场工程承包价值链，从上游的项目策划，到中游的工程施工，再到下游的项目运营等价值环节形成了垂直一体化的结构；然而就中信联合体的组成看，中信集团、北京城建集团和美国金州控股集团是一个水平联合的结构。

综上，可以判断该工程承包全球价值链兼具生产者驱动和采购者驱动的特征，是典型的中间驱动机制类型的全球价值链。

第二章　国际建筑市场经营环境

第一节　国际建筑市场准入

2001年12月11日中国正式加入世界贸易组织（WTO），成为世贸组织的第143位成员，这不仅将促进中国自身的改革开放和经济发展，还将有助于多边贸易体制的发展，对全球经济贸易产生积极影响。世贸组织是一个多边贸易组织，主张各成员国开放市场，消除相互之间在贸易、关税、航运、公民法律地位等方面的歧视，以及消除特惠和差别待遇，提高市场准入度，使所有成员国具有同等的贸易机会和条件，从而实现各成员国之间的贸易自由化。中国作为新的成员国，既要进一步扩大开放，履行世贸组织的规则，使中国能尽快融入经济全球化的大潮之中；又要充分运用这些规则保护国家的经济安全。

建筑业在国民经济中占有重要地位，了解有关国家和地区的建筑市场的准入制度，将对中国建筑业企业进入这些国家或地区的市场提供重要的信息支持。

表2-1分别从企业设立、资质管理、业务经营、人员要求以及参与政府工程投标等五个方面对新加坡、俄罗斯、美国、日本、韩国、德国、中国香港、澳大利亚和中国等国家和地区的建筑市场准入条件进行对比。

不同国家或地区建筑市场准入条件对比　　**表2-1**

类别	企业设立	资质管理	业务经营	人员要求	参与政府工程投标
美国	没有明确限制，但事先在某一州注册一家公司将有助于融入美国法律环境	多数州不实行资质管理，依靠保险公司提供的保额进行调节；专业承包商需专业执照	所有招标文件要求投标者在美注册；满足类似项目经历和保函额度等条件；地方政府对工程监管	首先应招聘当地人，然后考虑国外雇佣；设计师需通过严格考试；工会力量强大	对国外公司总承包有限制；实行强制性担保；通常要求保险公司是美国财政部授权的公司
日本	须注册为当地公司，并接受日本属地化管理；依据《建设业法》的相关规定申请“建设业许可”	实行资质管理，分28个工种工程，按造价分成A到E 5个等级	只有WTO缔约国的承包商才能进入；大部分项目采用联合体（JV）承包	高层管理人员要求有5年以上管理经验，否则要求聘请有资历的当地人；外国建筑技术工人严禁进入日本	外国公司须一审达标（经营事项审查）和二审达标（取得参赛资格通知书）；地方工程，要求接受地方指定的小企业施工

续表

类别	企业设立	资质管理	业务经营	人员要求	参与政府工程投标
韩国	建筑业分一般、特殊和专门建设业，允许外国企业在这三大领域设立合资、独资及分公司	必须取得建设交通部长官作出的许可，并获得建设业许可证及许可手册	施工能力在4000亿韩元以上的企业不得承包45亿韩元以下的项目；外企承包100亿韩元以上的项目须与韩企联合承包	允许外企高管和专家暂时入境；施工现场应配备至少1名有施工管理资格的技术人员	通过建筑业法规做出限制，减少外企参与政府发包工程的机会
德国	可设立公司、分公司和代表处；有最低注册资本限制	对注册资本有要求；从业人员要了解法律和专业任务	从事特殊经营活动必须有国家的特殊批准	境内逗留超过3个月须有工作许可；欧洲经济区以外的公民必须有工作许可	500万欧元以上的工程或20万欧元以上的设计和货物采购，必须在欧盟范围内公开招标；投标商不少于10个
中国香港	须设立公司及办事处；在港承包工程要交纳所得税、印花税等	采用《认可公共工程物料供应商及专业承造商名册》及《公共工程认可承建商名册》对承包商进行管理	必须符合保留承包商名录及接受投标要求的财务标准；经营者应取得质量管理体系认证	符合资格的专业人士、技术人员、行政管理人员只须办理最基本的入境手续；须在港聘用一定数目的全职管理人员	应是《公共工程认可承建商名册》中的成员；外地承建商只可竞投5000万港币以上的工程合约
澳大利亚	须注册，一般采取与当地公司合作或合资的方式；不注重考核资本金	承包商都需取得建筑执照；建筑商根据其员工学历、资历、经验和经济实力被分为三级；业主在选择承包商时看重业绩、信用和价格	对商业、工业、公共建筑一般采用总包、分包工程管理体制；承包商承包建筑工程要向政府缴纳定金，如违反了环保、质量、安全方面的规定，定金将被罚没	对建筑业从业人员实行严格的执业资格管理制度	承包商必须取得政府工程的工商执照才能进行政府投资项目的竞标；政府对承包商的工商执照管理严格
新加坡	需要在政府的公司及新加坡商业注册局（RCB）注册且有严格限制	将承包商划分为：G1-G8（建筑工程类）、L1-L6（其他工程类）共十四个等级	只能按评定的资质所允许的工程类型及范围进行投标	本地企业大都雇佣外国专业人才；雇佣外国劳工额度限制为1:5	政府工程全部公开招标；东盟国家承包商可获评标优惠

续表

类别	企业设立	资质管理	业务经营	人员要求	参与政府工程投标
俄罗斯	外资企业享受国民待遇；合资公司需缴纳50%法定资本	俄联邦政府特许；由俄联邦政府或授权机构规定外资参股（投资）在项目投资总额中的最高限额，或规定从事特定活动经济组织的法定（合股）资本中参股（投入）的最高限额	必须遵守俄联邦反垄断法进行善意竞争	每年合法引进外国劳务50万人左右，约占全国就业人口总数的0.3%，大多从事简单体力劳动	外企提供商品及劳务须以俄本国公司不能提供或提供此类商品及劳务的经济效益过低为前提；外企总承包项目金额的30%由俄公司完成
中国	允许设立中外合资、合作建筑业企业，允许外资控股；中外合资、合作建筑企业中方合营者的出资总额不得低于注册资本的25%	实施资质管理；实行分级、分类管理；允许外资企业直接申报相应资质等级；允许外国企业在申报资质时申报海外工程业绩	外商独资建筑企业允许承包四类建筑工程；外商独资、合资、合作设计企业以及中外合资、合作建筑企业承包工程范围同国内企业同等待遇	外商投资建筑业企业聘用外国服务提供者为本企业的经理，应有建筑业企业资质标准要求的工程管理工作经历；聘用的工程技术和经济管理人员，应具有相当于建筑业企业资质标准规定的技术职称要求条件	只允许在其资质范围内承包外资等于或者超过50%的中外联合建设项目及外资少于50%，但因技术困难不能由中国企业独立实施的建设项目。 由中国投资，但因技术困难而不能由中国企业独立实施的建设项目，经政府批准，可由中外建筑企业联合承揽

市场准入在区域建筑业全球化过程中扮演着举足轻重的角色。从以上对比分析可以发现，各国都不同程度地设置了建筑行业的准入障碍以保护本国承包商。比如在企业设立方面，各国基本上都要求进入的国外公司要先设立公司，在参与政府工程投标方面各国也都不约而同地趋向于更高的准入门槛。

对比以上几个国家和地区建筑市场准入制度，日本的市场准入门槛是最高的。长期以来日本的建筑市场以排外著称，日本的不动产业、建筑设计业、建筑公司、建材生产厂家、承包分包建筑队及用户间相互依赖相互渗透，形成了一个完整的封闭体系。行业自我保护色彩强烈，具有一套完整的建筑行业法规体系，手续繁杂，条件极为严格，外国企业很难进入。如日本的法律在建筑物抗震、防火等安全性方面的要求非常严格。日本《建筑基准法》规定，新建建筑必须达到在百年一遇的地震中不倒塌、在数十年一遇的地震中不受损的抗震强度。防震指标不合格，建筑物可能被推倒重建。日本民用建筑的墙体多是整体结构，有的城市建筑物能抗7级左右地震。20世纪90年代中期，迫于美国的压力及WTO政府采购协定的生效，外资企业获得许可后也可进入日本建筑市场，但是外资企业实际上并不能独自承包工程和大量进口使用本国建材，因此业务范围仅局限于建筑设计等相关产业。在日本，所谓外资建筑企业是指持有日本政府颁发的建设业许可、外资比例超过50%的外国企业。在日外资建筑企业的数量自1992年以来基本稳定在70~80家，以2002年为例，在日的外资建筑企业共有81家，其中美国36家、韩国9家、德国8家、英国7家、荷兰6家、瑞士5家、瑞典4家、法国2家、其他国家4家。

再以澳大利亚为例，近年澳大利亚建筑业投资超过600亿美元，约占澳GDP总量的6%。据预测，2010年澳建筑业总产值将超过800亿美元。同样地，中国建筑市场也商机无限，预计到2010年，中国建筑业总产值将超过4000亿美元。2005年中国在澳大利亚新签合同额0.54亿美元，完成营业额0.17亿美元，仅占当年中国对外承包工程完成营业总额的0.08%左右，占澳建筑业市场规模的0.027%左右，且多是一些500万美元以下的小项目。澳大利亚要求承包商必须取得政府工程的工商执照才能进行政府投资项目的竞标，而政府对承包商工商执照的严格限制，将很多国外承包商拒之门外。澳现行移民法规定，只有外国企业、商业人士、高级管理人员、专业技术人员及其家庭成员，才能申请临时居留签证且时间限制非常严格，对普通管理人员和普通劳工则不颁发临时居留签证。这给中国建筑管理和技术人员进入澳大利亚增加了难度，且申请居留延期较为困难的问题尤为突出。此外，澳最低工资标准很高，其限制也使一些中国企业难以承受，造成中国企业难以发挥劳动力成本低的优势。

第二节　国际建筑业管理

一、建筑业管理体制

一般而言，建筑业管理体制包括政府建设主管部门对建筑业管理的任务与组织，政府建设主管部门与建筑市场各主体方的关系，政府建设主管部门对建筑市场的管理方式等。

1. 政府建设主管部门对建筑业管理的任务

政府建设主管部门对建筑业管理的任务一般包括：（1）建立和完善建筑业的法规体系及执法监督体系，依法规范建筑市场；（2）建立统一开放、竞争有序的建筑市场，提高行业服务质量，促进建筑生产活动的安全与健康，推进行业的整体发展；（3）通过制定法规、调整行业发展政策和建筑市场准入标准等实现对建筑市场的宏观调控；（4）通过专业人士注册制度、承包商及供应商的市场准入制度或资质管理制度实现对行业服务质量的管理；（5）通过许可制度、生产过程检测、认证制度等实现对建筑产品生产的质量和安全管理等。

2. 政府建设主管部门的组织

不同国家政府建设主管部门的组织机构设置各不相同，如德国有联邦土地规划、建筑业和城市建设部，英国有环境、交通和区域部，日本有建设省，美国有住房与城市发展部等。可以说，组建环境、交通和建筑集成化的政府建设主管部门是机构改革的方向，因为这不但符合集中管理、精简机构的改革目的，而且与建筑业的最终目的相吻合，即决定人类生活质量的不仅仅是住房，还有交通和环境。各政府建设主管部门内部机构设置也不一样。如德国的联邦土地规划、建筑业和城市建设部下设综合司、住宅司、土地规划和城市建设司、建筑司等四个司；英国的环境、交通和区域部下设一系列局（或司）、政府办公室、执行机构、非部属公共机构等；日本建设省下设书记处、政府建筑局、建设经济局、都市局、河川局、道路局、住宅局、附属机构、地区分支机构、顾问班子和委员会等。政府建设主管部门机构设置的一个共同特点是从事建筑法规工作的职能部门在机构中占相当大的比重：例如德国住宅司有住宅法处、土地规划与城市建设司有城市建设法处、建筑司设建筑法室；英国的环境、交通和区域部的每一个司、局也都设有政策法规部门，如建设局的建筑法规司等。

3. 专业组织（学会）及行业协会

在绝大多数国家，建筑市场各主体（除政府外）是独立的经济组织，一般与政府建设主管部门无行政隶属关系和经济利益关系，各主体依法从事建筑产品的生产、经营及管理活动；政府建设主管部门依法对他们的建设行为进行监督管理，政府不干预企业的具体经营和生产活动。政府建设主管部门对建筑市场的管理方式，以依法管理、政策引导为主，以市场调节、行业自律及专业组织管理等为辅。政府充分依靠专业人士实现对建筑产品生产过程的直接管理，重视发挥专业人士组织（学会）及行业协会在行业自律和建筑市场管理中的重要作用。专业组织（学会）及行业协会是政府建设主管部门管理建筑市场的重要助手。

专业人士学会在建筑业管理中的主要职能有：参与政府的立法工作；受政府委托组织制定专业技术标准、规范及合同标准文本；组织专业人士的资格考试，认证专业人士的从业资格，管理专业人士的执业行为；制定颁布专业人士工作条例，职业道德规范；组织专业人士进行科学研究，组织学术会议、进行学术交流；建立、组织与完善专业人士培训体系，为专业人士的发展提供机会；制定大学相关专业的教育标准并负责专业教育评估；为专业人士提供职业技术帮助及专业技术服务；组织国际同行之间的学术交流等。

行业协会在建筑业管理中的主要职能有：参与政府的立法工作；受政府委托，组织制定行业工作条例、标准、规范及合同标准文本并推广执行；受政府委托，承担对建筑行业进行专业管理的职能；为成员企业提供信息咨询、教育培训等服务；监督和协调成员企业在建筑市场中的行为和利益关系等。

二、建筑业管理法制

建筑业管理体制和机制是建立在严格的法制基础之上的。各国制定了维护建筑业管理秩序的法律制度及其法规体系。法规对政府建设主管部门的行政行为，对建筑市场中各主体方的建设行为，对建筑产品生产的组织、管理、技术、经济、质量和安全等都做出了详细且具有可操作性的规定。

综观不同国家和地区的建筑业管理法规体系，一般可分为法律、条例和细则、技术规范和标准三个层次。

法律是建筑业法规体系的最高层次，具有最高法律效力。法律一般是对建筑管理活动的宏观规定，大多侧重于对政府机关、社会团体、企事业单位的组织、职能、权利、义务以及建筑产品生产的组织管理和生产的基本程序等进行规定。它一般由议会制定或由议会授权政府建设主管部门制定，最后由议会审议通过。各国与建筑业管理有关的法律很多，如美国的《统一建筑管理法规》，英国的《建筑法》、《住宅法》、《健康安全法》，德国的《建筑法》、《建筑产品法》、《建筑价格法》，日本的《建设业法》、《建筑基准法》，中国的《建筑法》、《招标投标法》等。

条例和实施细则是建筑业法规体系中的第二层次。条例和细则一般是对法律条款的进一步细化，以便于法律的实施。它一般是依据法律中的某些授权条款，由政府建设主管部门制定，或由政府建设主管部门委托专业人士组织（学会）或行业协会制定，并经议会审议通过。政府建设主管部门中一般设有专门的法规管理部门，专门负责编制或组织编制有关的法规，如英国环境、交通和区域部下设的建筑法规司，根据《建筑法》的授权条款制定了《建筑条例》，根据《健康安全法》的授权条款制定了《建筑设计与管理条例》、《公众安全条例》等；日本建设省根据《建设业法》的授权条款制定了《建筑业实施令》等。

技术规范和标准是建筑业法规体系的第三层次。规范和标准侧重于对工程技术和管理的实施程序及细节做出规定。它们大多由政府委托专业人士组织（学会）或行业协会制定，或由专业人士组织（学会）或行业协会自行组织制定。技术规范和标准一般可分为三类：一类是必须遵守的，指那些被法律或条例和细则引用的规范和标准；另一类是可选择遵守的；还有一类则是指南性的。如德国的许多技术规范和标准是由德国工业标准局（DIN）根据与联邦政府的协议代表政府制定的，在DIN的635本建筑标准中，已有179本被法律引用；美国的很多技术规范和标准也是由各种学会和协会制定的，可由建筑市场各主体在工程合同中自愿采用。

第三节　技术创新与绿色建筑

一、技术创新

以美国和日本建筑产业技术创新为例。

1. 美国——推动“创新企业群”，鼓励建筑业承包商使用电子商务

美国建筑业的发展在很大程度上是由技术创新驱动的。政府的主要职能是保证建筑市场运行的平稳性和监管政策的有效性与前瞻性，以满足建筑业技术创新的需要。政策框架包含两大战略：其中的一大战略是在各个建筑协会中推动创新企业群的发展以及在中小型企业中鼓励使用电子商务。“创新企业群”强调的是一个中心点，多方面参与，坚持的是横向联合、纵向发展的原则。为了促进建筑业“创新企业群”的发展，美国的建筑企业、大学和政府间建立了独特的合作伙伴关系。通过这种合作伙伴关系，建筑企业可以从中获得先进的建筑业技术创新的发展理念、高效的设施装备、科学而具有超前意识的专业技术和良好的技术创新的发展机会，还可以在自身发展的情况下加强新材料、新工艺、新技术、新结构的研制和应用。美国支持工程承包商科技创新的另一战略是，政府支持建筑企业间的合作，建造电子商务基础设施，鼓励企业充分利用网络技术来保持竞争力。如在微软等公司研制推行新的应用软件时，美国一些知名建筑企业的技术人员就在结合建筑业自身的特点，研制适合建筑业发展的行业应用软件。

2. 日本——公共机构投入技术创新研发资金，科研机构技术支持

日本政府实施日本建筑企业创新调查计划，即由公共机构向建筑企业投入一定比例的研发资金。公共机构投入资金的主要特点是提供及时、资金雄厚、要求一定的资金回报率，所以，工程承包商每接受一笔公共机构的投入资金，事先都必须认真对技术创新项目实行可行性论证和风险性评估。在大学和研究所为工程承包商提供培训计划或技术培训的同时，日本政府还大力推行技术转让计划，即把大学和研究所拥有的技术转让给工程承包商或鼓励承包商与大学和研究所合作进行技术开发。如著名的日本大成建设株式会社，就有日本东京大学等知名院校和一些科研机构的技术支持。日本大成建设株式会社2001年施工总产值近200亿美元，而员工人均劳动生产率平均为50万美元，是中国人均劳动生产率的40倍。另外，日本政府还对技术创新资金采取税收优惠政策，建立孵化中心来促进尖端技术企业的开办，促进建筑业高新技术创新项目的实施，提高日本建筑业技术创新项目的科技含量，提高核心技术的创造性和领先性。

美国和日本主要从政府政策战略、全社会参与、企业合作、资金投入、人员培训等多个方面为建筑产业的技术革新提供保障，为其工程承包商参与全球价值链竞争的全球化发展战略提供技术支撑，而这些方面许多是中国建筑产业升级需要重视的，比如资金投入方面，中国研制开发费用总额占建筑总产值的比例估计不超过0.2%，仅为发达国家的平均水平（0.39%）的一半。

二、绿色建筑

1. 发达国家的可持续性、绿色建筑机制

由1973年石油危机引发的各类有关绿色节能的活动有力推动了绿色建筑的进程。戴维·皮尔森（D. Pearson）基于从整体的角度看待人与建筑的关系而提出了生物建筑（Biologic Building）；西德尼·巴格斯（S. Baggs）等提出了生土建筑（Land Cover Building），即利用覆土来改善建筑的热工性能和生态特性；而布兰达·威尔等人创立了自维持建筑（Autonomous Building）的概念，充分利用太阳、风和雨水维护自身运作，处置建筑内部产生的各种废弃物。1963年，V·奥戈亚（V. Olgyay）在其所著的《设计结合气候：建筑地方主义的生物气候研究》一书中提出了环境气候学建筑（Environment/Bioclimatic Building）的设计理念。与此同时，日本建筑师黑川纪章、菊竹清训等人也创建了新陈代谢建筑和共生建筑的设计思路。德国建筑师托马斯·赫尔佐格（T. Herzog）、鲍罗·索勒里（P. Soleri）和生态学家约翰·托德（J. Todd）等自20世纪60年代至70年代初分别提出了生态建筑（Ecological Building）的设计理念，并根据所采用技术的高低将其区分为城市和乡村类型的生态建筑。英国哈德斯菲尔德大学建筑学教授布赖恩·爱德华兹（Brian. Edwards）等人从众多的欧盟环境保护条约和法规对建筑的要求中，提炼归纳了如何减少建筑对自然环境影响的若干原则，并形成了可持续性建筑（Sustainable Architecture）的一系列新概念。

绿色建筑的发展需要通过建立绿色建筑评估系统来推动。20世纪90年代以来，世界各国都发展了各种不同类型的绿色建筑评估系统，为绿色建筑的实践和推广做出了贡献。1990年由英国的建筑研究中心（Building Research Establishment，BRE）提出的《建筑研究中心环境评估法》（Building Research Establishment Environmental Assessment Method，BREEAM）是世界上第一个绿色建筑综合评估系统，也是国际上第一套实际应用于市场和管理的绿色建筑评价办法，其目的是为绿色建筑实践提供指导，以期减少建筑对全球和地区环境的负面影响。BREEAM包含的评估条款覆盖了管理优化、能源节约、健康舒适、污染、运输、土地使用、位址的生态价值、材料、水资源消耗和使用效率九个方面，分别归类于"全球环境影响"、"当地环境影响"及"室内环境影响"三个环境表现类别。目前国际上发展较成熟的绿色建筑评估系统还有美国采用的LEED（Leadership in Energy and Environmental Design）、多国采用的GBC（Green Building Challenge）等。

2. 发达国家绿色建筑机制对中国建筑业的借鉴

中国建筑用商品能源消耗已占全国商品能源消费总量的27.6%，接近发达国家的30%~40%。除此之外，建筑消耗了50%的水资源，40%的原材料，并对80%的农地减少量负责。同时，50%的空气污染、42%的温室气体效应、50%水污染、48%的固体废物和50%的氟氯化物均来自于建筑及工程建设过程。无论是能源、物质消耗，还是污染的产生，建筑都是问题的关键所在。在整个项目生命周期中，承包商实施项目引起的环境污染、能源过度消耗、施工安全以及对当地社区影响等问题直接或间接地影响到最后建筑产品的综合质量和客户的满意度。

发达国家在可持续性、绿色建筑机制方面的实践，为中国建筑业和建筑业企业提供了如下借鉴和启发：

（1）引入可持续性建筑理念，走新型工业化道路

就中国而言，应切实引入可持续性建筑的理念，在确定建筑业发展目标时，至少要考虑自然资源的消耗、环境污染以及对生物多样性的影响等因素，同时将ISO14000、ISO9000等标准体系对于全球环境质量的制约条件等也要考虑在内；就世界范围而言，还要考虑国家和地区之间的社会、经济、文化方面的差异。

（2）建立绿色建筑发展机制，打造绿色竞争力

在建筑的全寿命周期内，以循环经济的思路实现从被动地减少对自然的干扰转到主动创造环境丰富性、减少对资源的需求上来，从狭义的"以人为本"转移到对子孙后代和全人类的广义的"以人为本"上来。为人类提供健康、适用和高效的使用空间，最终实现人、建筑与自然共生。绿色建筑不仅讲究建材的绿色环保和本地化，以减少长途运输所引起的能耗和污染，而且它还在建筑整个生命周期包括建材生产到建筑物的设计、施工、使用、管理及拆除、回收利用等全过程使用最少能源及制造最少的废弃。

例如美国第九大工程承包商MulvannyG2公司提出三条值得借鉴的"弹性"使用绿色及可持续性建筑的基本原则：首先，基地的选址和规划应考虑自然环境的特点；其次，建筑物的设计应充分考虑地域文化和人文环境因素；第三，建筑材料及设备的挑选和使用需适应当地的经济承载力。

（3）国际建筑业的经济活动是全球经济的重要组成部分，而工程承包商是建筑业市场经济活动的载体，在全球拓展市场的同时，理应建立起自身的以SA8000为标准的企业社

会责任体系（Corporate Social Responsibility），包括职业健康、建筑施工安全、与环境的和谐以及良好的包括社区在内的利益相关者的关系等。工程承包商应该在政府的鼓励和支持下成为建立可持续、绿色建筑机制的主体。

中国工程承包商应主动通过评估自身活动直接和间接的环境冲击，认识未充分使用资源的机会成本，前瞻性地创造有利于创新和提高生产力的解决方案，研发能将成本降至最低的环保新技术与新工艺，建立施工过程的HSE（健康、安全、环境）管理体系，着眼于消除造成污染的根源，将改善资源生产力放在首位，把改善环境作为承担社会责任和提高竞争力的机会，铸就中国工程承包商在国际市场上的绿色竞争力。

案例　中国公司在巴基斯坦公路建设中的土地利用与保护

中国某公司2000年承担了巴基斯坦某公路项目。该项目全长103km，属于道路改造和升级工程，是将现有道路进行加宽和加高，合计总额为4300万美元，由亚洲开发银行提供贷款。该项目的主要工程量是：道路路堤土方填筑200万m^3，路基填筑约50万m^3，路面沥青混凝土填筑15万m^3。

本项目的合同文件规定：所有的道路路基填筑用的土料均由承包商负责解决。由于该项目使用的土石料量比较大，而且公路沿线大多数都是村庄和农田，该项目的主要问题是：在解决土方来源的同时如何减少对当地土地资源的破坏。

巴基斯坦的土地大多都是私人土地，所以，土方开始施工前，承包商必须在公路沿线寻找规范的填筑材料并获得土地拥有者的使用许可，且保证不会造成对土地的破坏。

针对上述问题，在土方填筑刚开始时，中国公司的工程人员依据国内环境影响评价体系，对该项目进行了评价，虽然巴基斯坦未要求做该评价，但依据中方的环境评价认为，该地区属于热带沙漠气候，夏季干旱炎热，全年降水量很少，多年平均年降水量为150mm，土壤荒漠化严重。种植用水主要依靠灌溉，并且绝大多数灌溉均为自流灌溉。如果将表层土取走用于公路建设，不仅能够将裸露出的新土用于农耕，而且使该块上地的地势比周边的略低，利于灌溉。带着这样的论证结果，中方开始了第一轮的谈判。但巴基斯坦的土地拥有者根本不知道他们土地将来的状况，只认定在他的土地上做事要给钱。要让这些土地拥有者能够理解中方的做法，得到他们的支持，非常不容易。中方向他们保证：取土后会给他们平整好，新裸露出来的土壤会比以前的更好，可以帮助改良土壤、提高土地的可灌溉能力。但无论向当地如何解释和承诺，仍遇到很大的阻力，由于合适的土料场的地主都不愿意让中方使用他们土地上的土，如果要用则要向中方索要高价。他们以往的做法是，该项目做完了土地就没有办法再用了，这块土地就只能被废弃掉。如果按他们的要价进行施工，完成本工程仅土方一项就必须支付高达100多万美元的费用，不仅远远超过了中方的工程预算，同时土地资源环境也将遭受严重的破坏，损失的不仅是经济，更是人类赖以生存的家园。为了项目的顺利实施，必须尽快解决这个问题。为此，中方成立了专门的项目小组，并提出“以示范带动全面”的问题解决方案，以实现不支付取土费用，让土地拥有者得到改良的土壤的目标。

项目组首先选择一家地主做示范。中方人员在与他谈判时详细地说明了中方的做法，即要使用的土只是表层土，深度一般为2～3m，然后使用推土机将该地块平整，平整后的地比原来的地势低 1～2m，而且更平整、更利于灌溉和种植。通过这一示范工程的建设，当他亲眼目睹了中方做法不仅没有破坏土地，而且土地比原来更好了，给他们带来了极大方便，看到这种情形，其他的土地拥有者也都非常愿意为中方提供土地，并争先恐后地来请承包人，有的地主甚至愿意拿出钱来，希望中方使有他的土地。

由于计划合理，该项目节省了仅 200 万美元的开支，并在后面陆续进行的各项施工过程中，得到了当地土地拥有者的大力支持。本项目还获得了业主颁发的优秀工程奖。

第三章　建筑业企业国际竞争力评价

第一节　建筑企业国际竞争力全要素评价指标体系

一、竞争力评价指标研究概况

目前国内学者在中国建筑企业国际竞争力评价体系相关研究方面比较有代表性的成果有：(1) 香港理工大学申立银等（2006）提出了在中国建筑市场评价承包商竞争力的指标体系，并以此为基础，开发出了在中国建筑市场评价与诊断承包商综合竞争力的多功能建筑业企业竞争力评价系统。该指标体系为本书建立建筑企业国际竞争力全要素评价指标体系提供了重要的参考。(2) 吕文学（2003）提出了一套评价我国大型建筑企业竞争力的指标体系。其中内在竞争力包括技术能力、人力资源能力、财务能力、客户关系管理能力和企业环境能力五大要素；外在竞争力包括施工经验、财务稳定性、人员能力、设备能力和履约能力五大要素。(3) 李小冬，关柯，赖熹（2004）提出了一套评价中国大型承包商国际竞争力的指标体系，其评价指标分为建筑企业的组织力、市场力、人才力、技术力、资金力、形象力六大类。(4) 阮连法，曾辉，章慧（2008）借鉴战略平衡记分卡(BSC)，构建了建筑企业竞争力评价指标体系。(5)《中国大中型企业国际竞争力评价指标体系》。该体系是原国家经贸委经济研究中心和南海建筑设计院共同立项的《中国大中型企业国际竞争力评价报告2002～2003》的重要组成部分，指标体系包括了规模与效率、管理与实践、学习与创新、营销与市场、环境与影响五大要素，16个子要素共65个指标。该指标具有全面性和易操作性等特点，可为全面评价我国大中型企业国际竞争力提供参考。

二、全要素评价指标体系

以下将在国内外学者对企业竞争力评价研究基础上，建立建筑企业国际竞争力全要素评价指标体系，该指标体系可用于系统评价和检验我国建筑业企业国际竞争力。

本书提出的建筑企业国际竞争力全要素评价指标体系分为规模与效率、企业管理与运营、项目管理、学习与创新、市场开拓与营销、环境与影响力六大属性，24个要素共90个指标构成，见表3-1。其中硬性指标42个，柔性指标48个。硬性指标是指能从有关记录中查找到指标的数据，或者通过以往记录进行计算能得到有关指标数据。柔性指标是指那些没有具体的记录，而必须通过访问调查才能得到数据的指标。

建筑企业国际竞争力全要素评价指标体系 **表 3-1**

属 性	要 素	指 标
A 规模与效率	A-1 规模	A-1-1 企业总资产 A-1-2 国际市场营业额
	A-2 效率	A-2-1 总资产报酬率 A-2-2 劳动生产率
B 企业管理运营	B-1 财务与资本	B-1-1 盈利能力指标 B-1-2 短期偿债能力指标 B-1-3 长期偿债能力 B-1-4 运营能力 B-1-5 总资产增长率 B-1-6 总利润增长率 B-1-7 总产值增长率 B-1-8 资本积累率
	B-2 融资能力	B-2-1 银行信用等级 B-2-2 与金融机构沟通的满意度 B-2-3 对金融政策的认知熟悉程度
	B-3 人力资源	B-3-1 企业人员知识层次（学历） B-3-2 企业人员配备结构 B-3-3 人事管理制度 B-3-4 人才发展战略 B-3-5 利益分配及激励机制 B-3-6 人员招募机制 B-3-7 人力培训计划 B-3-8 高级国际项目管理人才的可获得性（企业对人才吸引力） B-3-9 专家流动率（反映环境影响） B-3-10 领导层 B-3-11 国际经验
	B-4 信息化指标	B-4-1 对信息化重视程度 B-4-2 基础建设 B-4-3 信息采集的信息化手段覆盖率 B-4-4 办公自动化系统应用程度 B-4-5 决策信息化水平 B-4-6 核心业务流程信息化水平 B-4-7 管理信息化的应用水平 B-4-8 信息化人力资源 B-4-9 信息安全
	B-5 文化与战略	B-5-1 战略匹配能力 B-5-2 战略实施能力 B-5-3 文化投资费用率 B-5-4 企业价值观 B-5-5 企业行为（运行机制） B-5-6 项目质量印象 B-5-7 合同信誉印象 B-5-8 健康卫生表现 B-5-9 社会责任感 B-5-10 环境表现 B-5-11 企业外在形象
C 项目管理能力	C-1 质量管理	C-1-1 ISO 9000 认证 C-1-2 过去 5 年发生的质量事故 C-1-3 保修期内服务的满意度 C-1-4 质量保证金的返还率

续表

属性	要素	指标
C 项目管理能力	C-2 工期管理	C-2-1 工期管理方法 C-2-2 工期延误记录 C-2-3 因工期延误被业主的索赔
	C-3 成本管理	C-3-1 成本控制方法的有效性 C-3-2 平均成本降低率
	C-4 合同管理	C-4-1 合同管理体系 C-4-2 合同管理资源的保障性 C-4-3 合同履约率 C-4-4 合同索赔成功率
	C-5 外部协调能力	C-5-1 与分包商协调的有效性 C-5-2 与业主、监理方协调的有效性 C-5-3 与政府部门协调的有效性 C-5-4 与项目所在地周边协调的有效性
	C-6 施工安全管理	C-6-1 OHSAS 18001 认证 C-6-2 施工现场安全措施的有效性 C-6-3 事故解决程序的有效性 C-6-4 安全事故的次数与程度
	C-7 环境管理	C-7-1 ISO 14000 认证 C-7-2 收到环境方面投诉/奖励
	C-8 风险管理	C-8-1 风险管理体系的建立 C-8-2 风险管理方法的有效性
D 学习与创新	D-1 学习	D-1-1 员工学习的精神与氛围 D-1-2 员工素质普遍提高程度
	D-2 研究与开发	D-2-1 专门的研发机构 D-2-2 研发投入资金额 D-2-3 研发人员
	D-3 创新	D-3-1 专利技术数量 D-3-2 技术专利转化情况（新技术转化率） D-3-3 管理创新（方法、流程、制度）
	D-4 技术装备	D-4-1 自有机械设备能力 D-4-2 机械设备租赁
E 市场开拓与营销	E-1 业务范围	E-1-1 企业承接业务的全球地区范围
	E-2 投标能力	E-2-1 资格预审通过率 E-2-2 投标中标率
	E-3 营销与客户关系管理	E-3-1 绿色营销 E-3-2 客户关系管理
F 环境与影响力	F-1 市场、政府与相关行业	F-1-1 国际市场需求 F-1-2 政府及相关政策 F-1-3 相关行业的发展水平
	F-2 影响力	F-2-1 国内外影响力

第二节 评价指标解释

A 规模与效率

A-1 规模

考察建筑企业的总体规模和整体实力概况。

A-1-1　企业总资产

指企业拥有或控制的全部资产。包括流动资产、长期投资、固定资产、无形及递延资产、其他长期资产、递延税项等，即为企业资产负债表的资产总计项。可以从企业年报中获得。

A-1-2　国际市场营业额

根据企业近3年国际市场营业额评定。

A-2　效率

考察建筑企业整体的运营效率和盈利能力。

A-2-1　总资产报酬率

又称资产所得率。是指企业一定时期内获得的报酬总额与资产平均总额的比率。它表示企业全部资产的总体获利能力，可以全面反映企业投入产出状况，是评价企业资产运营效益的重要指标。一般情况下，企业可根据此指标与市场资本利率进行比较，如果该指标大于市场利率，则表明企业可以充分利用财务杠杆，进行负债经营，获取尽可能多的收益。该指标越高，表明企业投入产出的水平越好，企业的资产运营越有效。通过对该指标的深入分析，可以增强各方面对企业资产经营的关注，促进企业提高单位资产的收益水平。

总资产报酬率＝(利润总额＋利息支出)/平均资产总额×100%

利润总额及利息支出数据取自企业《利润及利润分配表》和《基本情况表》。平均资产总额是指企业资产总额年初数与年末数的平均值，数据取自企业《资产负债表》。

A-2-2　劳动生产率

建筑业企业常用的劳动生产率指标分以建筑业总产值、建筑业增加值计算的劳动生产率。

劳动生产率(按建筑业总产值计算)＝建筑业总产值/计算建筑业劳动生产率的平均人数；

劳动生产率(按建筑业增加值计算)＝建筑业增加值/计算建筑业劳动生产率的平均人数

B　企业管理运营

B-1　财务与资本

建筑企业无论在参与国际市场竞争或者是在具体项目上竞标时，企业的财务状况和资本运营能力都是重要的影响因素。财务状况反映了建筑企业的经营效率和资金实力，作为建筑企业国际竞争力的重要组成部分，良好的财务状况不但为企业在国际市场中的竞争提供资源保证，在参与项目竞标时也成为业主考察的重要方面。

B-1-1　盈利能力指标

盈利能力是企业通过经营活动获得利润的能力，是企业财务和资本状况中最为重要的考察方面，其衡量指标包括成本费用利润率、净资产收益率、工程结算收入利润率、产值利润率、附加经济价值等。

(1) 成本费用利润率

是指实现利润与成本费用之比，它是反映企业投入与产出的经济效益指标，也是反映企业降低成本费用的指标。

成本费用利润率 =（利润总额 /成本费用总额）×100%

式中成本费用总额是产品销售成本、产品销售费用、管理费用和财务费用之和。

(2) 净资产收益率

净资产收益率是指企业一定时期内的净利润与平均净资产的比率。净资产收益率充分体现了投资者投入企业的自有资本获取净收益的能力，突出反映了投资与报酬的关系。通过对该指标的综合对比分析，可以看出企业获利能力与同类企业的差异水平。通常，企业的净资产收益率越高，表明企业自有资本获取收益的能力越强，运营效益越好，对企业投资人、债权人的保证程度越高。其计算公式为：

净资产收益率 =（净利润/平均净资产）×100%

(3) 工程结算收入利润率

衡量企业工程结算收入的收益水平。

工程结算收入利润率 =（利润总额/工程结算收入）×100%

(4) 产值利润率

衡量企业每完成百元产值可实现多少利润。

产值利润率 =（利润总额/企业总产值）×100%

(5) 附加经济价值 EVA

EVA 是近年来在国外比较流行的用于评价企业经营管理状况和管理水平的重要指标和方法。它的实质是能全面衡量企业生产经营真正盈利或创造的价值，对全面准确地评价企业经济效益有着重要意义。EVA 从价值角度出发，对传统的税后指标进行了修正，从而能够真正全面、准确地反映企业生产经营的最终盈利或价值。

附加经济价值(EVA) = 息前税后利润 - 资金总成本

其中：息前税后利润 = 利润总额 - 应交所得税 + 利息支出

资本总成本 = 总资产 × 综合资金成本率

综合资金成本率 = [（股本权数 × 股本平均费用率）+（债务权数 × 债务平均费用率）] ×100% /（股本权数 + 债务权数）

式中的利润总额、应交所得税、利息费用、总资产等可直接根据会计账簿或报表查得；各种负债成本率及平均负债成本率根据会计资料计算求得；优先股成本率可按实际计算，普通股成本率可按企业目标普通股成本率计算。

B-1-2 短期偿债能力指标

(1) 流动比率

表示企业流动资产中在短期债务到期时变现用于偿还流动负债的能力，一般应大于200%。

流动比率 =（流动资产合计/流动负债合计）×100%

(2) 速动比率

指速动资产对流动负债的比率，衡量企业流动资产中可以立即变现用于偿还流动负债的能力。

速动比率 =（流动资产总额 - 存货总额）×100% /流动负债总额

速动比率的高低能直接反映企业的短期偿债能力高低，是对流动比率的补充，且比流动比率更加直观可信。

B-1-3　长期偿债能力

资产负债率

衡量公司利用债权人资金进行经营活动能力的指标，也反映债权人发放贷款的安全程度。

资产负债率 =（负债总额/资产总额）×100%

B-1-4　运营能力

（1）流动资产周转率

是评价企业资产利用率的重要指标。

流动资产周转率（次）=（主营业务收入净额/平均流动资产总额）×100%

主营业务收入净额取自企业《利润及利润分配表》，平均流动资产总额取自《资产负债表》。

平均流动资产总额 =（流动资产年初数 + 流动资产年末数）/2

流动资产周转率反映了企业流动资产的周转速度，是从企业全部资产中流动性最强的流动资产角度对企业资产的利用效率进行分析，以进一步揭示影响企业资产质量的主要因素。一般情况下，该指标越高，表明企业流动资产周转速度越快，利用越好。在较快的周转速度下，流动资产会相对节约，相当于流动资产投入的增加，在一定程度上增强了企业的盈利能力；而周转速度慢，则需要补充流动资金参加周转，会形成资金浪费，降低企业盈利能力。

（2）存货周转率

衡量企业销售能力和存货是否过量。

存货周转率 = 工程成本/平均存货成本 ×100%

平均存货成本 =（期初存货 + 期末存货）/2

（3）应收工程款拖欠率

反映企业应收工程款的流动程度

应收工程款拖欠率 =（应收工程款/工程结算收入）×100%

B-1-5　总资产增长率

衡量企业本年度总资产增长额同企业年初资产总额的比率，反映本期资产规模的增长情况，用以评价企业经营规模总量上的扩张程度，总资产增长率越高，表明一个经营周期内资产经营规模扩张的速度越快。

总资产增长率 =（期末资产总额 − 期初资产总额）×100%/期初资产总额

B-1-6　总利润增长率

衡量企业在利润总额上的增长速度。

总利润增长率 =（报告期利润总额 − 基期利润总额）×100%/基期利润总额

选取该指标数据时，应选择近几年（如近3年）企业的总利润平均增长率，以反映企业的利润在连续几年的时间内的增长情况，可以避免因少数年份利润不正常增长而对企业发展潜力作出错误判断。

B-1-7　总产值增长率

反映了企业对国民经济的贡献的增长速度。该指标越大，反映了企业的资本增值能力越大，企业的竞争力也越大。

总产值增长率 =（报告期产值 - 基期产值）×100%/基期产值

B-1-8　资本积累率

反映企业所有者权益在当年的增长水平，体现企业资本的积累情况，是反映企业发展潜力的指标。该指标越大，表明企业的资本积累多、企业所有者的资本增值速度快，企业经营活动的抗风险能力也强。

资本积累率 =（年末所有者权益 - 年初所有者权益）×100%/年初所有者权益

B-2　融资能力

B-2-1　银行信用等级

是反映建筑企业融资能力强弱的一个重要指标。银行根据企业所获得的信用等级发放贷款额度和选择信用方式，因此，企业信用等级越高，其融资能力也往往越强。企业信用等级是有关银行按设定的评级标准，对企业的财务状况、经营管理水平、发展能力等方面进行综合评定，并在此基础上授予的信用等级。银行会定期审查企业资信情况，调整企业信用等级。信用等级高的建筑企业有获得优先贷款、贷款额度高、融资成本低等优势。

B-2-2　与金融机构沟通的满意度

是评价建筑企业融资能力的柔性指标，可以通过调查访问获取评价资料。一个建筑企业如果与金融机构有很好的交流和沟通联系、便能从有关金融机构获得金融支持，包括贷款、保险、出具信用保函等。国际上拥有雄厚资金实力与融资能力的建筑企业，往往都与国际知名信贷机构、金融组织、商业银行及资本市场有良好的交流沟通和业务往来。

B-2-3　对金融政策的认知熟悉程度

是评价建筑企业融资能力的柔性指标，可以根据有关调查作为评定资料。建筑企业对有关企业经营活动的金融政策要有正确的认识和了解，才能制定合理的财务和融资计划，同时当金融政策发生变化时，企业也才能及时采取正确的应对策略。

B-3　人力资源

人力资源是现代企业的战略性资源，也是企业发展的最关键的因素，公司人员配备及结构是否合理，直接影响到公司运作的效率，体现了建筑企业在企业层次上的竞争力状况。

B-3-1　企业人员知识层次（学历）

企业之间人力资源竞争的实质就是知识的竞争，因此知识层次是反映企业人力资源现状的重要指标。

B-3-2　企业人员配备结构

企业人力资源配备结构是否合理会直接影响企业运作的效率，可以通过调查企业的人员配备及结构是否合理进行评价。

B-3-3　人事管理制度

企业人力资源的使用水平也体现在企业的人事管理制度上。合理有效的企业人事管理制度能使每个员工都处在激励和鞭策之中，使员工的积极性和创造性得到充分发挥。人事管理制度的先进性可以通过考察企业人事用工管理制度的有效性进行评定。

B-3-4 人才发展战略

企业人力资源发展战略是企业整体发展战略的重要组成部分，对实现企业发展的总体战略起着根本性的作用，对企业整体竞争力的培育有重要影响。

B-3-5 利益分配及激励机制

在企业内有效的利益分配及激励机制可以调动员工积极性和创造性，吸引并留住人才。该指标可以通过调查企业员工对企业利益分配和激励机制的满意程度予以评价。

B-3-6 人员招募机制

引进人才是人力资源优化的一种重要方式和手段。合理的人员招募机制能实现企业人力资源架构的合理化和竞争力的持续增强。

B-3-7 人力培训计划

企业的人力资源结构的更新和优化是一个渐进的、逐步提高的过程。对企业现有的人力资源进行系统的、持续的、有计划的，有针对性的培训和指导，才可能实现企业持续的人力资源优势。该指标可以通过考察人员培训次数和时间、培训费用投入、受训员工占企业总人员比例等进行评定。

B-3-8 高级国际项目管理人才的可获得性

缺乏高素质复合型国际工程项目管理人才已经成为中国建筑企业最明显的劣势之一。获得并留住高素质的国际工程项目管理人才，是提高企业竞争力的关键因素。

B-3-9 专家流动率

企业的专家是技术方面的权威和骨干，代表了企业技术经验和实力。企业专家流动率反映了企业整体实力和对高级人才的吸引力。

$$专家流动率=(专家流出人数/专家流入人数)\times100\%$$

B-3-10 领导层

一个企业的领导层，往往对于企业的生存与发展有重大影响，在一定程度上决定了企业的发展方向。领导层的能力与素质是建筑企业国际竞争力中的重要组成部分，领导层能力与素质分为领导影响力、决策层效率和决策系统有效性。

(1) 领导影响力

领导个人素质和魅力对企业整体竞争力有很重要的影响。领导的为人表率，是一种无形的企业资产和精神财富。该指标可根据对企业领导人的综合素质和知名度等调查情况进行评定。

(2) 决策层效率

决策成功率是评价领导层能力的一个综合性量化指标。决策的制定无论多周密、具体和细致，其执行的效果必然会受到新环境和执行人员理解程度的限制。因此，领导者进行决策后，还必须关注决策执行的效果。

(3) 决策系统有效性

企业决策系统的有效性决定了企业对市场环境变化的应变能力，如果企业具有较好的应变能力，就能够抢占市场竞争有利地位。决策系统是企业核心竞争力的重要组成部分，快捷、灵活、高效、科学的决策机制，是企业在急剧变化的国际市场中保持竞争优势的有力工具。

B-3-11　国际经验

建筑企业在参与国际竞争的过程中，企业员工的国际经验将极大地影响企业的运作和效率。该指标考察企业中管理人员、项目管理人员和技术人员的国际经验与能力，还包括企业内部的信息沟通机制。

B-4　信息化指标

B-4-1　对信息化重视程度

反映企业对信息化的重视程度和信息化战略落实情况，分为信息化工作最高领导者地位、首席信息官（CIO）职位设置及信息化规划和预算制定情况等三个方面。

B-4-2　基础建设

（1）信息化投入总额占固定资产投资比重

反映企业对信息化的投入力度，包括软件、硬件、网络、信息化人力资源、通信设备等的投入。

信息化投入总额的计算口径包含软件、硬件、网络、信息化培训、聘用专业 IT 技术人员发生的直接费用、通信设备、维护费用投入。

信息化投入比例 = 近三年平均企业信息化投入/近三年平均固定资产投资额

（2）每百人计算机拥有量（台）

反映信息化基础设施状况，包括大、中、小型机、服务器、工作站、PC 机。

本指标得分（满分 100）= 本企业拥有的能够正常运转的计算机总量/员工总数 ×100

（3）计算机联网率

反映计算机联网应用的信息化条件。

本指标得分（满分 100）=（接入企业内部网的计算机总量/本企业拥有的能够正常运转的计算机总量）×100

B-4-3　信息采集的信息化手段覆盖率

反映企业有效获取外部信息的能力。采集政策法规、市场、销售、技术、管理、人力资源信息时信息化手段的应用状况。

B-4-4　办公自动化系统应用程度

反映企业在网络应用基础上办公自动化状况，是否实现了日程安排、发文管理、会议管理、信息发布、业务讨论、电子邮件、信息流程的跟踪与监控等。

B-4-5　决策信息化水平

反映信息技术对重大决策的支持水平，是否有数据分析处理系统、方案优选系统、人工智能专家系统等，本指标为定性考核指标，级别划分标准如下：

初级水平：通过信息资源的开发利用，能为企业决策提供初步支持。

中级水平：能开展数据分析处理，对各种决策方案进行优选，为企业决策提供有力的辅助支持。

高级水平：采用人工智能专家系统，进入管理决策智能化。

B-4-6　核心业务流程信息化水平

反映核心业务流程信息化的深广度，主要业务流程的覆盖面及质量水平。

本指标为综合考核指标，级别划分标准如下：

初级水平：信息化覆盖部分主要业务流程，业务流程自身及业务流程之间的信息流通不畅，在主要业务流程方面存在比较严重的信息孤岛现象。

中级水平：信息化覆盖80%以上的主要业务流程并能实现及时充分的数据共享。

高级水平：主要业务流程全部实现最优控制。

B-4-7　管理信息化的应用水平

反映信息资源的管理与利用状况，管理信息化应用覆盖率及数据整合水平。

B-4-8　信息化人力资源

（1）信息化技能普及率

反映人力资源的信息化应用能力，掌握专业IT应用技术的员工的比例。满分50分。

（2）学习的电子化水平

反映企业的学习能力和文化的转变，电子化学习的员工覆盖率；电子化学习中可供选择的学习领域。

1）电子化学习的员工覆盖率，计分方法：

得分 =（正式参加企业组织的电子化学习项目的员工数量/企业全部员工的数量）×25

2）电子化学习中，可供选择的学习领域的覆盖率，计分方法，以下各选项有1项加1分，总分乘以4.2，满分25分。

选项包括：生产技术技能、规章制度、管理、营销、财务、企业文化等。

指标总分为以上两部分分值之和。

B-4-9　信息安全

反映企业信息化安全水平，用于信息安全的费用包含软件、硬件、培训、人力资源支出等。本指标用信息安全的费用占全部信息化投入的比例评定。

B-5　文化与战略

企业战略观是企业在战略问题上的基本价值聚积，它影响和支配着企业的战略思维模式与战略行为。建筑企业应采用匹配与协同的战略观，在强化自身资源和能力的同时，把握市场机会，适时、及时地根据建设市场的变化来调整企业战略，以增强企业的竞争力。

从某种意义说，企业是特定社会大文化体系中以价值观为核心的一套从物质到精神的独特的亚文化体系。作为该体系核心的企业价值观不仅内在地规定着企业的“个性”，而且影响着作为企业资源配置过程基本构成要素的资源、环境与能力及其作用的发挥，最终影响企业竞争力。

B-5-1　战略匹配能力

反映企业战略与竞争环境及企业实际匹配的程度、企业愿景及目标与战略匹配的程度。

B-5-2　战略实施能力

反映企业战略和愿景在员工中的理解和支持程度、企业战略执行结果考核和监督纠偏措施的效果。

B-5-3　文化投资费用率

企业文化设施、培训、广播电视、报刊文件等的投入费用占主营业务收入比例。

B-5-4　企业价值观

企业价值观是企业整体的基本价值取向或价值判断标准、核心信仰或主导思想意识，有怎样的企业价值观就有怎样的企业行为。

该指标通过考察企业对员工、股东利益的重视程度、员工的归属感、组织内部对于矛盾冲突的容忍程度以及合理化建议的采用程度来判定。

B-5-5　企业行为（运行机制）

企业行为体现着企业的文化和价值观。企业运作是否规范、运行机制是否完善，是企业有效运作和持续发展的关键。企业不仅要有健康向上的企业文化和价值观，更体现在企业健康的运行机制上，健康的运行机制是企业形成竞争力的重要条件。

该指标通过组织结构的明确程度、企业管理标准与操作规程的完善程度、权利责任规定的明确程度来判断。

B-5-6　项目质量印象

工程项目的质量是建筑企业信誉最重要的方面。工程质量过硬才能够取信于业主和顾客，才能取信于市场，并获得更多的业务。该指标可以通过调查建筑企业在工程投标、施工过程及维修服务等阶段的表现进行评分。可以根据业主、用户、监理工程师、社会公众等的意见进行评价。

B-5-7　合同信誉印象

合同信誉是企业声誉的重要表现。合同信誉印象反映了建筑企业履行工程合同的诚信状况，是项目业主在选择承包商时所考虑的一个重要因素。该指标可以通过访问项目业主和其他合作方，根据访问结果进行评价。

B-5-8　健康卫生表现

社会发展的一个重要标志是人们对于健康、安全和环境（HSE）越来越重视。HSE 的管理正在成为世界性的潮流与主题。许多国家制定了相关的法律法规，明确建筑业对健康、安全与环境保护的义务与责任。该指标评定可以通过考察建筑企业在 HSE 方面的措施与投入以及对企业员工的访问交流获得。

B-5-9　社会责任感

承担社会责任已成为国际上衡量一个企业是否成功的指标，社会责任感是企业的一种重要的无形资产。企业在市场竞争中如果能自觉承担相应的社会责任，就容易获得更高的信誉和支持。社会道德责任标准 Social Accountability 8000（简称 SA8000），是国际上第一个社会责任认证标准。该指标可以通过考察企业是否应用 SA8000 标准或通过其认证而评定。

B-5-10　环境表现

在项目建设和施工生产过程中，企业如果有良好的环保意识，积极采取有效的环保措施，减少环境污染的负面影响，将会极大提高企业的社会声誉。该指标可以通过调查项目业主和受项目影响的公众的意见来评定。

B-5-11　企业外在形象

企业外在形象是企业文化的外在反映，是企业在社会及公众心目中的印象。该指标的取值可根据对企业的整体形象 CI（Corporation Image）、项目施工现场形象、企业员工形象等的调查综合评定。

C　项目管理能力

C-1　质量管理

建筑工程产品的质量是建筑企业生产经营活动中质量管理整体水平的体现，是影响建筑企业竞争力的十分重要的方面。

C-1-1　ISO 9000 认证

企业的质量管理机制可以是企业自身发展建立的，也可以是采用某种标准的质量管理体系。该指标可以通过考察企业是否通过 ISO9000 质量管理体系认证作为评定标准。

C-1-2　过去 5 年发生的质量事故

工程质量事故对建筑企业声誉影响巨大。质量事故发生的数量与程度是反映建筑企业质量管理水平和成效的重要依据。

C-1-3　保修期内服务的满意度

用户对于建筑企业在项目完工后保修期内服务的满意度可以反映用户对建筑企业保修服务质量的认可程度。该指标可通过调查用户对建筑企业已完工程的反馈意见进行评价。

C-1-4　质量保证金的返还率

反映了项目业主对整个工程建设质量的认可程度，该指标值的大小，反映了建筑企业工程建设施工质量水平的高低。

C-2　工期管理

工期是合同约定的重要内容，也是工程项目管理的重要目标之一。承包商造成的工期延误，将会增加工程成本、导致索赔，影响企业的信誉和经营效益。建筑企业的工期管理水平是工程项目管理水平的重要反映。

C-2-1　工期管理方法

该指标反映建筑企业是否有能力在项目上应用各种工期管理方法以及这些方法应用的有效性。

C-2-2　工期延误记录

工期延误记录是反映建筑企业工期管理水平的最直观材料。该指标可以根据企业在过去 3 年由于自身原因引起的工期延误天数来评定。

C-2-3　因工期延误被业主的索赔

可以根据企业在过去 3 年中因工期延误被业主索赔的金额来评定。

C-3　成本管理

成本管理直接影响到建筑企业的经济效益，是衡量建筑企业工程项目管理和经营管理水平的最重要的指标之一。

C-3-1　成本控制方法的有效性

建筑企业成本管理的内容包括成本的预测、计划、控制、核算、分析和考核等方面。在成本管理各个环节和内容中的方法运用的有效性，直接影响到企业的利润和效益。该指标可以通过调查企业成本管理方法的效果予以评价。

C-3-2　平均成本降低率

是用来考查企业在经营活动中降低成本效果的指标，反映企业在成本管理方面的能力。

$$成本降低率 = (成本降低额/合同成本) \times 100\%$$

C-4　合同管理

工程项目合同确定了工程项目的质量、工期、价格、安全、环境等多个目标，是建筑企业实施并完成工程项目的最重要的准则和依据。

C-4-1　合同管理体系

合同管理体系运行的效果反映了建筑企业履行合同的能力和效率。该指标可以通过调查企业合同管理体系是否完善且运行良好进行评定。

C-4-2　合同管理资源的保障性

合同管理体系的运行必须要有足够的资源来加以支持和保证。合同管理资源的保障性，主要体现了企业是否设置有专业部门和具有合同专业知识的人员从事合同管理工作。

C-4-3　合同履约率

反映建筑企业的合同信誉和履行合同的能力，是评价建筑企业合同管理竞争力的重要指标。

$$合同履约率 = (履约合同额/中标合同额) \times 100\%$$

该指标值越大，反映企业的合同管理能力越强。

C-4-4　合同索赔成功率

反映企业在合同管理、成本和工期控制方面的能力。该指标值可以用近3年成功索赔金额占索赔金额的比例来衡量，指标值越大，反映企业合同管理水平越高。

C-5　外部协调能力

建筑企业与项目业主、监理方、分包商、供应商、设计方、政府部门、项目周边居民等的外部协调能力也是其竞争力的反映。

C-5-1　与分包商协调的有效性

对分包商的管理和协调能力是企业总承包协调能力的体现，也是保证项目顺利进行的重要环节。该指标可以通过考察企业在项目实施过程中与分包商协调的效果来评定。

C-5-2　与业主、监理方协调的有效性

该指标可以通过考察企业与业主、监理方等的协调效果，或者调查已完工程或正在进行工程的项目业主和监理方对企业协调能力的评价来评定。

C-5-3　与政府部门协调的有效性

项目所在地政府对项目的建设和运营起着监督和管理的作用，企业与政府部门的协调效果在一定程度上将影响项目的实施能否顺利。该指标可以通过考察企业与政府部门协调的效果来评定。

C-5-4　与项目所在地周边协调的有效性

建筑企业在工程实施过程中，其施工活动不可避免地要影响到工地周边的自然环境和人们的生活环境。与项目周边居民及单位进行沟通和协调，以及采取的相应环境保护和文明施工方案，是项目顺利实施的重要保证，也是企业获得社会认可的重要手段。该指标可以通过考察企业的项目部与项目所在地周边居民及单位协调的效果来评定。

C-6　施工安全管理

施工安全管理是建筑企业对项目施工人员及社会大众安全负责的一种制度性的保证，对企业的形象和经营效果很重要。施工安全管理的能力主要体现在有关制度和执行效果。

C-6-1　OHSAS 18001 认证

国际标准《OHSAS 18001 职业安全卫生评价标准》为建筑企业建立职业安全卫生管理提供了依据。因此可以根据企业是否通过 OHSAS18001 认证来衡量企业的安全管理系统是否有效。

C-6-2　施工现场安全措施的有效性

建筑企业的施工现场安全管理措施包括了明确安全责任、制定安全教育与培训计划、进行例行安全检查、制定标准化作业程序等。这些措施的有效性可以通过调查施工现场安全效果进行评价。

C-6-3　事故解决程序的有效性

在工程实施过程中，一旦出现事故应尽快处理解决，把事故造成的损失控制到最小的程度，同时采取有效整改措施避免同类事故再次发生。该指标可以通过对工程事故处理效果的情况进行调查评估。

C-6-4　安全事故的次数与程度

安全事故发生的次数及程度是体现建筑企业安全管理水平的重要指标。可以用过去几年中建筑企业在所承担工程中发生安全事故次数来评定。

C-7　环境管理

在国际上建筑企业的环境管理意识和表现越来越成为体现企业管理水平和承担社会公众义务的重要方面，对企业整体形象和竞争力有越来越重要的影响。

C-7-1　ISO14000 认证

国际标准化组织（ISO）制定的 ISO14000 标准为建筑企业环境管理体系的建立提供了依据，可以通过考察企业是否通过 ISO14000 认证来衡量企业环境管理系统建立的有效性。

C-7-2　收到环境方面投诉/奖励

企业在过去几年所获得的环境方面的奖励和投诉（如噪声、水土、大气）的次数，是反映企业环境管理水平的直观依据。企业收到环境污染方面的投诉将严重损害企业形象。

C-8　风险管理

由于工程项目的复杂性，在项目实施过程中将面临各种变化和不确定因素，因此项目风险管理显得尤为重要，同时也反映出企业项目管理的水平。风险管理水平主要体现在风险的识别、评估、控制和应对能力方面。

C-8-1　风险管理体系的建立

建筑企业要提高风险管理的水平，可以通过建立风险管理体系而在制度上增强抗风险能力。企业是否建立一套有效的风险管理体系反映了企业风险管理水平和抗风险能力。

C-8-2　风险管理方法的有效性

建筑企业的风险管理水平还体现在企业建立的风险管理体系和方法是否有效上。该指标可以通过调查企业应用各种风险管理方法的效果来评定。

D　学习与创新

企业创新是企业发展的必然选择，建筑企业提高竞争力的一个关键因素是提高创新能力，包括技术创新、管理创新与体制创新。在参与国际竞争中，主动从国内外优秀企业中吸取先进的技术、经营理念和管理方法，成为我国建筑企业获得持续竞争优势的重要手段。组织学习和跨文化交流也是保证企业管理水平、人员知识素质和技能经验等持续提高的有效方式。

D-1　学习

这里主要是指企业中的组织学习，组织学习是组织不断努力改变或重新设计自身以适应不断变化的环境的过程，是组织的创新过程。组织学习能力是一个组织的有效性、创新性及成长潜力的重要指标。该指标可以通过考察团队学习的精神与氛围、团队员工素质提高程度来评定。

D-1-1　员工学习的精神与氛围

主要考核企业员工的学习精神是否积极、学习氛围是否良好。

D-1-2　员工素质普遍提高程度

主要考核企业员工通过学习、交流和影响而获得素质普遍提高的效果和程度。

D-2　研究与开发

研究与开发能力可以帮助企业获得先进的施工技术和方法，提高生产效率、降低经营成本。评价建筑企业的研究与开发能力可以从企业对研发（R&D）的投入情况以及所获取的成果等方面进行。

D-2-1　专门的研发机构

根据企业是否有自己的研发机构或合作的研发机构来评定。

D-2-2　研发投入资金额

根据企业用于研发的资金投入额及其占企业总产值的比例来评定。

D-2-3　研发人员

根据企业研发人员数量以及占全体员工总数比例来评定。

D-3　创新

创新是企业发展的源泉，企业的创新能力不仅体现在科技创新上，更反映在管理创新上。

D-3-1　专利技术数量

企业所拥有的专利数量和水平是衡量企业技术创新能力的重要标志。

D-3-2　技术专利转化情况（新技术转化率）

专利成果的转化情况反映企业对专利技术的应用水平。其计算公式如下：

新技术转化率 =（已经投入生产使用的专利数/企业拥有的专利数）×100%

D-3-3　管理创新（方法、流程、制度）

在管理方法、业务流程和规章制度上的不断改进和创新能给企业带来巨大的收益。该指标可以通过考察能提高企业绩效的管理方法、业务流程以及相关制度方面的创新来评定。

D-4　技术装备

技术装备是建筑企业主要的生产工具，工程建设市场对建筑企业的装备要求越来越高，技术装备是评价建筑企业竞争力的重要指标。

D-4-1　自有机械设备能力

建筑企业自有机械设备能力，可以根据企业自有机械设备总台数、自有机械设备总功率、技术装备率、动力装备率、设备成新率、设备使用率等方面获得。

机械设备总功率指本企业自有施工机械、生产设备、运输设备以及其他设备等列为在册固定资产的生产性机械设备年末总功率，按能力或查定能力（实际能力）计算，包括机械本身的动力和为该机械服务的单独动力设备，如电动机等。计量单位用千瓦。

技术装备率 =（年末自有机械设备净值/年末全部从业人数）×100%

动力装备率 =（年末自有机械设备总功率/年末全部从业人数）×100%

设备成新率 =（自有机械设备净值/自有机械设备原值）×100%

D-4-2　机械设备租赁

租赁设备已成为建筑企业提高装备能力的一种重要方式。采用自有机械设备与租赁相结合的配置方式能够提高机械设备使用率，降低企业经营成本。该指标可以根据企业机械设备租赁而节省的设备费用占机械设备费的比例评定。

E　市场开拓与营销

建筑企业的市场开拓和营销能力主要反映在市场业务范围、对市场环境发展变化的适应能力、市场信息收集与分析能力、投标能力以及营销和客户管理能力方面。

E-1　业务范围

E-1-1　企业承接业务的全球地区范围

该指标根据企业近3年在海外市场的在建工程项目数目评定。

E-2　投标能力

建筑企业投标能力可以根据企业国际工程投标资格预审通过率、中标率等方面的因素来评定。

E-2-1　资格预审通过率

投标资格预审通过率反映了国际工程项目业主对企业综合实力的认可程度，是衡量企业投标能力的重要指标。

E-2-2　投标中标率

该指标可以通过企业在近3年中标的国际工程项目数量与企业参与投标国际工程项目的总数量之比来评定。

E-3　营销与客户关系管理

E-3-1　绿色营销

绿色营销就是建筑企业考虑社会的长远利益，考虑自然资源的可持续利用，在承包工程项目过程中保护自然资源，实施绿色建造。

本指标主要根据企业在绿色建造、环保意识等方面的企业文化，以及绿色环保措施的宣传力度评定。

E-3-2　客户关系管理

现代企业的竞争已不仅仅表现为产品本身，更反映在以客户为中心的服务模式和针对不同客户的个性化服务方面。维持客户的持久性和信任度，成为决定企业命运的关键。客户关系管理系统（CRM）是把有关市场和客户的信息进行统一管理、共享，并能进行有效分析和处理的新型应用系统，为企业的销售、营销、客户服务等提供全面的支持。

本指标主要考察建筑企业对现有客户和潜在客户资源进行管理的能力。

（1）企业高层对客户关系管理的支持程度

CRM 是对营销、销售和服务的优化。工程项目 CRM 涉及跨部门业务，必须得到高层管理者的参与和支持。

（2）建立客户信息、行为和需求数据库

客户信息、行为和需求数据库是客户关系管理的基础，借助信息技术建立的客户信息数据库，将大大提高客户资料的整理收集、客户信息分析、客户行为预测等的能力。

（3）客户关系分析能力（分类、分级、预测等）

在收集客户信息基础上，有效地对这些信息数据进行分析归纳和整理，才能有针对性地与客户沟通和发展业务，并作出一些有预见性的判断，从而提高客户关系管理的效率。客户关系分析能力可划分为客户分类、客户分级和客户行为预测三个方面。

F　环境与影响力

国际建筑市场需求、本国政府对企业进入国际市场的支持力度、国内相关行业的发展水平等对企业国际竞争力有着重要影响。建筑企业所处宏观环境情况和企业的影响力是评价其国际竞争力的重要方面。

F-1　市场、政府与相关行业

根据国外学者提出的影响产业国际竞争力的“钻石体系”理论，企业的环境竞争力因素包括生产要素、市场需求、相关与支持性产业、同业竞争、政府。这里选取国际市场需求、政府及相关政策、相关行业的发展水平作为建筑企业的环境竞争力因素评价指标。

F-1-1　国际市场需求

主要考察国际工程承包市场的需求，可以根据 ENR 行业报告的市场需求分析、国际工程承包市场发展趋势及特点来判断。

F-1-2　政府及相关政策

政府可通过制定一系列的支持政策帮助本国建筑企业拓展国际建筑市场并增强建筑企业在国际市场的竞争力。本指标可以根据政府支持本国对外承包工程企业的方针政策、金融和税收鼓励措施、政府开展外经活动情况等评定。

F-1-3　相关行业的发展水平

与建筑行业相关的本国其他一些行业如金融业、保险业、信息产业、机械制造业的发展水平对本国建筑企业国际竞争力有着重要影响。

(1) 金融行业

建筑企业涉及国家金融体系方面的经营活动包括出口信贷、企业融资贷款、企业财务管理体系、工程款支付、办理保险和各类保函等活动。可以根据瑞士洛桑国际管理发展学院发布的全球竞争力年度报告中国家金融实力排名以及国家金融体系的健全程度来判断。

(2) 工程保险业

建筑行业是财产风险、人身风险、责任风险、自然和社会环境风险均很高的行业。工程保险业成熟度、保险业相关法规制度、风险管理咨询机构、保险险种、保险费用和保险理赔支付等，都对建筑企业承包国际工程产生影响。

(3) 信息行业

信息化和信息技术应用是建筑企业获得市场信息、企业内信息共享和提高工作效率的保证，在一定程度上反映了企业的现代化管理水平。因此，信息行业发展水平对建筑企业国际竞争力产生影响。

(4) 机械制造业

机械制造业是为建筑企业提供施工机械、设备和工具的行业。一个国家机械制造业的发展水平在一定程度上可以反映该国建筑企业的装备水平。

F-2　影响力

主要考察企业在国内外的影响力。

F-2-1　国内外影响力

根据企业在本行业的品牌、知名度和国内外影响力评定。

第三节　评价指标计算和调查问卷设计

一、评价指标的计算

建筑企业国际竞争力全要素评价计算模型是一个由属性、要素和指标三个层次组成的计算系统，通过这个计算模型可以计算出一个企业的国际竞争力值，即 *TICV*（Total International Competitiveness Value）。

TICV 值是通过三层计算得出的：

在综合指标层，*TICV* 的计算公式如下：

$$TICV = W \cdot \bar{S} = [W_A, W_B, W_C, W_D, W_E, W_F] \cdot [S_A, S_B, S_C, S_D, S_E, S_F]^T$$

式中　W——权重矩阵

$\bar{S}$——评价矩阵

权重矩阵 W，其元素个数为个别权重值：W_A，W_B，W_C，W_D，W_E 和 W_F，这六个值分别代表属性层（即第一层次）上六大属性 A、B、C、D、E、F 间的相对权重值。这六大属性的权重值可以根据实际进行调整。为简化，在这里假定六大属性对于 *TICV* 的贡献率相同，即 $W_A = W_B = W_C = W_D = W_E = W_F = 1/6$。

六大属性的评价矩阵 $\bar{S}$ 由 S_A，S_B，S_C，S_D，S_E 和 S_F 构成，代表了对企业在六大属性方面的表现的评价值，这些评价值是通过对不同属性所属的各要素（即第二层次）的表现进行评价得到的。

如属性 A“规模与效率”的评估值为：

$$S_A = W_A \cdot \bar{S}_A = [W_{A-1}, W_{A-2}] \cdot [S_{A-1}, S_{A-2}]^T$$

其中 S_A 代表属性 A 的竞争力评价值；W_A 是由 W_{A-1}，W_{A-2} 两个权重因子组成的权重矩阵，因子的权重值是由属于属性 A 的 2 个要素 A－1，A－2 的权重值构成。

计算 S_{A-1} 和 S_{A-2} 的值时采用类似于计算上一层竞争力评价值的计算过程，即是通过评价其所属的下一层指标（即第三层次）参数的评价值得到。例如，要素 A－1 有三个下层指标 A－1－1，A－1－2 和 A－1－3，则 A－1 的评价值 S_{A-1} 为：

$$S_{A-1} = W_{A-1} \cdot \bar{S}_{A-1} = [W_{A-1-1}, W_{A-1-2}, W_{A-1-3}] \cdot [S_{A-1-1}, S_{A-1-2}, S_{A-1-3}]^T$$

其中 W_{A-1} 由因子 W_{A-1-1}，W_{A-1-2} 和 W_{A-1-3} 构成的权重矩阵，代表了三个指标层因子 A－1－1，A－1－2 和 A－1－3 对中层指标 A－1 的相对权重值。式中，对 S_{A-1-1}，S_{A-1-2} 和 S_{A-1-3} 的评价是通过评定企业在这些指标方面的情况而得出的。

在进行国际竞争力评价时，要对指标层（即第三层）上的指标进行评价取值。在这里采用问卷形式（见下文）获得具体的数据。在设计问卷时考虑相关数据的可得性和代表性，尽量使所度量的竞争力指标具有客观性和全面性，指标的取值及其计算方法力求规范化，以使计算过程简便、适用，易于接受和推广。建筑企业国际竞争力评价指标层所获取的数据有两种形式：

（1）选项形式。数据收集是根据企业实际情况从多个选择项中选出最合适的一项。

（2）数字形式。对于有些指标，难以用选项的形式收集数据，为了确定该评价指标的取值，需对原始数据进行处理。处理方法是：选取一个指标，将各个建筑企业的指标数据排在一起，找出该指标的最高值和最低值，将这些数据在 0 和 100 之间进行归一化处理，其归一化值即为该指标的取值。再根据该指标对企业竞争力的贡献是正面还是负面的影响，将归一化后的值定义为正影响指标值 α 和逆影响指标值 β：

$$\alpha = \frac{\text{实际值} - \text{最小值}}{\text{最大值} - \text{最小值}} \times 100$$

$$\beta = \frac{\text{最大值} - \text{实际值}}{\text{最大值} - \text{最小值}} \times 100$$

建筑企业竞争力评价体系中每个指标的重要程度是不同的，在判断建筑企业竞争力时，需要考虑各个指标的权重，权重可以采用专家打分法或层次分析法确定。

二、评价指标的调查问卷设计

A　规模与效率

A-1　规模

A-1-1　企业总资产（　　）亿元　α

A-1-2　国际市场营业额（　　）亿元　α

A-2　效率

A-2-1　总资产报酬率（　　）%　α

A-2-2　劳动生产率

α_1 按总产值计算（　　）%　　　α_2 按增加值计算（　　）%

$\alpha=(\alpha_1+\alpha_2)/2$

B　企业管理运营

B-1　财务与资本

B-1-1　盈利能力指标

成本费用利润率　（　　）% α_1

净资产收益率　（　　）% α_2

工程结算利润率　（　　）% α_3

产值利润率　（　　）% α_4

附加经济价值 EVA　α_5

B-1-1 的取值为 $\alpha=\dfrac{\alpha_1+\alpha_2+\alpha_3+\alpha_4+\alpha_5}{5}$

B-1-2　短期偿债能力指标

速动比率（　　）%α_1　　　流动比率（　）%α_2

B-1-2 的取值为 $\alpha=\dfrac{\alpha_1+\alpha_2}{2}$

B-1-3　长期偿债能力

资产负债率（　　）%α

B-1-4　运营能力

流动资产周转率（　　）% α_1

存货周转率（　　）% α_2

应收工程款拖欠率（　　）%α_3

B-1-4 的取值为 $\alpha=\dfrac{\alpha_1+\alpha_2+\alpha_3}{3}$

B-1-5　总资产增长率（　　）% α

B-1-6　总利润增长率（　　）%α

B-1-7　总产值增长率（　　）%α

B-1-8　资本积累率（　　）%α

B-2　融资能力

B-2-1　银行信用等级

100　☐企业银行信用评级为 A　　25　☐企业银行信用评级为 D

75　☐企业银行信用评级为 B　　0　☐企业尚无银行信用评级

50　☐企业银行信用评级为 C

B-2-2 与金融机构沟通的满意度

100 □很好 25 □较差

75 □较好 0 □很差

50 □一般

B-2-3 对金融政策的认知熟悉程度

100 □与金融机构交流很好 25 □与金融机构交流较少

75 □与金融机构交流较好 0 □与金融机构交流很少

50 □与金融机构交流一般

B-3 人力资源

B-3-1 企业人员知识层次（学历）

企业具有博士学位的人数（ ）α_1

企业具有博士学位的人员占所有员工的比例为（ ）α_2

企业具有硕士学位的人数为（ ）α_3

企业具有硕士学位的员工占所有员工的比例为（ ）α_4

企业具有本科学历的人数为（ ）α_5

企业具有学士学位的员工占所有员工的比例为（ ）α_6

B-3-1 的得分 $\alpha = (\alpha_1 + \alpha_2)/2 \times 0.5 + (\alpha_3 + \alpha_4)/2 \times 0.3 + (\alpha_5 + \alpha_6)/2 \times 0.2$

B-3-2 企业人员配备结构

100 □企业人员配备结构非常合理 25 □企业人员配备结构较差

75 □企业人员配备结构比较合理 0 □企业人员配备结构很差

50 □企业人员配备结构尚可行

B-3-3 人事管理制度

100 □企业有完善有效的劳动合同、劳动争议及处理等人事用工制度

75 □企业有较完善有效的劳动合同、劳动争议及处理等人事用工制度

50 □企业的劳动合同、劳动争议及处理等人事用工制度有效性一般

25 □企业正在建立劳动合同、劳动争议及处理等人事用工制度

0 □企业尚未建立劳动合同、劳动争议及处理等人事用工制度

B-3-4 人才发展战略

100 □企业建立有合理的人力资源发展战略

50 □企业正在制定人力资源发展战略

0 □企业尚未建立人力资源发展战略

B-3-5 利益分配及激励机制

100 □员工对企业利益分配和激励机制很满意

75 □员工对企业利益分配和激励机制满意

50 □员工对企业利益分配和激励机制满意度一般

25 □员工对企业利益分配和激励机制不满意

0 □员工对企业利益分配和激励机制很不满意

B-3-6　人员招募机制

100　□企业有合理的人员招募机制

50　□企业的人员招募计划较合理

0　□企业没有一套正式的人员招募机制

B-3-7　人力培训计划

100　□企业有很好的人员培训计划

50　□企业有一般的人员培训计划

0　□企业没有人员培训计划

取值为 S_1

人员平均培训次数或时间/年（　　）% α_1

人员培训费用占企业营业额比例（投入力度）α_2

平均接受培训人数占企业总人数比例（培训普及程度）（　　）% α_3

B-3-7 的取值为 $S = \left(\dfrac{\alpha_1 + \alpha_2 + \alpha_3}{3} + S_1\right)\Big/ 2$

B-3-8　高级国际项目管理人才的可获得性（企业对人才吸引力）

100　□很容易　　25　□较困难

75　□较容易　　0　□无法获得

50　□一般

B-3-9　专家流动率（反映环境影响）（　　）% β

B-3-10　领导层

（1）领导影响力

100　□领导具有很强的个人魅力和影响力

50　□领导的个人魅力和影响力一般

0　□领导没有个人魅力和影响力

（2）决策成功率（　　）% α

（3）决策系统有效性

100　□企业决策系统非常有效　　25　□企业决策系统有效性较差

75　□企业决策系统有效　　0　□企业决策系统非常很差

50　□企业决策系统有效性一般

B-3-10 指标得分：（1）、（2）、（3）之和除以 3

B-3-11　国际经验

（1）企业管理人员素质

100　□具有很丰富的国际经验　　25　□国际经验较缺乏

75　□具有较丰富的国际经验　　0　□几乎没有国际经验

50　□具有一定的国际经验

（2）项目管理人员素质

100 □具有很丰富的国际经验 25 □国际经验较缺乏

75 □具有较丰富的国际经验 0 □几乎没有国际经验

50 □具有一定的国际经验

（3）技术人员素质

100 □具有很丰富的国际经验 25 □国际经验较缺乏

75 □具有较丰富的国际经验 0 □几乎没有国际经验

50 □具有一定的国际经验

（4）企业内部信息沟通机制

100 □企业内部信息沟通机制很有效 25 □企业内部信息沟通机制效果较差

75 □企业内部信息沟通机制较有效 0 □企业内部信息沟通机制效果很差

50 □企业内部信息沟通机制效果一般

B-3-11 指标得分：（1）、（2）、（3）、（4）之和除以 4

B-4 信息化指标

B-4-1 对信息化重视程度

（1）主管信息化的领导的职务：

100 □最高级别领导人 50 □总工程师层领导人

70 □副总经理层领导人 30 □信息化主管部门负责人

（2）是否设有 CIO（首席信息官）或类似角色？

50 □有 （a）

0 □无

CIO 或类似角色在组织中的领导级别：（b）

50 □副总经理

25 □总工

0 □部门负责人

得分：a + b

（3）信息化规划和预算的制定情况

a. 信息化规划的情况：

50 □单列信息化规划

25 □分散在总体规划中

0 □无成文的信息化规划

b. 信息化预算的制定情况

50 □单列信息化预算

25 □分散在总体预算中

0 □无成文的信息化预算

得分：a + b

B-4-1 指标得分：（1）、（2）、（3）的得分之和除以 3。

B-4-2 基础建设

（1）信息化投入总额占固定资产投资比重　得分（　）

得分 = 信息化投入比例 ×100/50%

信息化投入比例 = 近 3 年平均企业信息化投入/近 3 年平均固定资产投资额

（2）每百人计算机拥有量　得分（　）

得分(总分最高为 100 分) = (本企业拥有的能够正常运转的计算机总量/员工总数) ×100

（3）计算机联网率　得分（　）

B-4-2 指标得分：(1)、(2)、(3) 的得分之和除以 3。

B-4-3　信息采集的信息化手段覆盖率

企业在以下哪些领域的信息采集中应用了信息化手段（可多选）：

□政策法规　□市场　□销售　□技术　□人力资源　□管理　□其他：

每覆盖一个领域得 16 分，全部覆盖得 100 分。

B-4-4　办公自动化系统应用程度

□没有建立基于 Intranet/Extranet 的企业网

□建立了基于 Intranet/Extranet 的企业网，已实现的功能如下（可多选）：

□文档共享　□收文管理　□发文管理　□签报管理　□周报（月报）管理

□信息发布　□业务讨论　□电子邮件　□信息集成　□信息流程的跟踪与监控

□档案管理　□日程安排　□个人数据管理　□人力资源管理　□面向外部的电子公文交换

□会议管理　□固定资产管理　□决策支持（具备数据库、模型库和方法库）

计分方法：

如果没有建立基于 Intranet/Extranet 的企业网，得 0 分。

在具备基于 Intranet/Extranet 的企业网的基础上，实现信息流程的跟踪与监控的得 5 分，实现面向外部的电子公文交换的得 5 分，每实现一个其他功能得 1 分，总分乘以 3.85，满分为 100 分。

B-4-5　决策信息化水平

100　□高级水平：采用人工智能专家系统，进入管理决策智能化。

80　□中级水平：能开展数据分析处理，对各种决策方案进行优选，为企业决策提供有力支持。

50　□初级水平：通过信息资源的开发利用，能为企业决策提供初步支持。

B-4-6　核心业务流程信息化水平

100　□高级水平：主要业务流程全部实现最优控制。

80　□中级水平：信息化覆盖 80% 以上的主要业务流程，并能实现及时充分的数据共享。

50　□初级水平：信息化覆盖部分主要业务流程，业务流程自身及业务流程之间的信息流通不畅，在主要业务流程方面存在比较严重的信息孤岛现象。

B-4-7　管理信息化的应用水平

（1）管理信息化的应用已覆盖的领域包括（可多选）：

□财务管理　□购销存管理　□生产制造管理　□分销管理

□客户关系管理　□人力资源管理　□商业智能　□电子商务

管理信息化的应用覆盖率，计分方法：覆盖 1 项加 1 分，结果乘以 6.25。

（2）在财务、购销存、生产制造、分销、客户关系、人力资源管理、商业智能、电子商务等数据库中已实现共享的数据库的数量为：

□0 个　□1 个　□2 个　□3 个　□4 个　□5 个　□6 个　□7 个　□8 个

有 2 个实现共享得 2 分，3 个实现共享得 3 分，依此类推；结果乘以 6.25。

B-4-7 指标得分为：（1）＋（2）

B-4-8　信息化人力资源

（1）信息化技能普及率

掌握专业 IT 技术的员工占全部正式员工的比例：

50　□大于 15%　　20　□3% ~5%

40　□10% ~15%　　10　□1% ~3%

30　□5% ~10%　　5　□1% 以下

（2）学习的电子化水平

有无电子化学习（E－LEARNING）?（包括在企业内部网上展开电子化学习和企业有组织地安排员工长期在专业的培训网站上学习，并由企业支付大部分学费。）

□无　0 分

□有，请回答以下问题：

（a）电子化学习的员工覆盖率（满分 25 分）

得分＝(正式参与企业组织的电子化学习的员工数量/企业全部员工数量)×25

（b）可供选择的电子化学习学习领域（各选项有 1 项加 1 分，总分乘以 4.2，满分 25 分）

□生产技术技能　□规章制度　□管理　□营销　□财务　□企业文化

B-4-8 指标得分为：(1)＋(2)中(a)＋(b)

B-4-9　信息安全

用于信息安全的费用（信息安全软件、硬件、信息安全培训、信息安全人力资源支出等）占全部信息化投入的比例为：

100　□大于 20%　　40　□5% ~10%

80　□15% ~20%　　20　□5% 以下

60　□10% ~15%

B-5　文化与战略

B-5-1　战略匹配能力

（1）企业战略与竞争环境及企业实际匹配程度

100　□匹配程度很高　　25　□匹配程度较低

75　□匹配程度较高　　0　□匹配程度很低

50　□匹配程度一般

（2）企业愿景及目标与战略匹配程度

100　□匹配程度很高　　　　25　□匹配程度较低
75　□匹配程度较高　　　　0　□匹配程度很低
50　□匹配程度一般

B-5-1 指标得分：(1)、(2) 之和除以 2

B-5-2　战略实施能力

(1) 企业战略和愿景在员工中的理解和支持程度

100　□理解和支持程度很高　　　25　□理解和支持程度较低
75　□理解和支持程度较高　　　0　□理解和支持程度很低
50　□理解和支持程度一般

(2) 企业战略执行结果考核和监督纠偏措施的效果

100　□监督纠偏措施很有效　　　25　□监督纠偏措施较差
75　□监督纠偏措施较有效　　　0　□完全没有监督纠偏措施
50　□监督纠偏措施一般

B-5-2 指标得分：(1)、(2) 之和除以 2

B-5-3　文化投资费用率（　　）%

B-5-4　企业价值观

(1) 对企业员工利益的重视程度

100　□重视程度很高　　　25　□重视程度较低
75　□重视程度较高　　　0　□重视程度很低
50　□重视程度一般

(2) 对股东利益的重视程度

100　□重视程度很高　　　25　□重视程度较低
75　□重视程度较高　　　0　□重视程度很低
50　□重视程度一般

(3) 企业员工归属感

100　□归属感很强　　　25　□归属感较差
75　□归属感较强　　　0　□归属感很差
50　□归属感一般

(4) 冲突容忍程度

100　□容忍程度很高　　　25　□容忍程度较低
75　□容忍程度较高　　　0　□容忍程度很低
50　□容忍程度一般

(5) 合理化建议的采用程度

100　□采用程度很高　　　25　□采用程度较低
75　□采用程度较高　　　0　□采用程度很低
50　□采用程度一般

B-5-4 指标得分：(1)、(2)、(3)、(4)、(5) 之和除以 5

B-5-5　企业行为（运行机制）

（1）组织结构的明确程度

100　□很明确　　25　□较混乱

75　□较明确　　0　□很混乱

50　□一般

（2）企业管理标准与操作规程的完善程度

100　□完善程度很高　　25　□完善程度较低

75　□完善程度较高　　0　□完善程度很低

50　□完善程度一般

（3）权利责任规定的明确程度

100　□很明确　　25　□较模糊

75　□较明确　　0　□很模糊

50　□一般

B-5-5 指标得分：（1）、（2）、（3）之和除以 3

B-5-6　项目质量印象

100　□质量形象很好　　25　□质量形象较差

75　□质量形象较好　　0　□质量形象很差

50　□质量形象一般

B-5-7　合同信誉印象

100　□合同信誉形象很好　　25　□合同信誉形象较差

75　□合同信誉形象较好　　0　□合同信誉形象很差

50　□合同信誉形象一般

B-5-8　健康卫生表现

100　□企业非常关心员工在工作中的健康卫生条件

75　□企业比较关心员工在工作中的健康卫生条件

50　□企业不够关心员工在工作中的健康卫生条件

0　□企业很不关心员工在工作中的健康卫生条件

B-5-9　社会责任感

100　□企业已通过 SA8000 认证

50　□企业正着手 SA8000 认证

0　□企业尚未开展 SA8000 认证工作

B-5-10　环境表现

100　□企业环境管理形象很好　　25　□企业环境管理形象较差

75　□企业环境管理形象较好　　0　□企业环境管理形象很差

50　□企业环境管理形象一般

B-5-11　企业外在形象

100　□企业已有整套的形象设计

50　□企业已有一定的形象设计，但没有统一实施

0　□企业尚无形象设计

取值为 S_1

100　□企业施工现场形象很好

50　□企业施工现场形象一般

0　□企业施工现场形象较差

取值为 S_2

100　□企业员工形象很好

50　□企业员工形象一般

0　□企业员工形象较差

取值为 S_3

B-5-11 指标的取值为 $S=(S_1+S_2+S_3)/3$

C　项目管理能力

C-1　质量管理

C-1-1　ISO9000 认证

100　□企业已通过 ISO9000 认证

50　□企业正在进行 ISO9000 认证

0　□企业尚未展开 ISO9000 认证

C-1-2　过去 5 年发生的质量事故

企业过去 5 年中发生的质量事故次数及其严重程度为（　）

100　□无质量事故发生

50　□发生质量事故 1-4 起，且后果不严重

0　□发生质量事故 5 起以上或发生过严重质量事故

C-1-3　保修期内服务的满意度

100　□业主很满意企业在保修期内的服务　25　□业主不满意企业在保修期内的服务

75　□业主较满意企业在保修期内的服务　0　□业主很不满意企业在保修期内的服务

50　□业主认为企业在保修期内的服务尚可

C-1-4　质量保证金的返还率

企业在过去 3 年中的年平均质量保证金的返还率（　　）α

C-2　工期管理

C-2-1　工期管理方法

100　□企业采用的工期管理方法非常有效　25　□企业采用的工期管理方法效果较差

75　□企业采用的工期管理方法比较有效　0　□企业采用的工期管理方法效果很差

50　□企业采用的工期管理方法效果一般

C-2-2　工期延误记录

企业在过去 3 年中由于企业的原因引起的工期延误总天数为（　　）β

C-2-3　因工期延误被业主的索赔

企业在过去3年中因工期延误被业主索赔成功的金额为（　　）万元 β

C-3　成本管理

C-3-1　成本控制方法的有效性

100　□企业采用的成本管理方法非常有效　25　□企业采用的成本管理方法效果较差

75　□企业采用的成本管理方法比较有效　0　□企业采用的成本管理方法效果很差

50　□企业采用的成本管理方法效果一般

C-3-2　平均成本降低率

企业在过去3年中年平均成本降低率为（　　）α

C-4　合同管理

C-4-1　合同管理体系

100　□合同管理体系非常有效　25　□合同管理体系效果较差

75　□合同管理体系比较有效　0　□合同管理体系效果很差

50　□合同管理体系效果一般

C-4-2　合同管理资源的保障性

100　□企业有充足的资源用于合同管理　25　□企业有较少的资源用于合同管理

75　□企业有较充足的资源用于合同管理　0　□企业有很少的资源用于合同管理

50　□企业有部分资源用于合同管理

C-4-3　合同履约率

企业在过去3年中合同履约率为（　　）α

C-4-4　合同索赔成功率

企业在近3年中的合同索赔的成功率为（　　）α

C-5　外部协调能力

C-5-1　与分包商协调的有效性

100　□企业与分包商的协调十分有效　25　□企业与分包商的协调效果较差

75　□企业与分包商的协调比较有效　0　□企业与分包商的协调效果很差

50　□企业与分包商的协调效果一般

C-5-2　与业主、监理方协调的有效性

100　□企业与业主、监理方协调十分有效　25　□企业与业主、监理方协调效果较差

75　□企业与业主、监理方协调比较有效　0　□企业与业主、监理方协调效果很差

50　□企业与业主、监理方协调效果一般

C-5-3　与政府部门协调的有效性

100　□企业与政府部门协调十分有效　25　□企业与政府部门协调效果较差

75　□企业与政府部门协调比较有效　0　□企业与政府部门协调效果很差

50　□企业与政府部门协调效果一般

C-5-4　与项目所在地周边协调的有效性

100　□企业与项目所在地周边居民和单位协调十分有效

75　□企业与项目所在地周边居民和单位协调比较有效

50　□企业与项目所在地周边居民和单位协调效果一般

25　□企业与项目所在地周边居民和单位协调效果较差

0　□企业与项目所在地周边居民和单位协调效果很差

C-6　施工安全管理

C-6-1　OHSAS 18001 认证

100　□企业已通过 OHSAS18001 认证

50　□企业正在进行 OHSAS18001 认证

0　□企业尚未展开 OHSAS18001 认证工作

C-6-2　施工现场安全措施的有效性

100　□企业施工现场安全措施可行且非常有效

75　□企业施工现场安全措施可行且比较有效

50　□企业施工现场安全措施可行但效果一般

25　□企业施工现场安全措施可行但效果较差

0　□企业没有施工现场安全措施

C-6-3　事故解决程序的有效性

100　□企业解决工程事故的程序和措施非常有效

75　□企业解决工程事故的程序和措施比较有效

50　□企业解决工程事故的程序和措施效果一般

25　□企业解决工程事故的程序和措施效果较差

0　□企业没有解决工程事故的程序和措施

C-6-4　安全事故的次数与程度

企业在过去 3 年中发生的安全事故中：

一级安全事故的次数为（　　）次 β_1　　三级安全事故的次数为（　　）次 β_3

二级安全事故的次数为（　　）次 β_2　　四级安全事故的次数为（　　）次 β_4

C-6-4 指标取值为 $\beta=\beta_1\times 0.675+\beta_2\times 0.225+\beta_3\times 0.075+\beta_4\times 0.025$

C-7　环境管理

C-7-1　ISO 14000 认证

100　□企业已通过 ISO14000 认证

50　□企业正在进行 ISO14000 认证

0　□企业尚未展开 ISO14000 认证工作

C-7-2　收到环境方面投诉/奖励（国家）

企业在过去 3 年中获得有关环境奖的次数为（　　）次 α

企业在过去 3 年中受到有关环境影响的投诉为（　　）次 β

指标的得分为 $S=\frac{\alpha+\beta}{2}$

C-8　风险管理

C-8-1　风险管理体系的建立

100　□企业已建立风险管理体系

50　□企业正准备建立风险管理体系

0　□企业未有建立风险管理体系计划

C-8-2　风险管理方法的有效性

100　□企业采用的风险管理方法非常有效　25　□企业采用的风险管理方法效果较差

75　□企业采用的风险管理方法比较有效　0　□企业采用的风险管理方法效果很差

50　□企业采用的风险管理方法效果尚可

D　学习与创新

D-1　学习

D-1-1　员工学习的精神与氛围

100　□精神与氛围很好　25　□精神与氛围较差

75　□精神与氛围较好　0　□精神与氛围很差

50　□精神与氛围一般

D-1-2　员工素质普遍提高程度

100　□提高很快　25　□提高较慢

75　□提高较快　0　□提高很慢

50　□提高一般

D-2　研究与开发

D-2-1　专门的研发机构

100　□企业有专门的研发机构，并有与其他研究机构合作的技术依托

70　□企业有专门的研发机构，但没有与其他研究机构合作的技术依托

40　□企业没有专门的研发机构，但有与其他研究机构合作的技术依托

0　□企业没有专门的研发机构，也没有与其他研究机构合作的技术依托

D-2-2　研发投入资金额

企业在过去3年中平均每年用于研发的投资额占企业总产值的比例为（　　）α

D-2-3　研发人员

企业内部从事研发工作的人员数量占企业员工总数的比例为（　　）α

D-3　创新

D-3-1　专利技术数量

企业拥有的专利数量为（　　）个

D-3-2　技术专利转化率（　　）% α

D-3-3　管理创新（方法、流程、制度）

100　□创新效果很好　25　□创新效果较差

75　□创新效果较好　0　□几乎没有创新

50　□创新效果一般

D-4　技术装备

D-4-1　自有机械设备能力

自有机械设备总台数 α_1　　　动力装备率 α_4

自有机械设备总功率 α_2　　　设备成新率 α_5

技术装备率 α_3　　　设备使用率 α_6

D-4-1 指标根据得分 $\alpha = \frac{\alpha_1 + \alpha_2 + \alpha_3 + \alpha_4 + \alpha_5 + \alpha_6}{6}$

D-4-2　机械设备租赁

企业在过去 3 年中因机械设备租赁而节省的费用占企业机械设备费的比例为（　　）α

E　市场开拓与营销

E-1　业务范围

E-1-1　企业承接业务的全球地区范围

企业近 3 年在海外市场的在建工程项目数目（　　）α

E-2　投标能力

E-2-1　资格预审通过率

企业近 3 年在国际工程投标资格预审中的通过率为（　　）α

E-2-2　投标中标率

企业近 3 年国际工程投标的中标率为（　　）α

E-3　营销与客户关系管理

E-3-1　绿色营销

100　□企业环保意识很强，在建设各环节绿色环保措施很完善，宣传力度很大

75　□企业环保意识较强，在建设各环节绿色环保措施较完善，宣传力度较大

50　□企业环保意识一般，在建设各环节有一定环保措施，进行了一定宣传

25　□企业环保意识较弱，在建设各环节绿色环保措施较少，宣传力度较弱

0　□企业环保意识很弱，在建设各环节基本没有绿色环保措施和宣传力度

E-3-2　客户关系管理

（1）企业高层对客户管理的支持程度

100　□企业高层亲自参与客户管理工作

75　□企业高层对客户管理工作较支持

50　□企业高层对客户管理工作支持力度一般

25　□企业高层对客户管理工作支持力度较弱

0　□企业高层未能提供客户管理工作支持

（2）客户信息数据库

100　□数据库很完善，客户信息、行为和需求数据很详细

75　□数据库较完善，客户信息、行为和需求数据较详细

50　□建立有数据库，有一定的客户信息、行为和需求数据

25　□没有建立数据库，客户信息、行为和需求数据较少

0　□没有建立数据库，且没有客户信息、行为和需求数据

（3）客户关系分析能力

100　□客户关系分析能力很强，对客户进行了详细分级和分类，并密切跟踪其未来项目业务

75　□客户关系分析能力较强，对客户进行了一定分级和分类，并跟踪其未来项目业务

50　□客户关系分析能力一般，对客户进行了简单分级和分类，时有跟踪其未来项目业务

25　□客户关系分析能力较弱，未对客户进行分级和分类，少有跟踪其未来项目业务

0　□未对客户关系进行分析，未对客户进行分级和分类，未跟踪其未来项目业务

E-3-2　指标得分：(1)、(2)、(3) 之和除以3

F　环境与影响力

F-1　市场、政府与相关行业

F-1-1　国际市场需求

100　□在国际市场上企业的主营业务发展趋势很好，需求增长很快

75　□在国际市场上企业的主营业务发展趋势较好，需求增长较快

50　□在国际市场上企业的主营业务发展趋势平缓，需求不变

25　□在国际市场上企业的主营业务发展趋势较差，需求减少

0　□在国际市场上企业的主营业务发展趋势很差，需求明显萎缩

F-1-2　政府及相关政策

100　□政府行为及相关政策对企业开拓国际市场很有利

75　□政府行为及相关政策对企业开拓国际市场较有利

50　□政府行为及相关政策对企业开拓国际市场有一定帮助

25　□政府行为及相关政策对企业开拓国际市场比较不利

0　□政府行为及相关政策对企业开拓国际市场很不利

F-1-3　相关行业的发展水平

(1) 金融行业

100　□行业发展很完善，对建筑企业支持力度很大

75　□行业发展较完善，对建筑企业支持力度较大

50　□行业发展程度一般，对建筑企业支持力度一般

25　□行业发展较不完善，对建筑企业支持力度较小

0　□行业发展很不完善，对建筑企业支持力度很小

(2) 工程保险业

100　□行业发展很完善，对建筑企业支持力度很大

75　□行业发展较完善，对建筑企业支持力度较大

50　□行业发展程度一般，对建筑企业支持力度一般

25　□行业发展较差，对建筑企业支持力度较小

0　□行业发展很差，对建筑企业支持力度很小

（3）信息行业

100　□行业发展很完善，对建筑企业支持力度很大

75　□行业发展较完善，对建筑企业支持力度较大

50　□行业发展程度一般，对建筑企业支持力度一般

25　□行业发展较差，对建筑企业支持力度较小

0　□行业发展很差，对建筑企业支持力度很小

（4）机械制造业

100　□行业发展很完善，对建筑企业支持力度很大

75　□行业发展较完善，对建筑企业支持力度较大

50　□行业发展程度一般，对建筑企业支持力度一般

25　□行业发展较差，对建筑企业支持力度较小

0　□行业发展很差，对建筑企业支持力度很小

F-1-3 指标得分：（1）、（2）、（3）、（4）之和除以4

F-2　影响力

F-2-1　国内外影响力

100　□企业在本行业的品牌和知名度很高，国内外影响力很大

75　□企业在本行业的品牌和知名度较高，国内外影响力较大

50　□企业在本行业的品牌和知名度一般，国内外影响力一般

25　□企业在本行业的品牌和知名度较低，国内外影响力较低

0　□企业在本行业的品牌和知名度很低，国内外影响力很低

第四章　中国国际承包商竞争力分析

第一节　中国国际承包商发展概况

中国对外承包工程业务自改革开放以来发展迅速，从近几年中国进入ENR全球最大的225家国际承包商数量的不断增多可以看出中国企业的快速成长，以ENR在2006年发布的全球最大225家承包商国外营业额数据为例，如表4-1，可以反映中国承包商在全球工程承包市场中的份额概况。

全球最大225家承包商国外营业额状况（ENR 2006年发布）　　**表4-1**

承包商国籍		公司数量	国外营业额	
			亿美元	比重（%）
美国		52	348.4	18.4
加拿大		3	1.3	0.1
欧洲（59家）	英国	7	127.3	6.7
	德国	6	218.4	11.5
	法国	9	289.7	15.3
	意大利	12	58.9	3.1
	荷兰	2	51.7	2.7
	西班牙	8	125.9	6.6
	其他	15	284.4	15.0
日本		17	160.3	8.5
中国		46	100.7	5.3
韩国		7	24.0	1.3
土耳其		20	36.9	1.9
所有其他		21	66.2	3.5
总计		225	1894.1	100

截至2007年底，中国对外承包工程累计完成营业额2064亿美元，签订合同额3295亿美元；中国对外劳务合作累计完成营业额478亿美元，合同额523亿美元，累计派出各类劳务人员419万人；对外设计咨询累计完成营业额22.2亿美元，签订合同额37.8亿美元。1989～2007年中国对外承包工程和劳务合作业务统计以及1995～2007年中国对外设计咨询业务统计情况，分别如图4-1和图4-2。从图中可以看出，2005年后中国对外承包工程和对外设计咨询业务完成营业额和新签合同额增长速度有明显加快的趋势。

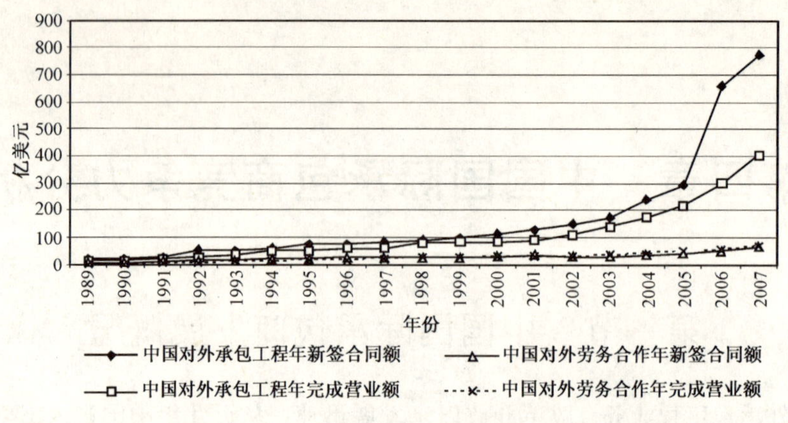

图 4-1　1989 ~ 2007 年中国对外承包工程和劳务合作业务统计

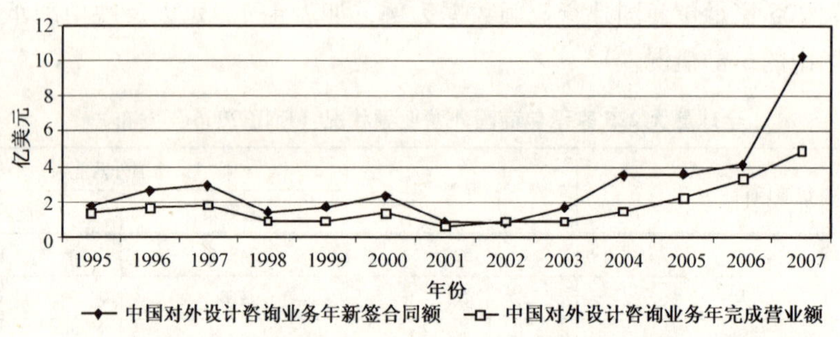

图 4-2　1995 ~ 2007 年中国对外设计咨询业务统计

目前，中国承包商在国际化进程中，已进入 180 多个国家和地区，主要集中在亚洲、非洲的一些欠发达国家和中国具有经援传统的国家。中国公司基本形成了“亚非为主，拉美和南太为辅，中东稳步恢复，欧美取得进展”的市场格局。按洲和地区统计的 1998 ~ 2006 年中国承包商在国际上的承包工程额如图 4-3，中国承包商 1998 ~ 2006 年在国际上累计承包工程额最多的前 20 个国家或地区如图 4-4。

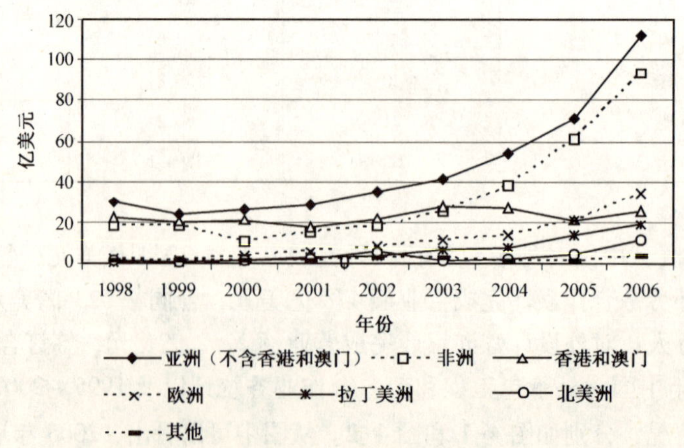

图 4-3　1998 ~ 2006 年中国承包商在国际上承包工程额（按洲和地区统计）

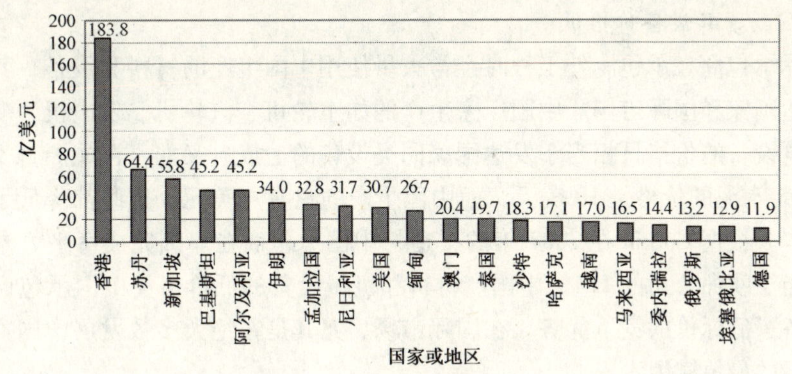

图4-4　中国承包商1998～2006年在国际上累计承包工程额最多的前20个国家或地区

第二节　中国国际承包商SWOT分析

SWOT分析是用来识别企业竞争力和竞争环境的典型方法。S代表企业的优势（Strength）；W代表企业的劣势（Weakness）；O代表企业的机会（Opportunity）；T代表企业面临的威胁（Threat）。S和W是企业的内部因素，O和T则是企业的外部因素。早在20世纪80年代，Weihrich提出了影响企业经营的主要方面，包括经济因素、社会和政治因素、管理和融资能力、市场和竞争等；Porter通过对企业在国内和国际不同市场环境下开展经营和面临竞争的对比研究，提出了企业开展国际化经营时有别于国内的成本差异、市场差异、法规差异和资源差异。

在上述研究基础上，可将中国国际承包商的SWOT因素分为如下方面：（1）管理能力，（2）融资能力，（3）技术能力，（4）成本差异，（5）资源差异，（6）社会和政治环境，（7）经济环境，（8）市场和竞争。

本部分进行中国国际承包商SWOT分析综合应用了调研、法规政策分析、文献和统计数据分析、案例分析等方法。

一、中国国际承包商的优势

（1）人工成本相对较低、掌握良好技能、能应对艰苦的工作环境

建筑业是一个劳动力相对密集型的产业，人工费在总经营成本中所占比重较大，并对承包商的经营产生显著影响。中国的劳动力成本一直相对较低，如根据中、美、日三国近年统计年鉴中的数据，2002年美国建筑业从业人员年平均工资为29000美元（Statistical abstract of the United States 2003），2002年日本建筑业从业人员年平均工资为48000美元（Japan statistical yearbook 2004），而中国建筑业从业人员在2005年的年平均工资只有相当于1600美元。派往海外从事国际工程施工的工人都受过良好的技能培训，掌握熟练的操作技术，而且相当一部分工人还有一专多能的特点，一人能从事不同工种的工作。中国承包商的管理人员、技术人员和工人能应对海外工地艰苦的环境，常年生活在简陋的条件下，管理层和一线工人同吃同住，既增进了员工间的相互交流理解和信任，也节省了费用。

(2) 工程物资和设备价格低

中国国际承包商在承包海外工程时经常大量使用中国生产的材料和设备，其价格往往明显低于发达国家和国际市场。中国厂家生产的如水轮机、汽轮机、发电机、变压器、电器开关等机电设备的价格只相当于发达国家同类设备的七成。又如，在非洲，安哥拉当地生产 50kg 袋装水泥的价格是 10 美元，而中国生产的只有 4 美元。这些都降低了中国承包商的建造成本。根据 Corkin 在 2007 年的报道，中国承包商在非洲完成每平方米建筑工程的造价只相当于欧洲公司的 1/4。中国产材料和机械设备的低价格使中国承包商参与国际工程投标具备了低标价的竞争优势，在国际市场、尤其是在绝大多数发展中国家，低标价往往成为中标的最关键因素。

(3) 掌握一些领域的先进技术

近年来，中国建筑业企业不断取得技术进步、生产率持续提高。根据《中国统计年鉴》，自 2002 年到 2007 年短短几年间，中国国有建筑业企业全员劳动生产率已经提高了 2 倍。最近二十年，中国承包商承担并完成了众多特大型工程的施工任务，如南水北调工程、三峡工程、青藏铁路、西气东送、西电东输、奥运工程、杭州湾跨海大桥等。经过大量大型高难度工程的实践，中国一批大型施工企业在高速公路、铁路桥梁、隧道及地下工程、深基础开挖、超高楼宇建设、大型构件和设备的吊装、预应力混凝土工程、大型混凝土浇筑、爆破技术等重要领域已经掌握了具有国际先进水平的施工技术。中国承包商已能够依靠其先进的技术和良好的工程业绩在国际市场上与发达国家承包商在大型复杂工程项目上展开竞争。

(4) 相对的地缘区位优势

中国承包商的海外市场主要分布在亚洲和发展中国家，其中亚洲地区占到中国对外承包营业额的一半以上。许多发展中国家基础设施亟待开发建设，而本国又缺乏有实力的能承担大型工程建设的承包商，于是产生了对价格低、施工能力强的国际承包商的迫切需要，而中国承包商正符合了这样的需求。中国承包商已经在许多发展中国家打开市场并建立了良好的信誉，特别是在亚洲，中国承包商具备了一定的地缘区位优势，如地理位置邻近中国的巴基斯坦、孟加拉国、尼泊尔、缅甸、越南、泰国、马来西亚、哈萨克斯坦等国家都成为中国承包商进入的主要市场。中国承包商在亚洲邻国开展业务较之欧美承包商具有距离近、设备易于转移、运费和施工成本低的竞争优势。但中国承包商的地缘区位优势是相对的，并正在受到挑战，如在孟加拉国就遇到地理优势更加明显的印度承包商的强有力的价格竞争；而在非洲、拉美市场，中国承包商甚至存在地缘劣势。

(5) 与发展中国家建立了传统友谊

尽管中国与非洲、中东、拉美相距遥远，但中国与亚非拉地区的许多发展中国家有经援历史并建立了数十年的传统友谊，中国承包商也得到中国政府和东道国政府的鼓励和支持，在这些地区承担了大量的工程建设项目，如在苏丹、阿尔及利亚、埃塞俄比亚、伊朗等与中国有着长期传统友谊的发展中国家，中国承包商与当地政府、业主和人民都建立了紧密联系，并在建筑市场上保持着很高的市场份额。通过承担大型工程项目，又有助于中国承包商丰富和提升在当地的经验和信誉，进一步促进业务的发展。

二、中国国际承包商的劣势

（1）缺乏综合素质高的管理人才

建筑施工行业工作环境差、收入偏低，中国各类施工企业对高级人才往往缺乏吸引力。刚毕业的大学生和研究生往往难以胜任复杂的国际工程管理工作，经过几年实践培养锻炼出的专业人才又流失严重。企业中懂得国际工程管理、精通国际商务、掌握外语、熟悉专业技术、善于经营管理、能吃苦的对外经营管理综合性人才很少，尤其缺少国际工程管理中必不可少的国际金融、法律、项目融资、合同管理、风险管理等方面的专业人才。

（2）咨询设计能力不够

长期以来，中国国内的建筑工程设计和施工由设计单位和施工企业两类不同业务性质的单位分别承担，设计单位往往没有施工能力，施工企业往往没有设计能力，既能承担咨询设计又能承担施工的企业很少。中国承包商的海外业务中咨询设计业务所占的份额很小，根据2000年以来《中国统计年鉴》提供的数据，中国公司承担的海外咨询设计业务合同额还不到其海外工程合同额的1%。国际市场上已有很多业主要求承包商提供业务范围涵盖工程建设全过程的咨询设计、采购和施工，即交钥匙工程服务。中国企业长期形成的设计施工分离影响了设计、施工企业承担项目总承包工程，造成中国承包商在项目总承包能力方面相对国际著名企业的弱势。

（3）在高利润领域开拓不够

目前中国承包商在国际市场上仍然以房建、交通、水电为主，其合同额占绝对主导地位。通过对近年中国进入ENR发布的全球225家国际工程承包商企业数据的统计，在国际市场上，中国承包商在工业、制造、能源、供水、石油、电信、危险废弃物处理等专业领域所占份额很小。而这些专业领域，都是行业公认的高利润领域。中国承包商在国际市场高利润领域开拓不足，限制了企业利润的增长空间。

（4）资本金注入和资本积累能力弱

相对其他一些行业，中国建筑企业长期处于资本金低、利润率低、资产负债率高的所谓“两低一高”的经营状态。在计划经济时期，国家投入建筑企业的只是设备和办公设施，缺少流动资金。改革开放以后，国家基本上没有资本性投入，造成中国国有大型建筑企业资金注入和积累先天不足。由于市场竞争激烈，长期以来建筑企业承包工程利润率偏低，如2004年以来，全国国有建筑企业的平均资产负债率在70%左右，一大批大中型工程承包商企业实际产值利润率不足1%，资本积累缓慢，资金短缺成为约束业务发展的瓶颈。

（5）融资渠道少、融资能力弱

进入21世纪，国际工程承包的方式也在急剧变革之中，随着各国政府财政公共建筑资金的削减和工程承包商之间竞争程度的加剧，工程设计、施工和采购业务的融资问题变得越来越重要，承包商融资能力已成为许多国际工程项目投标能否入围的先决条件，而中国国际承包商普遍存在融资渠道少融资能力弱的问题。长期以来，中国大中型施工企业基本靠流动资金贷款方式解决项目资金垫付问题，很难通过金融市场融资。融资渠道单一，风险全部由贷款企业承担的现状导致了中国承包商与美欧日韩的承包商开展带资承包业务相比差距甚远，影响了企业的国际竞争力。

(6) 中国的行业标准与国际标准差异

由于中国的行业标准与国际标准不能接轨，或行业标准缺乏国际认知度，使得中国企业在一些国际竞争性项目的投标中处于被动。中国的设计院、施工企业长期以来习惯使用国内颁布的标准来完成设计和施工，而中国的行业标准虽然多数已达到或超过现行的国际标准，但却没有经过国际组织的认可，无法在国际工程项目采用。国内行业标准与国际标准缺乏有权威的对照。中国工程设计人员在设计的思维方式、表达方式、图面布置及设计风格方面也有许多不能很好地适合国外的习惯。这些都给企业在国际竞争中带来被动。

(7) 语言交流存在一定障碍

国际工程上使用最多的语言是英语，如世界银行、亚洲开发银行等的贷款项目都使用英语，语言差异也是影响中国企业走出去的一大障碍。中国建筑企业中有较高国际工程英语水平的人员数量所占比例很小，普遍存在的现象是精通技术和管理的人员外语水平往往不够、外语好的人员专业水平和经验又不足。在国际工程投标、谈判、项目实施、试运行和保修阶段都需要在中外文的翻译方面投入大量的人力和费用，口语交流难度更大，并时常发生误解和错误，也对中国承包商海外业务的发展造成影响。

三、中国国际承包商的机会

(1) 政府鼓励、政策支持

中国政府确定和推动实施“走出去”战略，鼓励企业参与国际竞争，并努力创造使中国企业成功“走出去”的环境，为激励中国企业“走出去”提供更好的服务。从政策层面上，中央和地方政府先后出台了一系列推动“走出去”战略的政策措施，鼓励建筑企业承揽国际工程业务。政府主管部门简化行政审批手续、下放审批权限、放松外汇管制、为对外工程承包等活动提供专项支持等，并加大了国别产业目录等信息服务力度，为中国企业的跨国经营营造了有利的环境。

(2) 政府和国有银行的金融支持

针对中国对外承包工程企业的资金瓶颈，中国政府出台了一系列措施解决对外承包工程融资问题：1）设立“对外承包工程保函、风险专项资金”；2）对符合条件的对外承包工程项目的流动资金贷款予以适当贴息；3）中国出口信用保险机构对承包工程企业在国外承揽工程项目给予支持；4）对能带动国产设备和材料出口的承包工程项目，中国进出口银行可在符合信贷原则的前提下对项目的流动资金贷款积极予以支持；5）各国有商业银行根据信贷原则，积极安排对外承包工程企业所需流动资金贷款；6）各国有商业银行和政策性银行应对具备条件的建设—经营—转让（BOT）、建设—拥有—经营（BOO）、建设—拥有—经营—转让（BOOT）等项目的融资予以支持；7）允许具备条件的企业经批准后利用境内外上市或发行债券等方式筹措资金。中国政府和国有银行的金融支持为企业开拓市场，扩大对外承包工程业务规模起到积极作用。

(3) 中国企业境外投资规模不断扩大

2000 年以来，中国企业境外投资规模不断扩大。根据《中国统计年鉴》公布的数据，仅2004~2006年三年间，中国境外直接投资就从55亿美元增加到161亿美元，增长了近3倍。境外投资范围已从过去的传统贸易主导型转变为更多地投向制造业、能源、交通、原材料、房地产、酒店等领域，并遍及160多个国家和地区。这些境外投资带来的基础设施建设成为中国建筑业企业“走出去”的良好载体，如首钢集团、中冶集团等多家企业在境外的投资，都由中国承包商承担项目建设；中建总公司也正是通过承担海尔集团在美国工厂的建设，开始成功开拓美国建筑市场。

（4）中国承包商已成功进入的海外市场及看好的未来前景

凭借良好的技术和较低的成本，中国承包商已经在一些国家和地区建立了良好业绩。如在中国香港、新加坡、巴基斯坦、伊朗、越南、缅甸、老挝、阿尔及利亚、苏丹、尼日利亚等许多国家和地区，中国承包商承担的工程项目数量多、规模大、在当地已有很好的口碑。特别是，在不少中国承包商已成功进入的国家，工程建设市场发展前景依然看好，例如，在伊朗，铁路、城市地铁、电力等项目将得到迅速增长；在越南，自2006年起国家将投资170亿美元建设交通道路；在阿尔及利亚，2006~2009年，将投入120亿美元用于水利设施建设；在新加坡，据房屋发展署预测，未来几年将有年均200~250亿美元的工程建设项目。中国企业在当地的经验、业绩、资源和人脉以及当地的市场需求都有利于中国承包商承揽新的工程项目。

（5）中非合作带来发展非洲市场的机遇

中国对非洲国家已有数十年的经济援助历史，中国和非洲国家在平等互利的基础上建立了传统友谊和长期的经济合作关系。2006年11月在北京成功举办的中非合作论坛使中非合作关系得到进一步的巩固和加强，来自48个非洲国家的国家元首或政府首脑参加了本次论坛并确定了《北京行动计划2007~2009》，根据这一计划，到2010年中非之间贸易额将达到1000亿美元。非洲国家政府已承诺进一步向中国开放市场，欢迎中国公司参与基础设施建设，尤其是铁路、公路、通信、电力、水利工程。中国将向非洲国家提供优惠贷款、为中国公司在非洲承担的项目提供出口信贷。中国进出口银行近年对非洲国家提供的贷款，80%都用于大型基础设施项目。中国承包商进入非洲市场正面临新的发展机遇。

（6）中国建筑市场与国际接轨

中国加入WTO以后，根据《商务贸易总协定》的规定，中国建筑业法规中有违市场规则的部分将得到改正，地方保护、行业壁垒将被打破。中国现行市场规则将逐步与国际接轨，有利于企业熟悉国际惯例。随着外国建筑公司进入中国市场的增多和中国对外工程公司在国际市场中业务的不断扩大，中外建筑企业之间的合作逐步增多，国内企业将获得更多的市场信息，学习更多的国外先进技术、经营方式和管理经验，为企业开拓国际市场提供有利条件。加入WTO后，根据对等开放的原则，中国已与主要国家建立双边联系机制，这使得中国建筑企业进入国际市场更加便利。

四、中国国际承包商的威胁

（1）高商业风险

从事海外工程承包是一项高风险事业，其风险体现在不仅要考虑项目条件还要从全球的视角考虑政治、经济和环境因素。中国承包商的主要市场在发展中国家，发展中国家的政治、经济、环境的不确定性往往较大，给中国承包商带来许多商业风险，典型的商业风险包括：1）一些发展中国家缺乏基础建设资金或资金不足，合同守约观念不够，拖欠工程款现象严重。2）在海外承包工程一般都需要雇用当地劳动力、采购当地的建材，一些发展中国家通货膨胀现象严重，会明显增大建设项目成本、减少承包商的利润。3）许多发展中国家汇率波动幅度大，国外企业承包工程多要面临较大的汇率风险。

（2）政治风险和人身安全危险

中国承包商在海外还面临一定程度的政治风险。一些国家的政局动荡和政权轮替给中国承包商开拓当地市场带来了严重的影响，一些国家政府当局存在的大量贪污和贿赂也往往成为中国承包商面对的棘手问题。特别是，近年来中国员工在海外的人身安全不断受到威胁，不稳定因素增大，如2000年以来中资企业员工在巴基斯坦、苏丹、尼日利亚、阿富汗、菲律宾、埃塞俄比亚、伊拉克、尼日尔等亚洲和非洲发展中国家遭遇了恐怖分子或反政府武装的杀害或绑架。这些都给中国承包商海外经营构成了威胁。

（3）海外市场和中国公司间的竞争加剧

国际建筑市场总体而言是一个买方市场，工程承包企业在同一地区竞争加剧和产业集群化是当今国际建筑市场发展的一个趋势。自20世纪90年代以来，国际工程承包竞争加剧，一个工程项目动辄有一二十家甚至更多家参加投标，竞标激烈，中标难度增大。尤其是，在海外市场，中国公司不仅面临与海外公司的竞争，更面临中国承包商之间的激烈竞争，如在中东、北非、南亚等地区，众多中国承包商缺乏协调，集群内各企业同构现象严重，陷入过度竞争状态，出现中国承包商之间投标的“低标价战”，使承包工程的利润水平显著下降甚至纷纷亏损。

（4）出口信贷和出口信贷保险制度尚不成熟

中国工程承包传统市场主要在亚洲和非洲的发展中国家，其政治风险和商业风险都很高。而中国在出口信贷保险方面的支持力度不够，出口信贷保险机构（如中国出口信用保险公司）的风险管理能力不如西方发达国家，对一些国家的政治风险或一切险难以给予承保，因此，进出口银行在这些地区推广买方信贷难度较大。中国承包商过度依赖卖方信贷为大型工程项目融资，如根据中国进出口银行统计，卖方信贷业务占其全部贷款业务的八成以上。

（5）人民币升值和国内物价上涨的压力

自2005年中国人民银行将人民币汇率政策从固定汇率调整为浮动汇率后，人民币对美元一直面临升值压力，从2005年到2008年，人民币对美元汇率持续走强，连创新高。中国工程承包企业在海外承包的许多工程获得支付的工程款币种是美元，人民币的升值使同等数额的美元收入兑换成人民币的数额缩水。2007年以来，中国国内市场又开始面临新一轮的通货膨胀压力，粮油、燃料、建筑材料、交通运输、人工费等生产生活资料价格显著上涨。人民币升值和国内物价上涨将增大中国企业在海外承包工程的成本，削弱中国承包商传统的价格竞争优势。

案例　中国某石油勘探局在海外市场的SWOT分析

辽河石油勘探局是中国石油天然气集团公司（CNPC）所属骨干企业，以油气田工程技术服务、能源开发与综合利用、机械加工制造及石油化工、生产贸易服务为主营业务。已有16部钻机、11部修井机以及45支专业队伍在世界14个国家和地区作业施工；稠油开发进入了国际整体服务市场，带动油建和筑路行业整体进入国际市场。形成了北非、中东、中南美、中亚等国际市场开发战略区，在巩固和拓展苏丹、委内瑞拉等国家和地区的工程技术服务市场基础上，培育哈萨克斯坦和阿尔及利亚市场。

辽河石油勘探局与西方主要竞争对手的SWOT对比分析列表4-2。

辽河石油勘探局与西方主要竞争对手SWOT对比分析　　　　**表4-2**

类别		因素
内部因素	优势（S）	企业内各级组织对开拓国际市场有兴趣
		资金实力强
		技术装备基本上满足业主的要求或短期内可购买到，技术实用
		国产装备基本上可靠，使用熟练
		境外施工队伍普遍进行健康、安全和环境（HSE）教育，基本上满足要求
		人员成本低廉，队伍稳定，便于管理
		可以在境外寻找到合适的合作伙伴
		中国工人阶级吃苦耐劳
	劣势（W）	缺乏国际竞争的经验，参与国际竞争时随意性较大
		对未来的发展前景及防范措施预测不够
		人员素质比国外竞争对手差，语言交流困难
		没有形成知名品牌效应，资质预审麻烦多
		没有一支业务全面的工程承包队伍
		施工中财务和成本管理混乱，对工程变更缺乏系统经验及知识
		与国内外资金往来不规范、漏洞多
		工地与供应基地相距遥远，保障能力有待加强
外部环境	机会（O）	得到中国石油天然气集团公司（CNPC）总部的支持，也得到CNPC所属的勘探开发公司、长城钻井公司、中油测井公司、国际工程公司的支持
		在投标更大项目时可以得到资金的支持，如CNPC总部、进出口银行的支持
		业主需要有实力的公司参与竞争
		通常进入的是欠发达国家，西方对手较难以低价进入
		通常石油技术服务项目业主不存在支付方面的困难及风险
		业主对中国实用、有效的技术感兴趣
		合作方或代理人对中方的业绩和实力有信心
		油价上涨会让公司获取更大的利润，可能以更多的资金投入到勘探开发领域

续表

类　别		因　素
外部环境	威胁（T）	员工在海外的人身安全受到威胁，并发生过企业员工在苏丹遇害的严重事件
		国内技术队伍过剩，更多的石油技术服务队伍进入国际市场竞争
		石油勘探开发风险高，健康、安全和环境（HSE）要求更严格
		更多具有实力的公司特别是西方公司加入到竞争中来
		竞争对手会以低价竞争，导致获利空间下降
		长距离的供应保障会造成风险及成本增加
		所在国家会要求承包商分包部分工程给当地公司
		所在国家税收政策风险，存在如何合理避税、如何规避劳工冲突问题
		所购西方制造设备的按期到场及备件供应保障问题

案例　中铁建设集团开拓俄罗斯市场承建酒店项目

中铁建设集团有限公司（以下简称“中铁建”）是一家国有企业集团，是中国房屋建筑工程施工总承包特级企业。集团现有员工近3000人，员工中管理人员超过70%。中铁建在海外拥有良好的品牌优势、商务优势和海外经营人才优势，具有比较成熟的海外经营经验。

中铁建在俄罗斯开拓的第一个工程是俄罗斯太平洋酒店项目。项目业主是俄罗斯一家私营股份公司，由中铁建下属的设备安装分公司承建。工程位于俄罗斯南萨哈林斯克岛首府萨哈林市中心，工程总建筑面积为11526m^2，建筑主体为钢结构，外墙为玻璃幕墙。地下1层，地上8层，局部9层。工程内容包括：中央空调系统、给排水系统、强电系统、弱电系统、楼宇自控、消防系统、电梯、管道、设备供应、安装及调试、保修期的维修等。项目采用EPC（设计—采购—施工）“交钥匙”工程模式，工程的机电设备及材料全部从国内采购运输至施工现场，要求按欧洲三星级酒店标准设计施工，项目工期为19个月。

1. 俄罗斯工程承包市场情况

得益于国际能源及原材料价格不断上涨等因素，近年来俄罗斯经济增长速度超过6%，并带动了建筑市场的强劲增长，2000~2006年俄全国建筑市场总值增长了约3.5倍，承包市场潜力巨大，一系列基础设施建设包括道路交通网建设、市政建设、港口建设、石油化工项目和天然气工程项目等在全国各地逐步展开。

一方面，俄方十分看重中国企业的工程承包能力和水平，对中国企业进入俄市场持积极态度，希望与中国企业在大型项目建设方面开展合作，扩大对俄建材、建筑机械、建筑新技术和工艺以及劳动力的出口。另一方面，俄罗斯对本国工程承包市场保护程度较强，虽遵照国际惯例对外国建筑公司实行国民待遇，外国承包商可以参与其国内及国际工程的公开招标，但俄政府法律规定采购项目中外国公司提供商品及劳务必须以本国公司不能提供或提供的经济效益过低为前提，外国公司总承包时项目总额的30%以上的工作应由俄当地公司完成。

2. 中铁建在俄承包工程的优势和劣势分析

（1）优势：中国政府大力支持中国企业“走出去”，中俄密切的贸易关系为企业在俄罗斯承包工程创造了有利条件；中铁建拥有一大批高水平的项目管理人员和成熟的管理体系；拥有丰富的技术工人资源；中铁建建造的工程具有较高的性价比，建造质量优良而成本相对低廉。

（2）劣势：语言方面的障碍要求公司聘请翻译人员配合工作，为工作增添了难度；对当地的法律和建筑规范标准不熟悉，对当地材料设备市场不熟悉，使得公司不能在较短时间内调动起当地的材料设备资源为项目服务；对当地劳动力资源的整合存在难度，管理人员和劳务人员属地化程度不高，主要依赖从国内派遣的人力资源；气候寒冷对项目实施和人员有不利影响；中铁建不能像独联体、土耳其和东欧国家在俄企业那样熟悉当地的语言、文化和生活习惯，在当地也没有形成自己的关系网；由于俄建筑市场近几年迅速膨胀，很多项目资金紧缺或需要融资，带来一定的经营风险；材料设备价格浮动较大，建材和机械设备价格不断上涨；当地资源协调难度大，当地外来劳工的工作准证只限于固定项目，所以在劳动力安排方面受到制约；项目的工程图纸多以概念设计进行招标，为公司准确报价增加了难度。

3. 项目实施策略

详细的前期市场调研将为未来项目实施方案、工程设计以及建造成本的确定提供重要信息。在太平洋酒店项目实施前期，中铁建项目部通过业主等渠道参观了一个接近完工的酒店项目工地、一个已完工的酒店、一个在建的办公楼项目，聘请了两个当地的工程师，通过这种方法，了解了当地的技术规范，掌握了当地酒店项目实施中规范要求的重点和应该注意的问题，为下一步的设计施工提供了重要依据和经验，收到事半功倍的效果。

承建当地工程，还必须了解当地的法律法规，如公司法和税法涉及公司的注册、经营运作和纳税，劳工法涉及项目队伍的组建、劳务输入和管理，其他如材料进口、环保和保险等也需了解并遵守东道国相关法规。中铁建项目部积极了解调研当地的法律法规，聘请了一个当地的会计师作为财务顾问，还聘用了一家律师事务所作为法律咨询，解决了项目运作过程中的对外财务和公司运作中的不少问题。

在实施太平洋酒店项目时，通过市场调研了解到，俄罗斯的年通货膨胀率在13%～15%，南萨哈林市的通货膨胀率更高；卢布兑美元的汇率因俄罗斯经济复苏的影响，使得卢布一路走强；南萨哈林因地理位置原因物资匮乏，价格较高，订货周期长；人民币面临升值，国际材料价格有上涨趋势。因此，项目部做出了尽量使用中国材料，及早从中国进口施工设备和材料的合理选择。

太平洋酒店项目由于工期较紧，合同签约后即开始按照欧洲三星级标准进行设计。后来经过对当地酒店的调查，发现设计方案还存在许多问题，于是便在设计过程中进行了调整：例如设计开始时确定的酒店入口采用平开式两翼旋转门，后来发现当地从未使用过这类旋转门，运行期间的维护在当地很难解决，于是改成了在当地多有使用且便于维护的三翼旋转门，不但去除了平开式两翼旋转门方案的隐患，而且降低了造价。设计前进行详细的市场调查，有助于提高性价比、提供让业主更为满意的方案。

为解决中国设计院的设计与当地规范接轨的问题，太平洋酒店项目采用了中国设计院设计、俄当地设计院核查，并提交技术监督部门审批的办法。从实施效果看，此办法虽然可行，但存在着设计修改较多、设计来回沟通耗时长等问题。更好的办法可以是通过中国设计院与当地设计院设计人员联合办公，合作设计，把分歧和修改在设计的初级阶段通过沟通及时解决。

物资采购是EPC合同的重要内容之一，直接影响项目的实施和最终成本。太平洋酒店项目物资设备的标准和品质要求大都在设计阶段就已和业主一起敲定，对于许多总价较高或比较关键的设备材料，如钢材、电梯、锅炉、空调机组、电气开关、消防系统、外立面铝塑板、幕墙和铝合金窗等，在确定品质的同时，也确定了品牌。把材料设备的选型和设计紧密结合在一起，即节省了时间，提高了工作效率，也为以后现场实施带来了便利。

由于采用交钥匙模式，相对于施工总承包模式，承包商有更多的自主权，承包商自身严把质量关是成功的关键。在组织建设方面，项目部内部分设相对独立的两个部门，一个是设计兼内部监理部门，一个是施工部门，以利于通过项目部内部的自检和他检更好地完成内部质量监督和质量管理工作。项目部贯彻严格的质量管理体系，从设计到施工，都有一系列的自我检查和自我监督制度和规定，以责任制的形式把质量问题落实到人，保证了工程质量。

第五章　建筑业企业柔性的分析方法

第一节　柔性评价指标体系

为了使建筑业企业柔性分析更具有针对性、系统性和可操作性，同时也为了帮助各企业从企业柔性分析中得到更系统的评价方法和改进建议，以下提出企业的柔性分析框架，具体阐述企业柔性分析的步骤、实施方法以及评价指标体系和问卷评测内容。

一、环境动荡性指标体系

企业在市场竞争中面临复杂的内外部环境、应对各种变化的条件，并由此引发了在经营过程中对不确定环境和条件的适应性问题。解决这一问题的首要工作就是要考察企业内外部各因素对企业的影响，对企业所处竞争环境的动荡性进行评价。

1. 环境动荡性的维度

进行环境动荡性评价的目的是考察组织所处的竞争环境中内外部各方面因素对组织的影响。环境动荡性可以通过环境的动态性、复杂性和不可预测性三个维度来衡量，其中，“动态性”主要由环境变化因素的密度和频率组成，环境变化因素越多，变化越频繁，组织对柔性的需求也越大；“复杂性”是指环境因素的数量和这些因素之间相互依赖的程度；“不可预测性”是指环境能否被预测的程度，不可预测性在组织环境和柔性需求的研究中最受关注。

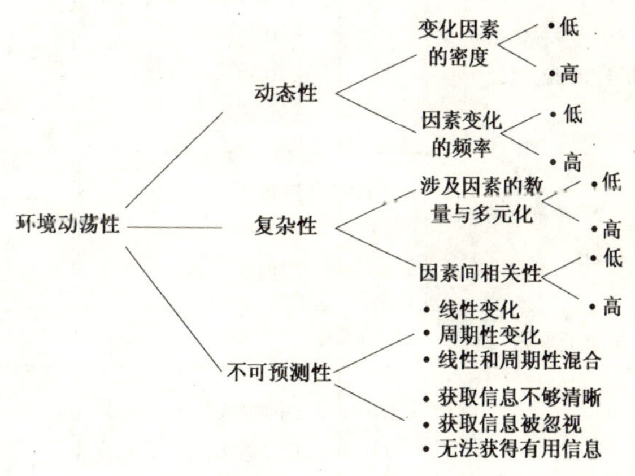

图 5-1　环境动荡性的维度和变量

环境动荡性的三个维度及其变量如图 5-1。

2. 环境动荡性扫描指标体系

根据环境动荡性的维度和建筑业企业实际面临的市场竞争因素，在这里建立环境动荡性扫描指标体系，该指标体系包括外部环境分析，细分为：(1) 政治/法律条件、(2) 经济条件、(3) 社会条件三个因素的一系列指标；行业环境分析，细分为：(1) 供应商、(2) 客户和业主、(3) 市场和竞争者、(4) 企业获取项目的途径、(5) 劳动力市场、(6) 金融资产、(7) 管制等七个因素的一系列指标。

并提出企业环境动荡性扫描表，如表5-1，表中得分值表示企业面临环境动荡性的程度，得分值越高，表示环境动荡性越大。

可根据表中的内容向掌握本行业和本企业情况的相关人员进行问卷调查，通过对表中所列指标具体问题进行打分，根据得分值获得企业实际环境动荡性的评价结果。

环境动荡性扫描表 **表5-1**

A. 外部环境分析

1. 政治/法律条件

指　　标	得分	状　　况	指　　标	得分	状　　况
1-1　政治稳定程度	100 70 40 10	□动荡不安 □政局不稳 □比较稳定 □非常稳定	1-3　技术规范和标准与国际接轨程度	100 70 40 10	□很大差别 □较大差别 □比较接近 □完全一致
1-2　相关法制健全程度	100 70 40 10	□非常不健全 □漏洞较多 □比较健全 □非常健全			

2. 经济条件

指　　标	得分	状　　况	指　　标	得分	状　　况
2-1　贸易保护和市场进入壁垒	100 70 40 10	□非常高 □比较高 □比较低 □非常低	2-3　市场机制	100 70 40 10	□很不完善 □初步完善 □比较完善 □非常完善
2-2　建筑市场总体发展趋势	100 50 0	□增长 □保持 □倒退			

3. 社会条件

指　　标	得分	状　　况	指　　标	得分	状　　况
3-1　文化差异	100 75 50 25 0	□非常大 □比较大 □一般 □比较小 □几乎没有	3-3　与当地企业合作	100 75 50 25 0	□几乎没有 □比较少 □有过一定合作经验 □比较多 □非常多
3-2　在当地知名度与影响力	100 75 50 25 0	□几乎没有 □比较小 □一般 □比较大 □非常大	3-4　与当地政府关系	100 75 50 25 0	□非常差 □比较差 □一般 □比较好 □非常好

续表

B. 行业环境分析

1. 供应商

指　标	得分	状　况	指　标	得分	状　况
1-1　企业可供选择的供应商网络（国内外）	100 70 40 10	□非常广泛 □比较广泛 □比较单一 □非常单一	1-5　企业改变供应商容易程度？	100 70 40 10	□非常容易 □比较容易 □比较难 □非常难
1-2　在国内的供应商中，与国际标准统一的	100 70 40 10	□非常少 □比较少 □比较多 □非常多	1-6　企业是否非常依赖部分合作的供应商	50 0	□否 □是
1-3　企业有没有寻找国外的供应商合作	100 0	□有 □没有	1-7　如果是，企业有没有试图减少这种依赖	50 0	□有 □没有
1-4　企业对国外的供应商的了解	100 70 40 10	□非常少 □比较少 □比较多 □非常多	1-8　关于供应商发生的原材料和设备等供应的变化	100 75 50 25 0	□非常多 □比较多 □有一定变化 □比较少 □非常少
2. 客户和业主					
2-1　企业主要的客户和业主	100 50	□国外 □国内	2-3　企业在相关建筑产品中工期与质量方面有独特的优势	100 70 40 10	□非常弱 □比较弱 □比较强 □非常强
2-2　企业对于业主的需要与需求的了解	100 70 40 10	□非常少 □比较少 □比较多 □非常多	2-4　项目业主要求的变化	100 70 40 10	□非常多 □比较多 □比较少 □非常少
3. 市场和竞争者					
3-1　企业涉及的行业经营结构（可多选）	每选一项得10分，满分100	□房屋建筑 □制造 □能源 □水利 □环境/排污处理 □工业/石化 □交通 □危险物处理 □电信 □其他	3-2　在相关的行业间相互依赖程度	100 75 50 25 0	□非常高 □比较高 □有一定依赖性 □比较低 □非常低

续表

B. 行业环境分析

3. 市场和竞争者

指　标	得分	状　况	指　标	得分	状　况
3-3　企业所进入的地区市场	100 75 50 25 0	□进入15个以上国家 □进入9~14个国家 □进入4~8个国家 □进入2~3个国家 □进入1个国家	3-6　能够预测到潜在的竞争对手吗?	100 50	□不能 □能
3-4　现有建筑市场的进入壁垒	100 75 50 25 0	□几乎没有 □比较低 □有一定壁垒 □比较高 □非常高	3-7　对于主要竞争对手信息的可获得性	100 75 50 25 0	□非常难 □比较难 □一般 □比较容易 □非常容易
3-5　新的潜在建筑市场进入壁垒	100 75 50 25 0	□非常高 □比较高 □有一定壁垒 □比较低 □几乎没有			

4. 企业获取项目的途径

指　标	得分	状　况	指　标	得分	状　况
4-1　企业获取项目的具体方式（可多选）	每选一项得20分，满分100	□公开招标 □邀请招标 □议标 □直接委托 □参与合作（通过联营体、分包获得）	4-3　国外客户信息网络	100 75 50 25 0	□非常广 □比较广 □有一定网络关系 □比较窄 □几乎没有
4-2　国内客户信息网络	100 75 50 25 0	□非常广 □比较广 □有一定网络关系 □比较窄 □几乎没有			

5. 劳动力市场

指　标	得分	状　况	指　标	得分	状　况
5-1　企业引进复合型人才	100 70 40 10	□非常难 □比较难 □比较容易 □非常容易	5-3　如果有，使用的形式是（可多选）	每选一项得10分，满分50	□临时性工作岗位 □季节性工作岗位 □替补性工作岗位 □实习性工作岗位 □其他
5-2　企业内有临时性员工吗（当地劳务）	50 0	□有 □没有	5-4　企业是否存在员工的借入与借出的情况	50 0	□是 □否

续表

B. 行业环境分析

5. 劳动力市场

指　标	得分	状　况	指　标	得分	状　况
5-5 如果存在，当借入和借出情况发生时，对公司运营或相关项目的执行产生的影响	50 40 30 20 10	□非常大 □比较大 □有一定影响 □比较小 □非常小			

6. 金融资产

指　标	得分	状　况	指　标	得分	状　况
6-1 工程款项拖欠情况	100 75 50 25 0	□非常严重 □比较严重 □有一定拖欠 □比较少 □非常少	6-3 资本投资情况	100 70 40 10	□非常多元化 □比较多元化 □比较单一 □非常单一
6-2 企业可以选择的融资渠道与方式	100 75 50 25 0	□非常多 □比较多 □有一定渠道与方式 □比较少 □非常少	6-4 资本流动性	100 70 40 10	□非常高 □比较高 □比较低 □非常低

7. 管制

指　标	得分	状　况	指　标	得分	状　况
7-1 政府规定限制变化对企业的影响	100 70 40 10	□非常大 □比较大 □比较小 □非常小	7-2 法律限制变化对企业的影响	100 70 40 10	□非常大 □比较大 □比较小 □非常小

二、柔性扫描指标体系

在进行环境动荡性的扫描以后，应结合企业实际情况，进行企业的现实柔性扫描，以得到企业实际的柔性状况。

在广泛综合国内外学者提出的各种柔性分析与评价的基础上，建立建筑企业柔性扫描指标体系，该指标体系包括：(1) 采购管理、(2) 人力资源配置、(3) 技术创新与管理、(4) 信息系统、(5) 融资能力、(6) 市场开拓与营销、(7) 信息收集与处理等七个因素的一系列指标。如表5-2。表中得分值表示企业柔性化的程度，得分值越高，表示柔性化的程度越高。

可根据表中的内容向企业管理人员及了解本企业情况的相关人员进行问卷调查，对各个问题进行打分并根据分值判断建筑企业的柔性程度。

柔性扫描调查表 **表 5-2**

A. 采购管理

1. 概况

指　标	得分	状　况	指　标	得分	状　况
1-1　采购方式的选择	每选一项得20分，满分100	□招标 □询价 □直接 □代理 □其他	1-7　对材料市场分析与预测能力	100 75 50 25 0	□非常强 □比较强 □一般 □比较弱 □几乎无
1-2　采购管理体系的完善程度	100 75 50 25 0	□非常完善 □比较完善 □一般 □比较多漏洞 □没有采购管理体系	1-8　企业采购信息网络建设	100 75 50 25 0	□非常好 □比较好 □一般 □比较差 □没有采购信息网络
1-3　采购计划动态调整能力	100 75 50 25 0	□非常高 □比较高 □一般 □比较低 □几乎没有	1-9　物资采购部门总体的采购信息收集	100 75 50 25 0	□非常详细具体 □比较详细具体 □有一定信息 □比较少 □几乎没有信息收集
1-4　工程备料计划的及时性与准确性	100 75 50 25 0	□非常高 □比较高 □一般 □比较低 □非常低	1-10　物资采购部门与分公司、项目部信息交流	100 75 50 25 0	□非常多 □比较多 □有一定的交流 □比较少 □几乎没有交流
1-5　物资采购部门与施工技术部门的信息交流与合作	100 75 50 25 0	□非常多 □比较多 □一般 □比较少 □几乎无	1-11　分公司、项目部对当地材料各方面（资源供给及季节性能力、需求情况、价格、运距、运输能力等）调查情况	100 75 50 25 0	□非常详细 □比较详细 □有一定的调查和了解 □调查较少 □几乎没有调查
1-6　采购人员对各方面信息情况收集	100 75 50 25 0	□非常多 □比较多 □一般 □比较少 □几乎没有	1-12　分公司、项目部对物资采购部门的信息反馈	100 75 50 25 0	□非常及时和详细 □比较及时和详细 □及时性和详细程度一般 □及时性和详细程度较差 □既不及时也不详细

续表

A. 采购管理

1. 概况

指　　标	得分	状　　况	指　　标	得分	状　　况
1-13　企业采购信息中心资料库	100 75 50 25 0	□非常完善 □比较完善 □一般 □较差 □无采购信息中心资料库			

2. 供货商

指　　标	得分	状　　况	指　　标	得分	状　　况
2-1　企业对于主要材料及设备的供货商选择范围	100 75 50 25 0	□非常广 □比较广 □有一定选择范围 □比较小 □非常小	2-4　和供货商的关系协调	100 75 50 25 0	□非常好 □比较好 □一般 □比较差 □非常差
2-2　对于主要材料及设备的供货商评价情况（生产厂家产品证明、质检报告、以往质量业绩及信誉、售后服务；经销商的资质等级、经营范围、质量信誉、售后服务等）	100 75 50 25 0	□非常详细 □比较详细 □一般 □比较简单 □几乎没有相关评价	2-5　和供货商的共同维护能力	100 75 50 25 0	□非常好 □比较好 □一般 □比较差 □非常差
2-3　主要材料及设备的供货商供货能力	100 75 50 25 0	□非常强 □比较强 □一般 □比较弱 □非常弱	2-6　有无和关键材料及设备供应商维持特定的关系	100 50	□有 □没有

B. 人力资源配置

1. 固定人员

指　　标	得分	状　　况	指　　标	得分	状　　况
1-1　员工引入体制	每选一项得20分，满分100	□长期合同 □短期合同 □委托管理 □接收实习 □其他	1-2　员工的培训教育与提高	100 75 50 25 0	□非常多 □比较多 □一般 □比较少 □非常少

续表

B. 人力资源配置

1. 固定人员

指　标	得分	状　况	指　标	得分	状　况
1-3　培训内容的安排	100 75 50 25 0	□非常丰富 □比较丰富 □一般 □比较单一 □非常少	1-8　绩效考核结果的合理性与真实性	100 75 50 25 0	□非常好 □比较好 □一般 □比较差 □非常差
1-4　人员在岗位上的转换	100 75 50 25 0	□非常多 □比较多 □有一定转换 □比较少 □几乎没有	1-9　对于绩效考核结果的反馈与改进	100 75 50 25 0	□非常及时 □比较及时 □一般 □比较滞后 □非常滞后
1-5　员工接受任务的范围	100 75 50 25 0	□非常宽 □比较宽 □有一定范围限制 □比较窄 □非常窄	1-10　员工之间的交流和学习（传帮带，横向交流等）	100 75 50 25 0	□非常多 □比较多 □一般 □比较少 □非常少
1-6　对于人员绩效的激励方式	每选一项得20分，满分100	□薪酬 □奖金 □期股期权 □表扬荣誉 □其他	1-11　工作时间的安排（根据工期要求或季节变化等）	100 75 50 25 0	□非常灵活 □比较灵活 □有一定的调整 □比较固定 □非常固定
1-7　绩效考评制度执行情况	100 75 50 25 0	□非常好 □比较好 □一般 □比较差 □非常差			

2. 临时人员

指　标	得分	状　况	指　标	得分	状　况
2-1　临时雇佣的人员	100 75 50 25 0	□非常多 □比较多 □有一定数量 □比较少 □几乎没有	2-3　临时人员培训上岗时间	100 75 50 25 0	□非常短 □比较短 □需要一定时间 □比较长 □非常长
2-2　借入或临时聘请专业人员	100 75 50 25 0	□非常多 □比较多 □有一定数量 □比较少 □几乎没有	2-4　临时人员岗位替换安排	100 75 50 25 0	□非常完善 □比较完善 □有一定替换 □比较单一 □没有替换安排

续表

B. 人力资源配置

3. 咨询

指　　标	得分	状　　况	指　　标	得分	状　　况
3-1　在企业管理过程中引入咨询	100 75 50 25 0	□非常多 □比较多 □有一定的咨询 □比较少 □几乎没有	3-3　引入的咨询团体在具体任务中所起的作用	100 75 50 25 0	□非常大 □比较大 □有一定作用 □比较小 □几乎没有
3-2　项目实施过程中利用社会资源或引入咨询	100 75 50 25 0	□非常多 □比较多 □有一定的咨询 □比较少 □几乎没有	3-4　咨询团体与项目管理人员合作交流	100 75 50 25 0	□非常多 □比较多 □有一定的交流 □比较少 □非常少

C. 技术创新与管理

1. 重视程度

指　　标	得分	状　　况	指　　标	得分	状　　况
1-1　企业中对于技术创新与管理的重视程度	100 75 50 25 0	□非常高 □比较高 □一般 □比较低 □非常低	1-3　企业技术人才对于企业目前需要的满足程度	100 75 50 25 0	□非常高 □比较高 □一般 □比较低 □非常低
1-2　企业技术研发投入占产值比例	100 70 40 10	□4%及以上 □2%～4% □0.5%～2% □0.5%以下	1-4　企业技术人才对于企业未来发展需要的满足程度	100 75 50 25 0	□非常高 □比较高 □一般 □比较低 □非常低

2. 具体措施

指　　标	得分	状　　况	指　　标	得分	状　　况
2-1　企业技术研发资金筹措渠道	每选一项得20分，满分100	□政府科技计划支持 □合作开发 □风险性科技创业投资 □企业自筹 □其他	2-2　在企业技术进步中，直接引入外部先进技术	100 75 50 25 0	□非常多 □比较多 □有一定引入 □比较少 □几乎没有

续表

C. 技术创新与管理

2. 具体措施

指　　标	得分	状　　况	指　　标	得分	状　　况
2-3　企业依托承接的工程项目所开发的新技术	100 75 50 25 0	□非常多 □比较多 □一般 □很少 □没有	2-6　对特定类型技术的依赖	100 75 50 25 0	□非常小 □比较小 □一般 □比较大 □非常大
2-4　企业在新技术方面的跟进及引入	100 75 50 25 0	□非常及时 □比较及时 □一般 □比较滞后 □非常滞后	2-7　新技术投入项目应用的时间	100 75 50 25 0	□非常短 □比较短 □一般 □比较长 □非常长
2-5　企业利用社会科技资源进行技术开发和攻关的能力（与科研院所、高校的技术合作、组建专家委员会、委托咨询或聘请专家进行重大科研课题研究和攻关等）	100 75 50 25 0	□非常强 □比较强 □一般 □比较弱 □几乎没有			

D. 信息系统

1. 普及程度

指　　标	得分	状　　况	指　　标	得分	状　　况
1-1　企业计算机普及程度	100 75 50 25 0	□很高 □较高 □一般 □较低 □很低	1-3　管理人员对于信息系统的使用	100 75 50 25 0	□非常多 □比较多 □有一定的使用 □比较少 □非常少
1-2　普通员工在工作中对于信息系统的使用	100 75 50 25 0	□非常多 □比较多 □有一定的使用 □比较少 □非常少			

2. 运行效果

指　　标	得分	状　　况	指　　标	得分	状　　况
2-1　企业总部与项目部门，或异地项目部门之间使用信息网络系统进行信息交流	100 75 50 25 0	□非常多 □比较多 □有一定的交流 □比较少 □非常少	2-2　信息系统兼容性 得分：a + b		

续表

D. 信息系统

2. 运行效果

指　标	得分	状　况	指　标	得分	状　况
a. 企业中是否存在多套信息系统	50 0	□是 □否	2-4　有没有建立企业内部的交流网络	100 50	□有 □否
b. 如果有多套系统，系统间的兼容性	50 40 30 20 10	□非常好 □比较好 □有一定兼容性 □比较差 □非常差	2-5　如果信息系统出现故障，补救的措施	100 75 50 25 0	□非常完善 □比较完善 □一般 □比较差 □几乎没有
2-3　在使用过程中，信息系统的友善性，即系统的可接近性和易于使用性	100 75 50 25 0	□非常好 □比较好 □一般 □比较差 □非常差			

E. 融资能力

1. 联系与沟通

指　标	得分	状　况	指　标	得分	状　况
1-1　与国内金融界的沟通能力	100 75 50 25 0	□非常强 □比较强 □有一定的沟通能力 □比较差 □非常差	1-3　与国际金融机构的联系	100 75 50 25 0	□非常多 □比较多 □有一定的联系 □比较少 □几乎没有
1-2　与国外金融界的沟通能力	100 75 50 25 0	□非常强 □比较强 □有一定的沟通能力 □比较差 □非常差			

2. 实施与合作

指　标	得分	状　况	指　标	得分	状　况
2-1　对金融政策的熟悉程度	100 75 50 25 0	□非常熟悉 □比较熟悉 □有一定的了解 □不熟悉 □完全不了解	2-3　与国内银行财团或金融机构的合作与联合	100 75 50 25 0	□非常多 □比较多 □一般 □比较少 □几乎没有合作过
2-2　银行信用评级	100 75 50 25 0	□优 □良 □中 □一般 □无信用评级	2-4　与国外银行财团或金融机构的合作	100 75 50 25 0	□非常多 □比较多 □一般 □比较少 □几乎没有合作过

续表

F. 市场开拓与营销能力

1. 投标能力

指　标	得分	状　况	指　标	得分	状　况
1-1　具备相关投标经验并拥有相关人才的项目种类	100 75 50 25 0	□非常多 □比较多 □一般 □比较少 □非常少	1-2　企业招投标管理部门沟通能力	100 75 50 25 0	□非常好 □比较好 □一般 □比较差 □非常差

2. 公共关系

指　标	得分	状　况	指　标	得分	状　况
2-1　与政府部门的关系	100 75 50 25 0	□非常好 □比较好 □一般 □比较差 □非常差	2-4　总体来说在过去承接的项目中与项目其他参与方的关系	100 75 50 25 0	□非常好 □比较好 □一般 □比较差 □非常差
2-2　总体来说在过去承接的项目中与项目业主的关系	100 75 50 25 0	□非常好 □比较好 □一般 □比较差 □非常差	2-5　与社会公众的关系	100 75 50 25 0	□非常好 □比较好 □一般 □比较差 □非常差
2-3　与新闻媒体的关系	100 75 50 25 0	□非常好 □比较好 □一般 □比较差 □非常差	2-6　涉足以前未开拓过的市场时，企业的准备	100 75 50 25 0	□非常好 □比较好 □一般 □比较差 □几乎没有准备

G. 信息收集与处理

1. 物资供应信息

指　标	得分	状　况	指　标	得分	状　况
1-1　关于主要供应商的信息与分析	100 75 50 25 0	□经常做 □定期做 □有时做 □较少做 □几乎不做	1-3　关于替代性材料和设备的分析	100 75 50 25 0	□经常做 □定期做 □有时做 □较少做 □几乎不做
1-2　鉴别和界定基本材料和设备的市场	100 75 50 25 0	□经常做 □定期做 □有时做 □较少做 □几乎不做	1-4　关于基本材料和设备供应量波动情况应对方案	100 75 50 25 0	□经常做 □定期做 □有时做 □较少做 □几乎不做

续表

G. 信息收集与处理

2. 劳动力信息

指　标	得分	状　况	指　标	得分	状　况
2-1　关于劳动力数量的信息与分析	100 75 50 25 0	□经常做 □定期做 □有时做 □较少做 □几乎不做	2-2　关于劳动力质量的信息与分析	100 75 50 25 0	□经常做 □定期做 □有时做 □较少做 □几乎不做

3. 工艺与技术信息

指　标	得分	状　况	指　标	得分	状　况
3-1　收集相关工艺与新技术开发的信息	100 75 50 25 0	□经常做 □定期做 □有时做 □较少做 □几乎不做			

4. 市场信息

指　标	得分	状　况	指　标	得分	状　况
4-1　市场细分化分析	100 75 50 25 0	□经常做 □定期做 □有时做 □较少做 □几乎不做	4-3　对于企业的优势、劣势、机会和威胁（SWOT）分析，并做出相应对策	100 75 50 25 0	□经常做 □定期做 □有时做 □较少做 □几乎不做
4-2　对于业主期望与需求的收集及分析处理	100 75 50 25 0	□经常做 □定期做 □有时做 □较少做 □几乎不做			

第二节　柔性与环境匹配分析及柔性的开发

一、企业柔性与环境匹配分析

在得到企业环境动荡性及企业柔性状况两方面的情况后，还需要将这两方面的内容结合起来进行具体分析：

企业所面临的某一环境方面的动荡性程度，需要企业具备相应程度的柔性能力来匹配。柔性与环境动荡性关联度的分析矩阵如图5-2。根据不同的现实柔性与不同的环境动荡性因素关联程度的高低给出矩阵中对应的分值，即关联度越高，分值越高，则企业在其现实柔性方面对于相应环境的适应力就越应得到重视，进而可以判断企业各方面的柔性能力能否与环境的动荡性因素相适应。

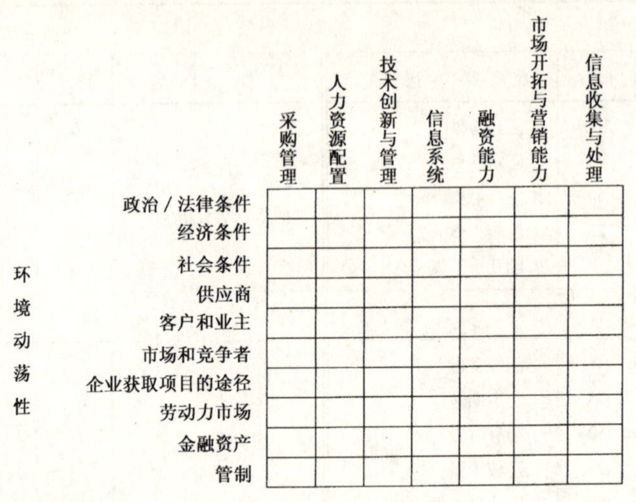

图5-2　柔性匹配图

在获得企业现实柔性与环境动荡性状况及其匹配程度结果后，企业可根据不同现实柔性与环境动荡性状况，采取不同的柔性度调整措施，如表5-3。

不同现实柔性与环境动荡性状况下对应的柔性度调整　　表5-3

企业现实柔性与环境动荡性关联程度	企业现实柔性	环境动荡性	企业柔性度调整建议
高	低	高	提高柔性程度
	高	高	保持较高柔性
	低	低	保持刚性程度
	高	低	提高刚性程度
低	高或低	高或低	暂不考虑

如针对与环境动荡性关联程度高的柔性因素，当环境动荡性高时，对于现实柔性不足的方面，可以采取相应的措施，开发组织柔性的潜能，提高柔性程度；当环境动荡性低时，对于柔性过多的方面，则可以适当增加组织刚性，如适当加强标准化和正式化，保证运营效率。经过柔性分析可以针对企业柔性与环境匹配的状况，帮助企业制定相应的改善策略和措施。

二、柔性潜能培养和开发指标体系

如何增强企业具体方面的柔性或者刚性，以改善企业适应竞争环境的能力是进一步要解决的问题。傅博达等认为组织中存在着对柔性潜能发挥的壁垒，组织设计决定了组织中的柔性潜能。要增强企业某方面的柔性或刚性，可以分别通过降低组织壁垒以激发组织中的柔性潜能或增加组织柔性壁垒来实现。在具体操作中，则需要具体分析企业组织中的壁垒情况，通过分析结果对组织结构进行改革或是通过组织再设计来达到具体目的。

在傅博达的柔性理论中，组织壁垒包括了组织中的结构壁垒、技术壁垒以及文化壁垒。在这里结合建筑企业的特点，提出对企业结构壁垒和文化壁垒进行的列表考察分析，具体考察方面如表5-4和表5-5，表中得分值表示企业柔性潜能，得分值越高，代表增强企业柔性的潜能越大；得分值越低，代表增强企业柔性的潜能越小。根据表中所列对企业进行调查与分析，可以判断出企业在组织结构以及文化氛围各方面的柔性壁垒及限制情况，从而进行有针对性的柔性潜能开发和组织设计改革。

结构列表——结构特征的决定因素 **表5-4**

（注：分数高代表柔性潜能高，更容易增强柔性）

A. 基本组织形式

1. 结构

指标	得分	状况	指标	得分	状况
1-1 能否推出企业的组织结构特征	100 50	□能 □不能	1-3 企业部门层级数量更倾向于	100 75 50 25 0	□非常扁平 □层级比较少 □中等 □层级比较多 □层级很多
1-2 企业人员组合方式是什么形式	100 70 40 10	□多种组合（矩阵式） □目标市场（事业部式） □产品/服务 □职能			

2. 职能化

指标	得分	状况	指标	得分	状况
2-1 职能化程度（职能部门，专业分工程度）	100 75 50 25 0	□非常低 □比较低 □一般 □比较高 □非常高	2-2 职能部门间的横向协调能力	100 75 50 25 0	□非常强 □比较强 □一般 □比较弱 □非常弱

B. 计划与控制

1. 专业化

指标	得分	状况	指标	得分	状况
1-1 单位部门中劳动的分工情况	100 75 50 25 0	□非常广泛 □比较广泛 □一般 □比较细致 □非常细致	1-2 工作任务完成方式	100 75 50 25 0	□基本是独立完成 □大部分独立完成 □部分独立、部分分工合作 □大部分需要分工合作 □基本需要分工合作

续表

B. 计划与控制

1. 专业化

指　标	得分	状　况	指　标	得分	状　况
1-3　部门员工所从事的工作内容	100 75 50 25 0	□非常多样化 □比较多样化 □工作内容有一定变化 □比较单一 □非常单一	1-5　相同部门和相关部门中工作任务相互替代的发生	100 75 50 25 0	□非常频繁 □比较频繁 □有一定替代 □比较少 □几乎没有
1-4　一般来说员工转向其他相关工作岗位的可能性	100 75 50 25 0	□非常高 □比较高 □中等 □比较低 □非常低			

2. 标准化

指　标	得分	状　况	指　标	得分	状　况
2-1　工作过程的标准化：工作内容说明或程序化的程度	100 75 50 25 0	□程序调整非常灵活 □程序调整比较灵活 □程序化程度一般 □比较详细和严格 □非常详细和严格	2-2　对于工作结果或绩效的说明的详细程度	100 75 50 25 0	□非常简单 □比较简单 □一般 □比较详细 □非常详细

3. 正式化

指　标	得分	状　况	指　标	得分	状　况
3-1　职务描述及岗位职责的说明	100 75 50 25 0	□非常简单 □比较简单 □一般 □比较详细 □非常详细	3-3　如果有，工作指令的详细程度	50 40 30 20 10	□非常简单 □比较简单 □一般 □比较详细 □非常详细
3-2　是否有成文的工作指令	100 50	□没有 □有	3-4　一般规则的详细程度	100 75 50 25 0	□非常简单 □比较简单 □一般 □比较详细 □非常详细

4. 培训和教育

指　标	得分	状　况	指　标	得分	状　况
4-1　组织是否有内部培训、课程等使得工作技能达到标准化	100 50	□没有 □有			

续表

B. 计划与控制

5. 依赖和协调

指　　标	得分	状　　况	指　　标	得分	状　　况
5-1　部门中员工之间对于相对独立任务的相互协调	100 75 50 25 0	□非常多 □比较多 □有一定协调 □比较少 □几乎没有协调	5-2　在单位部门之间中，最常见的联络形式是	100 75 50 25 0	□整合经理 □项目团队 □联络员 □任务小组 □直接接触

6. 决策和分权

指　　标	得分	状　　况	指　　标	得分	状　　况
6-1　各部门之间的共用互相依赖性	100 75 50 25 0	□非常低 □比较低 □有一定依赖性 □比较高 □非常高	6-5　较低管理层在运营和战略决策方面的影响	100 75 50 25 0	□非常大 □比较大 □有一定影响 □比较小 □几乎无影响
6-2　各部门之间的连续互相依赖性（运营上的配合和依赖）	100 75 50 25 0	□非常低 □比较低 □有一定依赖性 □比较高 □非常高	6-6　在各部门之间，进行部门外咨询的情况	100 75 50 25 0	□非常多 □比较多 □中等 □比较少 □几乎没有
6-3　各部门之间的互补互相依赖性（部门之间的互补合作性）	100 75 50 25 0	□非常高 □比较高 □有一定依赖性 □比较低 □非常低	6-7　在单位中，有没有专门的咨询团体	50 0	□有 □没有
6-4　在单位中，你部门的主要决策是怎样发生的	100 75 50 25 0	□绝大部分授权分散决策 □大部分授权分散决策 □部分分散，部分集中决策 □大部分集中决策 □绝大部分集中决策	6-8　如果有，你认为咨询团体在决策方面的影响？	50 40 30 20 10	□非常大 □比较大 □有一定影响 □比较小 □非常小

7. 参与

指　　标	得分	状　　况	指　　标	得分	状　　况
7-1　在组织目标制定、计划、工作分配、进展控制、时间决算、结果评价等活动中，普通员工的参与程度	100 75 50 25 0	□非常高 □比较高 □有一定参与 □比较低 □几乎没有参与			

续表

B. 计划与控制

8. 计划

指　标	得分	状　况	指　标	得分	状　况
8-1 你所在的单位的员工使用的计划	100 70 40 10	□灵活可动态调整的计划 □可适当调整的计划 □明确可调整性较小的计划 □非常明确和固定的计划	8-4 对于计划控制系统硬性化数据的重视程度	100 70 40 10	□非常低 □较低 □较高 □非常高
8-2 正在使用中的计划系统	100 70 40 10	□具备科学合理性，宽泛和很好的可调整性 □较合理，有一定可调整性 □较详细和具体，调整较难 □非常详细严格，不能调整	8-5 对于计划系统中数据输入、量化程度	100 70 40 10	□非常低 □比较低 □比较高 □非常高
8-3 对于短期定量化目标的关注程度	100 70 40 10	□非常低 □较低 □较高 □非常高	8-6 把运营性目标和优先级转化成程序和步骤的程度	100 70 40 10	□非常低 □比较低 □比较高 □非常高

文化列表——文化特征的决定因素 **表 5-5**

（＊分数高代表柔性化程度尚比较低，柔性潜能高，更容易增强柔性）

1. 历史与象征

指　标	得分＊	状　况	指　标	得分	状　况
1-1 你对企业发展历史的了解	100 75 50 25 0	□几乎不了解 □了解比较少 □有一定了解 □比较熟悉 □非常熟悉	1-3 如果有的话，你认为这种象征的意义	50 40 30 20 10	□非常广泛 □比较广泛 □有一定象征范围 □比较明确 □非常明确
1-2 你认为企业有象征物吗？（包括标志、口号或其他）	50 0	□有 □没有	1-4 对于象征的意义或愿景，你认为企业中员工对其的认同感	100 75 50 25 0	□非常微弱 □比较微弱 □有一定认同 □比较强烈 □非常强烈

续表

1. 历史与象征

指　标	得分	状　况	指　标	得分	状　况
1-5　你所在的部门活动与企业的象征和使命	100 75 50 25 0	□完全偏离 □比较偏离 □略有统一性 □比较统一 □非常统一	1-7　在组织中，对于重要的事情而进行的庆祝	100 75 50 25 0	□几乎没有 □比较少 □有一定数量 □比较多 □非常多
1-6　在你看来，组织中有目前对组织而言非常重要的人吗	100 75 50 25 0	□几乎没有 □比较少 □有一定数量 □比较多 □非常多	1-8　组织中，仅仅由内部人员使用的特定术语	100 75 50 25 0	□几乎没有 □比较少 □有一定数量 □比较多 □非常多

2. 领导

2-1　你所在组织的高层管理人员的产生来源	100 70 40 10	□主要是外部选聘 □外部选聘较多 □内部培养较多 □主要内部培养	2-2　你对于组织内领导风格的概括是	100 75 50 25 0	□完全授权 □部分授权 □咨询参与式 □协商式 □教育指导式

3. 计划方法

3-1　在你看来，组织中目标通常是如何建立的？	100 75 50 25 0	□绝大部分是自下而上 □大部分是自下而上 □两者差不多 □大部分是自上而下 □绝大部分是自上而下	3-3　建立的目标情况	100 75 50 25 0	□绝大部分是定性目标 □大部分是定性目标 □定性与定量目标相当 □大部分是定量目标 □绝大部分是定量目标
3-2　对于所确立的目标的变化情况	100 75 50 25 0	□随情况不同经常变化 □随情况不同变化较多 □定期变化 □变化较少 □几乎不变			

4. 管理态度

4-1　管理人员对于新的管理技术的接受程度	100 75 50 25 0	□非常高 □比较高 □有一定接受程度 □有抵触 □严重抵触			

续表

5. 不成文规则

指　标	得分	状　况	指　标	得分	状　况
5-1　具有相近工龄的员工比率	100 70 40 10	□75%以上(含75%) □50%~75%(含50%) □25%~50%(含25%) □25%以下 把参加工作30年及以上、20~29年、10~19年、10年以下的各归一类。统计出各类人数，计算出人数最多的一类占员工总人数的比例。	5-3　对于新进入员工适应组织的帮助措施	100 75 50 25 0	□非常少 □比较少 □一般 □比较多 □非常多
5-2　对于新进入的员工的内部介绍	100 75 50 25 0	□几乎没有 □比较少 □一般 □比较详细 □非常详细	5-4　企业中关于人员轮岗的机制，以使员工得到更复合才能的发展以及对组织的整体理解	100 75 50 25 0	□非常合理 □比较合理 □有一定轮岗 □比较差 □几乎没有轮岗机制

6. 包容程度

指　标	得分	状　况	指　标	得分	状　况
6-1　组织对于外部培训和课程	100 75 50 25 0	□经常做 □定期做 □有时做 □较少做 □几乎不做	6-4　如果你穿着奇装异服，你的同事的反应	100 75 50 25 0	□非常包容和接受 □比较包容和接受 □有一定的包容和接受 □比较敏感 □强烈敏感
6-2　在你的印象里，同事之间的关系可以描述为	100 75 50 25 0	□非常自由融洽 □比较自由融洽 □介于正式和自由融洽之间 □比较正式和正规工作关系 □非常正规工作关系	6-5　如果你做出了很非凡的成绩，你的同事的反应	100 75 50 25 0	□非常包容和接受 □比较包容和接受 □有一定的包容和接受 □比较敏感 □强烈敏感
6-3　如果你犯了一个显而易见的错误，你的同事的反应	100 75 50 25 0	□非常包容和理解 □比较包容和理解 □有一定的包容和理解 □比较敏感 □强烈敏感	6-6　在企业中，员工提出的有别于正常的观点或新的理念	100 75 50 25 0	□非常多 □比较多 □数量一般 □比较少 □几乎没有

续表

6. 包容程度

指　　标	得分	状　　况	指　　标	得分	状　　况
6-7　这些新的理念和可能的进步观点被采纳考虑或接受并实施的可能性	100 75 50 25 0	□非常大 □比较大 □一般 □比较小 □几乎不可能	6-8　关于计划，可以区分四种态度，你认为在你的企业中的主流态度是	100 70 40 10	□互动性，计划是创造理想未来的持续性活动 □能动性，收集过去的信息预测未来发展，计划是预测未来发展的方式 □怠惰性，认为环境是不可控的，忽视计划的作用 □反应性，试图维持已有的成就，计划的指导方向是维持现状

第六章 国际工程承包项目组织及其柔性

从组织结构和战略的关系上看，一般认为组织的结构要服从组织的战略，随着企业战略的推进，企业组织结构也在不断地进行动态变迁：从以生产为导向的职能型组织结构，到与一体化战略和多元化战略相匹配的事业部组织结构，又到与项目化管理战略相匹配的矩阵制组织结构，再到创新型组织等。以下以直线制、职能制、直线职能制、事业部制、矩阵制组织形式为重点展开分析。

第一节 直线制和职能制组织

一、直线制（项目式）组织

直线制组织形式又称项目式组织形式，即组织中各种职务按垂直体系直线排列，各级主管人员对所属下级拥有直接指挥权，组织中每一个人只能向一个直接上级报告，在项目管理组织机构中不再另设职能部门。组织结构形式与项目的结构分解有较好的相关性。

对于能够划分为若干相对独立子项目的大中型工程，承包商可以建立如图 6-1 所示的直线制项目管理机构。项目经理负责整个工程项目管理的策划、组织、指挥和协调工作，各子项目管理部分别负责各子项目的管理并具体指导所属各专项管理组的工作。

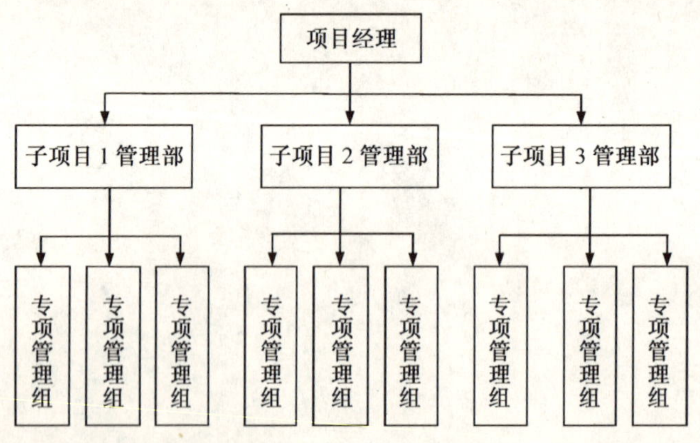

图 6-1 按子项目分解的直线制项目管理组织形式

直线制组织机构结构的优点是简单清晰、权利高度集中、指挥系统统一、权责关系明确、信息沟通顺畅、决策迅速、管理效率较高；缺点是管理权限过于集权，缺乏专业化分工，横向信息沟通困难。

二、职能制组织

职能制组织即按常规管理职能划分并设立若干职能部门，如计划部门、技术部门、工程部门、财务部门等，每个职能部门在其职能范围内独立于其他部门进行工作，职能部门工作人员接受该职能部门经理的领导。如图 6-2 所示。

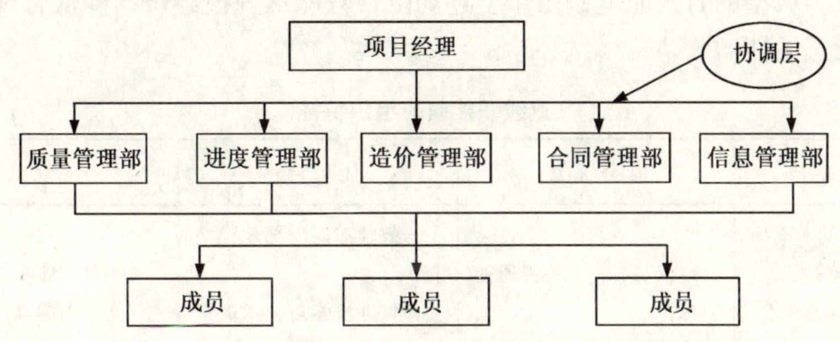

图 6-2　职能制项目管理形式

在这种组织形式下进行项目管理时，一般需要各职能部门的配合；涉及职能部门之间的事务和问题，可由项目经理与职能部门负责人进行协调和解决。职能制项目管理机构的优点是能够适应组织技术比较复杂和管理分工较细的情况，并发挥职能部门专业管理的优势，减轻项目主管人员的负担。

职能制项目组织形式一般适用于小型的、专业性较强、不需涉及众多部门的项目。

三、直线职能制组织

(1) 概述

直线职能制组织形式是以直线制组织形式为基础，在各级直线主管之下，设置相应的职能部门，即设置了两套系统：一套是按命令统一原则设置的指挥系统，另一套是按专业化原则设置的管理职能系统，如图 6-3。其特定是：直线部门和人员在自己的职责范围内有决定权，对其所属下级的工作进行指挥和命令，并负全部责任；而职能部门和人员是直线主管的参谋，只能对下级机构提供建议和业务指导，没有指挥和命令权。直线职能制在一定程度上综合了直线制与职能制的优点。

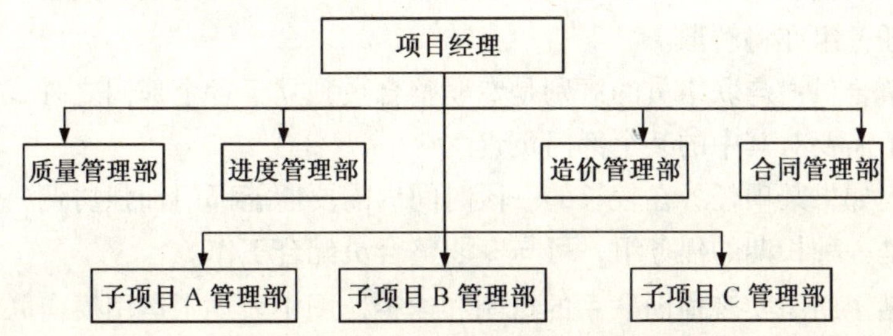

图 6-3　直线职能制项目管理形式

(2) 组织特征分析

对直线职能制的组织特征分析如表6-1。

当外部环境变化缓慢、技术相对例行、部门之间独立性较高时，这种结构是有效的，此时组织可以通过纵向层级实现控制和协调。但是如果环境发生变化或者技术具有非例行性，需要部门间协调时，则信息会在上传过程中堵塞，使得高层决策者不能快速地对环境变化做出反应。典型的直线职能制由于上述局限，只能从规模经济、降低管理费用和技能提高中获得稳态柔性。

直线职能制的组织特征 **表6-1**

适用背景	内部系统	优势	劣势
环境——稳定的、不确定性低的外部环境； 技术——例行成熟技术，相互依存性低； 规模——小型和中型企业； 战略目标——提高内部效率，提高技术、质量	经营目标——重视职能目标； 计划和预算——基于成本的预算； 正式权力——执行董事、职能经理	—鼓励部门内部规模增长； —促进技能与技术的提高； —促进组织实现职能目标； —适合工程种类较少的中小型建筑企业	—对外部环境变化反应迟钝； —可能引起高层决策堆积，层级超负荷； —部门间缺少横向协调； —缺乏创新； —对组织目标的认识受到局限

四、增加组织柔性的改进形式

组织可以通过建立横向联系来弥补纵向职能层级的不足，进而在一定程度上适应外部环境的变化和不确定性的增加。

一般常用的增加横向联系协调的方式有如下几种：

(1) 信息系统：各个层级的管理者和一线员工可通过信息系统进行例行的信息交流。

(2) 部门间直接联系：可以在经常发生横向联系的部门内设立一个特殊联络员的岗位（兼职），由他负责本部门和其他部门的沟通与协调。

(3) 任务组：当联系的范围扩大时，可建立更加复杂的结构形式——任务组，任务组是围绕着一个临时性任务（如竣工验收）由不同部门代表共同组成的一个临时委员会。任务组中的每个成员代表其部门并通过直接的横向协调减少了纵向层级的负荷，一旦临时性的任务结束，任务组亦将解散。

(4) 专职整合员：与联络员的区别是专职整合员独立于各个部门之外，专职协调多个部门关系，而不需要对其中的某个部门负责。

(5) 团队：如果某项任务在较长的一段时间内需要职能部门加强协调，可建立跨职能团队。该团队是一种长期的任务组，可与专职整合员配合工作。

图6-4概括了组织实现横向联系的机制和途径。图中表述了运用横向联系在减少纵向负荷的同时，增强了组织应对环境变化的能力，组织柔性从稳态逐渐向运营柔性过渡。组织的运营柔性是随着以上五种横向联系途径协调程度的增强而渐次增加的。

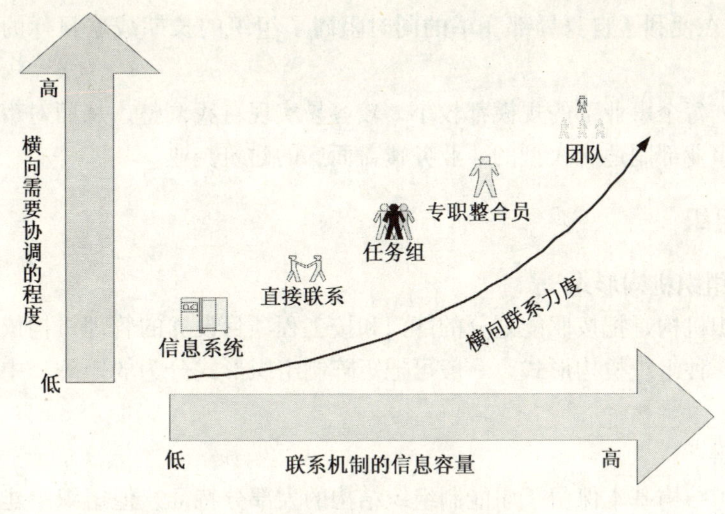

图6-4　横向联系与协调机制的层次

第二节　事业部制和矩阵制组织

一、事业部制组织

事业部制组织结构即根据主要工程项目、工程分布区域、利润中心等组织事业部，与职能制相比，事业部制由少量的控制幅度很大的层级构成，总部的有限的管理是以中央参谋职能功能部门（如计划控制部门）表现出来的。其组织特征如表6-2。

事业部制的组织特征　　表6-2

适用背景	内部系统	优　势	劣　势
环境——中度到高度的不确定性； 技术——非例行技术，部门之间相互依存性较高； 规模——大型建筑企业； 战略目标——适应环境动荡性，关注业主需求	经营目标——重视事业部目标； 计划和预算——基于成本和收益的利润中心； 正式权力——事业部经理	—适应动荡环境； —工程责任明确，连续环节清晰，从而实现业主满意； —跨职能的高度协调； —决策分权； —适合工程种类多的建筑企业	—牺牲了规模经济； —事业部之间缺乏协调； —失去了深度竞争和技术专门化； —职能机构重叠，管理费用增加； —事业部片面追求自身利益

事业部制鼓励变革和灵活性，其中每个单位的规模更小，事业部在经营决策以及处理自身与外界环境关系上拥有足够大的自治权力，使事业部制具有高度的运营柔性，能够适应环境变化的需要，相对于职能管理者，决策者有更多的时间将注意力集中在战略问题和结构问题上。但是事业部往往会为了自身的利益抵制组织战略转变，缺乏彼此在结构上的适应性，因此，事业部制的结构柔性依然处于中等程度。事业部之间松散型连接（loose coupling）特性在便利了自身局部变革的同时阻碍了组织的长期战略目标的变革，因此其战略柔性较低。

一般来说，每个事业部的规模都较小，较容易实现自我调整，从而对市场变化能够做出快速反应。事业部制适合大型的、业务覆盖面广的建筑企业。

二、矩阵制组织

1. 矩阵制组织机构形式

矩阵制组织机构是把按职能划分的部门和按工程项目设立的管理机构依照矩阵方式有机结合起来的一种组织机构形式。一般可把矩阵制组织形式分为弱矩阵、中矩阵和强矩阵三种。

(1) 弱矩阵

弱矩阵组织结构基本保留了职能制组织结构的大部分特征，但组织中建立了针对具体项目的由隶属于各个职能部门的职能人员组成的项目管理班子，项目班子负责人是项目的协调者或监督者，而不是管理者，如图6-5。当出现涉及多部门的项目冲突时，项目班子负责人往往没有权力处理和协调冲突，常常会从其隶属部门利益出发对其他职能部门人员施加有限的影响。

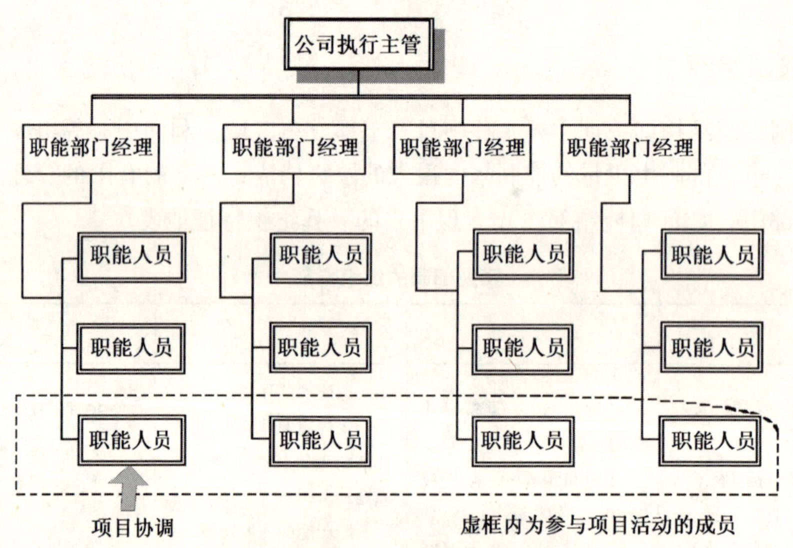

图6-5　弱矩阵制项目管理组织结构

(2) 中矩阵

中矩阵（又称平衡矩阵式）组织机构是对弱矩阵组织结构的改进，如图6-6。在项目管理班子内，从参与的职能部门成员中任命一名项目经理。项目经理被授予一定的权力，对项目全局与项目目标负责。项目经理有相应的权力，可以调动和指挥相关职能部门的资源来完成项目。但是中矩阵中的项目经理隶属于某一职能部门，需要接受该职能部门的直接领导，同时又是其他职能部门的间接下级，因此，其权力和工作受到管理等级制度的制约，项目协调工作不能充分和完全展开。

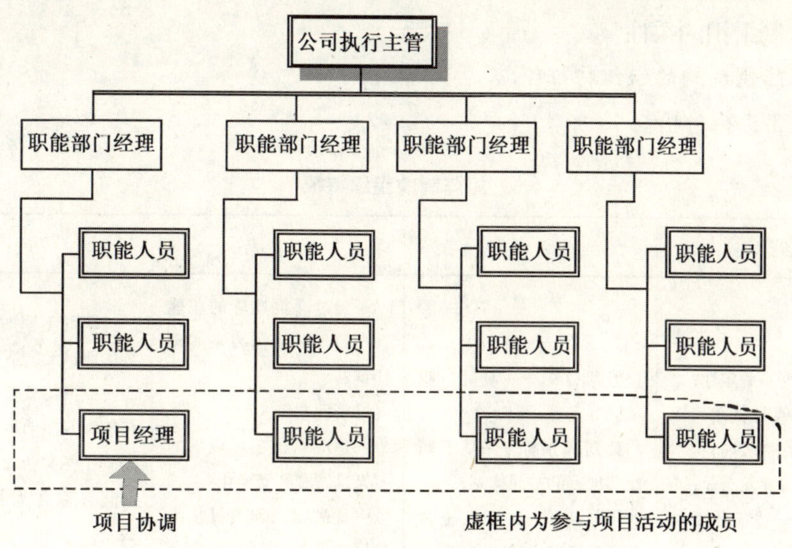

图6-6 平衡矩阵制项目管理组织结构

（3）强矩阵

强矩阵组织结构是在职能组织结构的基础上，设置对组织最高管理层负责的项目经理，或者在组织结构中增设与职能部门同一层次的项目管理部门，在项目管理部门之下再任命相应项目的项目经理（如图6-7）。

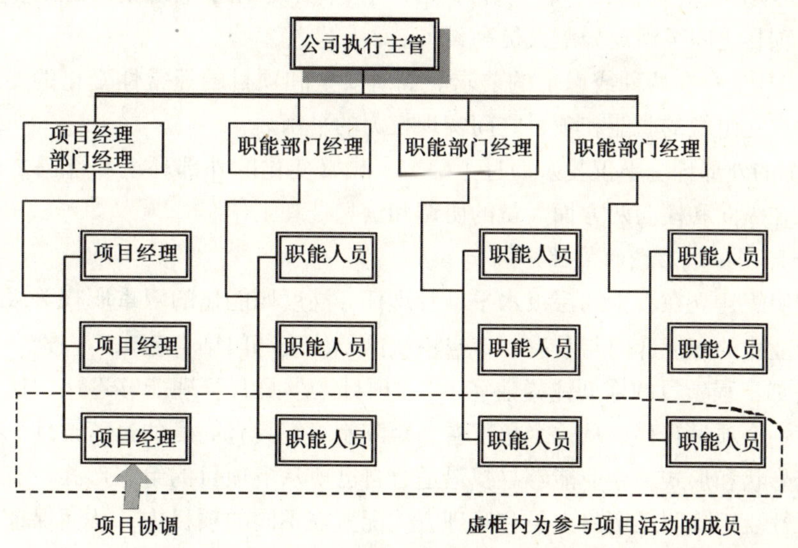

图6-7 强矩阵制项目管理组织结构

项目经理被授予一定的权力，就项目的内容和任务对职能部门行使权力，而职能部门主管决定如何支持。所有资源归职能部门所有和控制，项目经理根据需要向各个职能部门临时借用。项目经理在这样的权力约束下组织项目管理班子，完成项目目标。

2. 矩阵制组织的柔性

（1）矩阵制结构的组织特征

以表6-3进行分析。

矩阵制的组织特征　　表6-3

适用背景	内部系统	优　势	劣　势
环境——高度不确定性； 技术——非例行技术，部门之间相互依存性较高； 规模——中等建筑企业； 战略目标——适应环境动荡性	经营目标——项目与职能同等重要； 计划和预算——基于职能和项目的二元体系； 正式权力——职能主管和项目经理之间的合作	—通过满足环境的职能和项目的二元需要来实现协调； —资源共享； —适应不稳定环境下的复杂决策和频繁变化； —提供职能和项目技术发展的机会； —适合工程种类多的建筑企业	—职责不明时，接受双重领导的职员无所适从； —成员需要良好的人员交际技能和专门的培训； —在各类会议上消耗大量的时间（包含大量的冲突协调会）； —成员需要适应来自环境和维持权力平衡的双重压力

（2）矩阵制结构运用的条件

可归纳如下：

1）各个项目之间存在共享职能资源的压力。特别是在中等规模的建筑企业中，组织需要在各个项目之间灵活地分配人员和设备。

2）组织环境存在两种或以上的要求。如对安全和项目的经常性变化的要求，这种双重的压力要求在组织的职能和项目之间实现权力的平衡。

3）组织的外部环境不仅复杂而且不确定。频繁变化的外部环境和部门之间的高度依存关系要求在纵向和横向两方面大量的协调和信息处理工作。

（3）矩阵制组织形式的柔性分析

矩阵制组织建立在较少的层级水平、管理任务高度职能化的双重职权等级体系的基础上，它将专业化的职能部门与具有一定自治权的单位或部门结合起来。在运营层次不稳定的情况下（如工程项目的拖期或提前完工），项目人员及其管理能够迅速、低成本地从一个项目向另一个项目转移。从这个角度看，矩阵制组织具有高度的运营柔性。矩阵制还能快速地改变形状和形式，企业能够寻找最适合自己所从事项目的组织形式，有利于增强组织的结构柔性。矩阵制还可将人员和管理方式配置在不同的项目中，从而保证了一种战略柔性。但是，矩阵制却还缺乏稳态柔性，在组织实施不同项目的时候，需要配置不同的职能、专家和管理工具，从而导致资源未能高效率运用，不能取得规模效益。

当组织环境一方面要求专业技术知识，另一方面又要求每个项目能够对环境做出快速反应时，直线职能制、事业部制或者基于这两者的混合式结构，都不能很好满足组织要求，矩阵制是在横向和纵向上能实现有效联系的有利模式。

案例　香港某大型建筑公司组织结构

中建建筑有限公司是一家大型香港建筑公司，经营工程项目类别广，依据业务类别和业务分布区域分别设立了基础工程部、土木工程部、机电工程部、房屋工程部、国内部和海外业务部等事业部，每一个业务部下又设立了工程科、合约科、投标科；依据对项目的指导、监控等职能设立了质量技术部、安全环保部、财务部、人力资源部、物资部等。如图6-8。

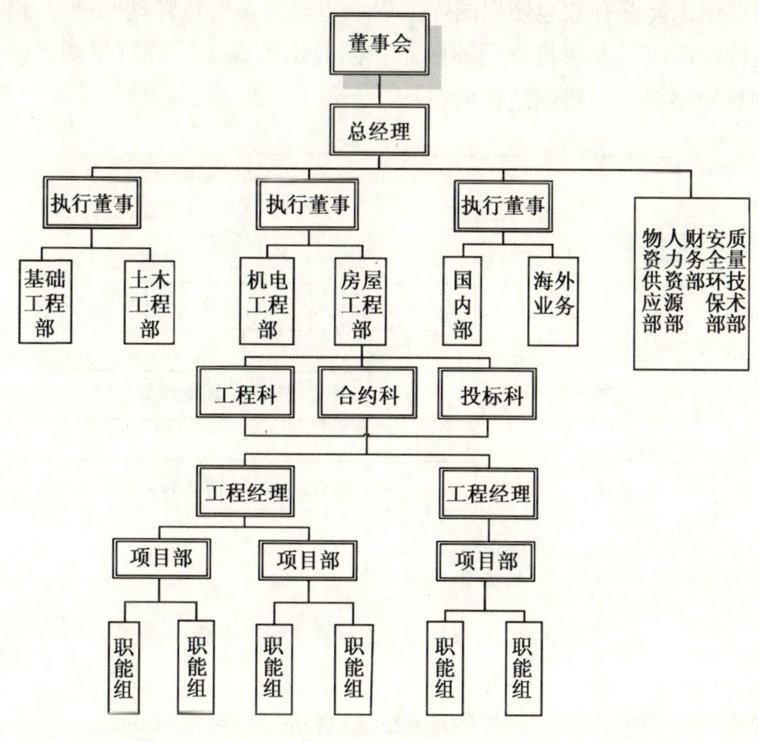

图6-8　中建建筑有限公司组织结构

第三节　创新型组织与组织柔性分析

一、适于多项目管理的流程导向型组织

传统的组织结构形式在单项目中可以发挥其作用，但是在多项目管理中存在诸多局限，具体表现在：

项目协调难度增加。受到有效管理幅度原则的限制，当项目的数量增加到一定程度时，存在各项目之间的协调问题，负责多个项目的统筹和协调的公司主管遇到的需要协调的问题急速增加。

指令冲突。职能管理者的命令与子项目部的命令可能经常发生冲突，基层管理者和高层管理者之间也可能经常发生冲突。

项目经理权责不对等。各项目经理负责各自区域投资、进度、质量和安全四大控制目标的实现，需要得到职能部门的大力配合，但是项目经理并没有相应的控制权。

Michael Hammer 提出的业务流程再造理论认为，真正为企业赢得顾客和创造利润的是“流程”，而不是“职能”。进而提出了“流程导向型组织”的概念，强调建立以流程导向替代职能导向的组织形式。就从事国际工程的企业而言，项目是组织最主要的流程。

流程导向型组织能够有效地处理国际工程承包商的多项目管理问题，不但有利于解决直线制组织结构难以应对多项目管理的困难，同时也能避免矩阵制组织多头领导的问题。图 6-9 是流程导向型多项目组织结构的模型。

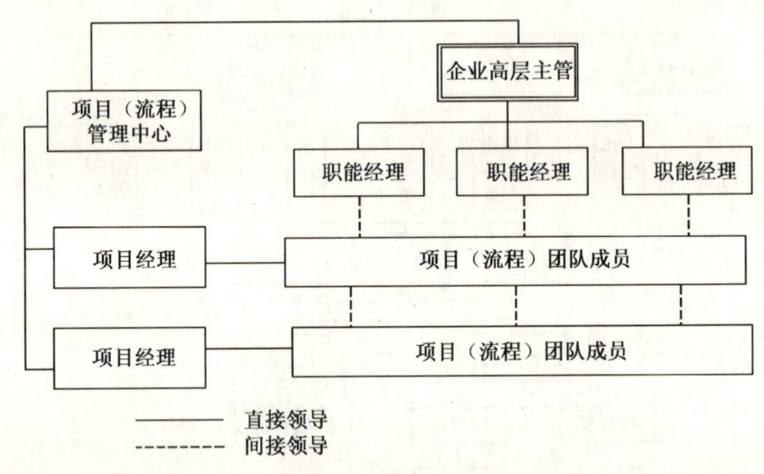

图 6-9　流程导向型多项目组织结构模型

在流程导向型组织中，参与流程的职能人员直接受项目经理的统一指挥和协调，而不再向职能经理汇报工作，项目经理直接领导跨职能部门的流程团队，把各职能岗位内化在一个团队中；使得各个职能部门之间的协作更加频繁。这种结构也符合国际工程跨地域施工的特点，提高了在工作地点分散时跨地域、跨部门的交流合作，提高了子项目的运营柔性。

流程导向型组织通过对项目经理充分授权，项目经理以“流程的绩效”为标准对项目团队成员的绩效进行评估，职能部门经理成为组织中的“职能指导”和任务协调者。以项目为中心的原则通过权力中心向项目的倾斜得以体现。

项目（流程）管理中心统筹协调所有项目，解决了各个项目之间协调困难的问题。项目（流程）管理中心在该种组织结构中履行两种职能：一是协调工程所有的项目；二是授权和监督每个项目经理。项目流程管理中心成员一般由组织最高层次的经理组成。他们明确组织的使命和战略，熟悉和掌握每个项目的重要性和优先级，因此，能够从全局的角度对子项目进行资源的有效配置。而对项目经理的授权和监督，既保证了项目经理滥用职权而造成工程的损失，又激励了各项目经理之间展开绩效竞争。

二、基于信息共享的网络制组织

现代信息技术的开放性和网络化使得信息的获取渠道进一步拓宽，通过系统集成和计算机联网，使异地同时的信息共享成为现实。信息技术在促进组织取得成本领先或差异化方面的竞争优势具有重要作用，对组织设计也产生了巨大影响，如促进了组织结构的扁平化、分权化，改善了组织内外的协调，带来了与信息技术相关的部门和职员等，因此，需要优化调整按传统的信息采集流程而设计的组织机构。同时，现代信息技术使信息传递方向由纵向传递转变为网络状传递，有利于解决组织结构层次间传递速度慢、效率低和因信息失真造成决策失误的问题。信息网络的开放性、交互性正促进承包商、设计单位、咨询公司等各类建筑业企业形成新的组织形态。

网络制组织机构是由若干相互独立的组织构成的一个成员不断变化的组织机构形态。其主体由中心层和外围层构成。即以项目管理层为中心，由若干规模各异、拥有专长的项目参与方通过计算机信息网络连接而成的网络化组织形式。

网络制组织结构具有高度的结构柔性。图 6-10 所示为 EPC 交钥匙总承包模式下的网络制组织结构，它既具有组织结构虚拟化的特点，又包含一个现实存在的信息系统中心。

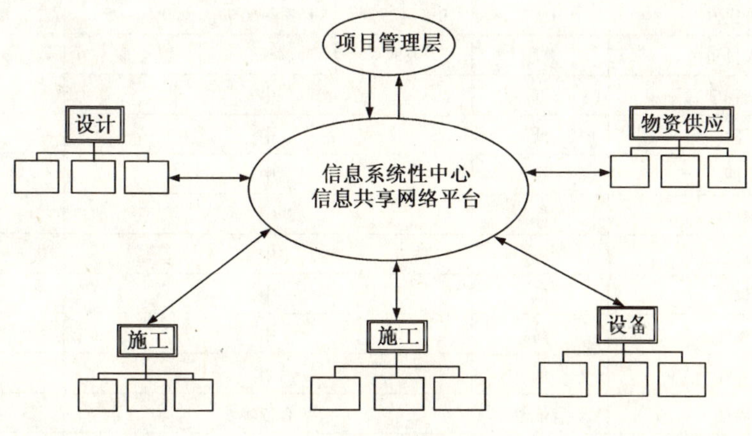

图 6-10　网络制组织结构

该模式具有六个基本特征：跨空间分布、充分利用信息通讯技术跨越组织边界、互补核心竞争力、共享资源、参与方不断变动和参与方地位平等。

信息系统中心负责工程的信息分类、编码设计，并依此建立基于 Web 的项目信息系统。信息系统中心是组织环境的中央枢纽，它对于有效解决工程项目的信息沟通问题起着关键作用。

信息化方便了最高决策层和最基层执行单位的直接联系，原有的管理层次逐渐减少，部分中间管理层的作用在淡化。在这种条件下，组织呈一个由许多节点组成的动态网络，这些节点可能是单个员工，也可能是专业团队，或者是一个为解决特定问题而组建的临时团队。通过管理的网络化，提高异地信息共享能力和异地办公水平，使其成为项目报告、项目信息交换、项目电子信息公告和项目信息分布的工具，使项目组人员和相关领导及时了解项目的进展和存在的问题，并且在该平台上进行交流和讨论，实现项目的协同，进而增强组织的运营柔性。

三、项目组织结构特征及柔性潜能

从一般的职能制组织结构到弱矩阵、平衡矩阵、强矩阵的组织结构，再到基于项目式的组织结构，项目经理从无到有，跨部门协调效率从低到高，项目管理力度由小到大。一般项目涉及的部门越多，涉及的各个职能部门的利益越多，则所需要的柔性就越多，越需要采用更能有效支持项目管理的组织结构。表6-4给出了不同的项目组织结构特征。

项目组织结构特征 表6-4

项目特征	职能制组织结构	弱矩阵制组织结构	中矩阵制组织结构	强矩阵制组织结构	直线制（项目制）组织结构
项目经理的权力	小	受到限制	小—中等	中等—大	大—全部
项目经理的角色	兼职	兼职	全职	全职	全职
项目负责人的称谓	项目协调者	项目协调者	项目经理	项目经理	项目经理
全职人员比例	0%	0% ~25%	15% ~60%	50% ~95%	85% ~100%
参与项目人员角色	兼职	兼职	兼职	全职	全职
项目复杂程度	低		中		高
项目风险	低		中		高
项目工期	短		中		长
项目重要性	低		中		高
项目环境变化	小		中		大
内部依赖性	低		中		高
外部依赖性	高		中		低
时间临界性	低		中		高
资源临界性	有依赖		有依赖		有依赖
环境不确定性	低		高		高
技术	例行		复杂		高

综上，基本组织形式的柔性潜能如表6-5所示。

基本组织柔性及其柔性潜能 表6-5

组织形式——柔性潜能矩阵	职能型	事业部型	矩阵型	创新型
运营柔性	中等柔性	高柔性	高柔性	高柔性
结构柔性	低柔性	中等柔性	高柔性	高柔性
战略柔性	低柔性	低柔性	高柔性	高柔性
稳态柔性	高柔性	低柔性	中柔性	中等柔性

案例　中国公司工程项目信息平台的建立

（1）中国承包商承担一国际输油管道工程项目，工程线路全长一千余公里，是一个多项目、跨地域的大型工程，承包商分别建立了四个项目部。由于该工程的管理数据分布在不同的地域、系统和信息平台上，信息之间形成孤岛，彼此之间被割裂，没有呈现出整体优势。偏远的施工现场的工况很难通过传统的通信手段及时向上级汇报，必须现场临时做出决策，而低层管理者的决策常常缺乏对项目宏观的了解和动态的把握，所做出的决定往往带有局限性。为解决上述问题，承包商建立了本部和另外三个项目部的局域网系统和视频会议系统，实现了四个网之间的网际互联。通过建立视频会议系统改变了集中开会的模式；通过信息交流和共享，及时反馈建设过程中遇到的各种问题，使得项目的各个参与方能够及时掌握项目的动态和进展，异地进行图纸交底、设计修改也可以在网络中完成，节省了大量人力物力和时间。

（2）从20世纪70年代开始广泛应用的项目管理信息系统（Project management information system）到90年代末出现的项目信息门户（Project information portal，简称PIP）与项目信息平台，标志着计算机辅助项目管理手段和工具的不断发展。当前工程项目信息平台以及作为其核心技术的项目信息门户已成为国际上大型复杂项目建设的重要工具。2003年烟台万华聚氨酯股份有限公司引进和建立工程信息平台，已经在宁波华工项目上得到应用。

传统的建设工程项目由于地理位置和组织界限的限制，项目参与各方在信息沟通与协同工作上存在许多困难。因信息沟通不畅造成工程项目管理决策失误、应对迟缓、协调困难等方面的诸多问题。该项目工程信息平台的最大特点是改变了传统工程项目信息交流的点对点沟通方式，实现了项目实施全过程中项目参与各方的信息共享，大大提高了项目建设的信息透明度、信息流动速度和信息处理效率。如图6-11。

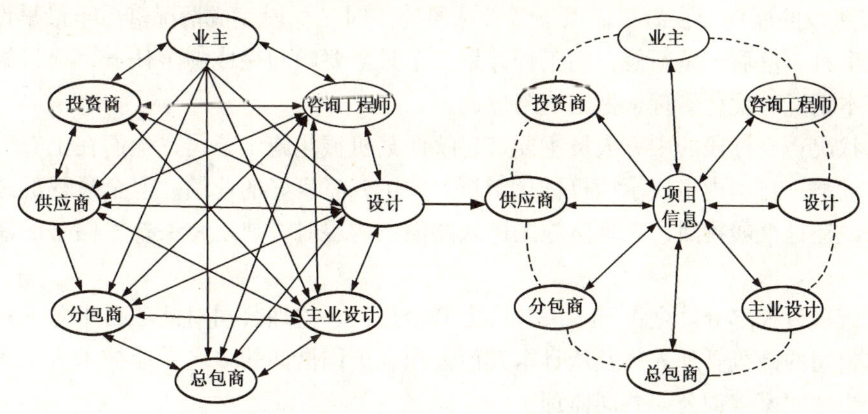

图6-11　从点对点的信息沟通到集中共享的信息沟通

案例　CPECC的信息通信自动化系统建设

中国石油工程建设（集团）公司（简称CPECC），是以承包石油、石油化工和其他有关专业工程为主业的国有企业，已有四十多年的历史，是中国最大的国际工程承包企业之一，直属于中国石油天然气集团公司。CPECC 拥有先进的办公楼智能化管理系统，以计算机网络系统为桥梁，办公楼 VSAT 卫星通信系统提供 6M 稳定的卫星数字通信信道，可连接远地的数据网、语音网，也可以连接视频会议设备组成多媒体网，使公司数据/语音网直接延伸至远在世界各地的各海外项目部所在地。通过信息通信自动化系统，可以实现公司本部与国内外分公司、国外办事处和项目基地零时间、零距离沟通，使办公楼内部各部门及办公楼与外界之间的信息交流及工作流程趋于全面自动化。利用信息通信自动化系统，建设项目各方信息能够随时共享，及时沟通，加快了问题处理速率，公司组织扁平化、柔性化程度大大增强。

案例　中国公司承建巴布亚新几内亚公路项目

中国海外工程总公司于 1996 年通过国际公开招标，击败了日本的熊谷组、韩国的现代公司、澳大利亚的巴克莱公司以及另一家中国公司，承揽巴布亚新几内亚柏马公路项目，该项目由日本海外协力基金出资，日本公司担任监理，合同额近 8000 万美元。

为实施该项目，中海外设立了驻巴新办事处，项目实行办事处、项目经理部和标段三级管理。办事处负责项目总体控制，全面负责对外商务、大宗采购、资金的分配和调拨；项目经理部负责生产计划的制定、生产过程的监控和计划实施的评价考核；标段是项目最基本的生产单位，此项目依照行政区划分为一标段和二标段，工期分别为三年和四年。

柏马公路项目开工以后首先遭遇到了严重的土地纠纷，纠纷贯穿了整个项目的执行期。前期由于工期滞后，资金一度紧张。1997～1998 年，在办事处、项目经理部和标段的协调及努力下，抓住厄尔尼诺引起气候干旱的有利时机，一举扭转了生产落后的局面，一标段按照工期率先于 1999 年顺利完工。

二标段位于海湾省，长约 47.1km，大部分位于沿海的湿地和沼泽地带，海拔不足 1m，有些路段的原地面在海平面以下，一标段完工时二标段完成情况落后于最早设定的工程计划六个月，落后于重新修订的工程计划三个月。要顺利完成施工任务，项目组必须结合项目基本情况，优化管理，做出战略性调整。

人员状况：二标段的中方人员主要来自陕西某机械化施工公司，他们在土石方施工上有一定的优势，在国内主要承担机械化土石方施工，有良好的业绩，但全过程的道路施工对他们来说还是严峻挑战，在道路施工进入路面结构层时，缺乏相关技术储备的缺陷便暴露出来。

由于该项目大部分资金由日本海外协力基金提供，监理公司对此项目十分重视，派出了多名本公司的高级管理人员及从日本其他公司和英国借调的多名专业技术人员到场。日方又联合当地四家咨询公司共同监理。

天气状况：二标段所处地区的旱季一般从 4 月中旬延续到 12 月中下旬，工程可以利用旱季进行施工，如果能赶在旱季完成 80% 以上的结构层施工，就可以利用雨季的晴天完成余下的工作。

材料和设备状况：柏马公路沿线缺乏石料，在设计上将道路的结构层分为三层：第一层为砂砾石的下底基层；第二层为含水泥 1.5% 的上底基层；第三层是含水泥 4.5% 的基层。路面为双层沥青。公路行车时速达到 70km/h，为双车道，对标高和平整度要求很高。

考虑水泥稳定性，拌合后施工时间只有四小时，所以为保证工程质量，避免材料浪费，在施工中采用集中拌料、摊铺机摊铺的设备配置。

项目的应对策略：

为及时沟通，保证项目的按期完成，每天下午四点由承包方派出代表和监理方就施工中发生的问题进行协商，称之为“四点钟会议”。经过近两个月的磨合，双方就一系列有关施工问题达成了一致意见，特别在工作程序、验收标准等方面。进入8月份施工进度基本达到了正常，进入9月份工程进度全面达到设备工作能力，为按期交工创造了良好的外部环境。

如果工期延误，仅延期罚款就达数百万美元，为激励员工，项目部提出“采取一切可能的手段，按期交工”的目标，这一目标的提出得到了大多数员工的赞同。项目部一方面向心存疑虑的员工答疑解惑，一方面听取并采纳员工对实现目标的建议。随后将整个标段的施工设备和人员配置进行了调整。

结构层施工关键路径在“两点一线”：“两点”即料场及设在料场的稳定土拌合设备如何不断地、稳定地保证拌合料的供应；摊铺机必须持续地将拌合料按照规范要求铺到路面上，及时压实。“一线”指料场到摊铺现场的运输线。合理分割施工段、安排工艺流水程序是确保工作连续和按期完工的重点。

项目部提出一切工作为“两点一线”开路，任何工序都不能影响结构层施工的顺序进行，为实现这个目标，在涵管、护坡等工序中增加了临时工的数量。针对工作面的增加，中方领班人员短缺的状况，由从前的一二人管一个工作面发展到后来少数中方领班一人管三个工作面，施工质量也比从前大大提高。

施工实施时，项目部发现因安排午饭造成的工作中断和重新恢复消耗时间较长，通过采纳向“两点一线”上的员工轮番提供午餐的合理化建议，解决了午饭时间施工中断的问题，中方人员和当地员工同吃同劳动，也融洽了双方关系，提高了工作效率。

项目施工四年，跨越无人沼泽地，施工进度最终达到了按期交工的要求，工程质量也达到了巴新道路施工的最高水平，中国海外工程总公司创造了巴新公路施工史上的奇迹，获得了可观的经济效益，为中国公司树立了良好的形象。

第七章　国际工程冲突管理柔性策略

第一节　国际工程中的冲突管理及策略

一、国际工程中的冲突和争议

国际工程建设项目具有规模大、周期长、投资多、风险大、项目参与方多、复杂性和系统性强、常有随机性干扰等特征，这些特征决定了在项目实施过程中，各个参与方之间存在冲突和争议。在国际工程中造成冲突和争议的原因主要有以下几个方面：

(1) 价值观的不同冲突

价值观是关于事物和行为的优劣及其程度的一种最基本的信念或判断。价值观决定了某项行为或事物对一个人而言是否具有可接受性以及重要程度如何；价值观具有个体性，每个人对各种事物的可接受性和重要度有着自己独特的判断。价值观左右人的态度，影响人的决策行为。在国际工程中，业主、承包商、监理、设计、供应商等项目各参与方来自不同的国家、人员构成复杂，往往在价值观方面存在巨大的差异，常常会产生误解并导致冲突。

(2) 项目要素关系冲突

国际工程项目要素（如成本、工期、质量、安全、风险等）间的关系是对立统一的，项目要素的量测或评定标准弹性差异大。既有如成本、工期等弹性小、易量度的硬指标，又有如质量、风险等弹性大、不易度量的软指标。承包商偏好追求硬指标的实现，而软指标对业主的影响亦甚大，造成项目要素冲突，如业主压价、承包商过于追求低成本等。

(3) 信息不对称冲突

业主、设计师、承包商、工程师等各方进入国际工程项目的时间不同，对项目信息的掌握是不对称的，表现为：业主的投资期望、项目设想不被有些设计师、承包商完全了解；有些业主不能理解设计师的设计思想和设计依据，也不掌握承包商的施工细节。信息不对称使各方工作导向产生偏离，在项目施工过程中发生相互违背的行为。各方间的信息障碍造成大量的可节约工作和成本不能得到控制，蕴含其中的潜在利益流失。

(4) 认知失调冲突

认知失调是指个体态度之间、或者态度和行为之间存在着矛盾。国际工程项目本身是一项富有不确定性和挑战性的工作，国际工程项目经理始终面临实现项目各阶段目标的巨大压力，在项目实施过程中长期处于紧张状态，心理素质稍差的项目经理往往会发生一些认知失调问题，如态度前后不一、情绪失控、以一种不明智的方式发泄紧张情绪、对项目其他参与方无端指责、推卸己方责任、协调不力、对下属工作有失公平评价等。除了项目经理，其他项目管理成员的情绪也会引起项目团队间和团队内的冲突。

(5) 国际工程承包涉及问题众多且复杂

由于国际工程承包涉及问题多且难以全面清晰地界定，会因理解上的歧义而导致冲突。工程承包涉及勘察测量、咨询设计、物资设备采购、现场施工、竣工验收、试车移交、人员培训、维修维护等全过程；每一阶段又涉及标准、劳务、质量、进度、监理、计量和财务等技术、经济、商务和市场问题。由于市场和环境变化快，不确定因素多，严格履行合同的难度加大，直接影响到各方的权利、义务和收益，进而产生争议和冲突。

(6) 自然环境和现场条件复杂

在国际工程中，工程所在地域的自然条件和地理位置对项目的实施有很大影响，而承包合同中使用的报价是建立在假设投标人已经清楚工程项目所在地周围环境情况的基础上的，常常规定不应以对环境和地理状况不清为由作为事后索赔的依据。对于施工现场条件，业主往往只提供其能得到的地质和水文基础资料，但不负责解释与分析；或是业主不提供有关的地质和水文资料，由投标人通过现场调查自行获得。由于承包商对现场考察时间范围和深度有限，致使风险增大，并会因业主和承包商对“一个有经验的承包商无法预见”问题的理解和判断不同而就索赔问题引发争议。

(7) 不平等的合同条件

由于长期以来国际工程市场是买方市场，业主在合同文件的选择和拟定方面处于主导地位。尽管订立合同的重要原则之一是公平，但在国际工程承包实践中由于买方的强势，业主对承包商往往只强调其义务而弱化其权利，如合同规定要在工程所在国裁决争端，限制索赔权利等；遇到争议时，业主往往从自身的利益出发来解释合同条件。风险分配不均埋下日后合同纠纷的隐患。

(8) 履约和工程变更冲突

工程项目是在合同约束下，在信任基础上对未来产品的交易，工程项目的特征决定了在工程项目准备阶段，业主和承包商都不能精确地描述预建工程，不能准确地预知项目实施过程中现场和外界条件的变化。随着工程的进行，工程所在国的环境、法律法规、市场、物价水平以及业主的意愿会发生变化，项目信息也逐步增多和清晰。当出现新情况时，会引起工作范围、工程设计、资源安排、工程量、进度、支付等方面的变更，使承包商对原来预计的资金安排、物资准备、劳务用工等估计不足。一旦出现亏损或延期，造成项目参与各方的讨价还价，承包商期望得到业主的补偿，当业主不能给予弥补时，易引发争议。

(9) 沟通不畅冲突

项目具有单件性、有生命周期、有约束条件、有明确目标等特征。国际工程项目团队往往是临时组建的，是因项目而产生的，而实现项目目标又是紧迫的、明确的。然而在实际工作中，参与项目的一方或一个成员对其他方或成员的工作和情况往往是不知情的，由于相互缺乏了解，会导致相互间提出一些不合时宜的要求，甚至发生相互指责。

如何在不同的情形下，正确应对与处理性质不同的冲突是承包商能否顺利完成项目的关键。

二、国际工程中的冲突管理策略

K. Thomas 根据人们进行冲突管理时的合作以及专断程度，将冲突管理的策略分为五种，即竞争策略、回避策略、迁就或抚平策略、折中策略、合作策略。

（1）竞争策略或权威指令：一方对抗另一方的意愿，努力争取输赢的竞争；或借助权威的力量使得自己得到满意的结果。当采取竞争策略时，冲突双方只考虑自己的利益，很少考虑对方的需求，冲突会上升到严重的程度。

（2）回避策略：一方或双方为避免冲突假装没有问题，拒绝寻求问题的真正根源或不愿参与解决和处理问题，或努力保持中立，冲突会得到暂时的隐藏。

（3）迁就或抚平策略：一方使另一方达到目的来解决冲突，受制于对方的愿望，抚平差异以获得保持表面的和谐，但弱势方潜伏的不满可能会在以后爆发出来。

（4）折中策略：使双方都获得部分的满足，寻求双方都能接受的但不是最优的方案，没有一方能够完全输赢。它常常是通过冲突双方的博弈和谈判得到的一个双方都能接受的结果。

（5）合作策略：以充分沟通合作的方式寻求问题的解决方案，通过消除差异使得每一方都能得到基本满意。合作策略的每一方都试图在基本实现自己目标的同时，也基本满足对方的要求，即达到帕累托最优。

按合作和专断的不同程度划分，并考虑上述五种策略之间的转化，如图 7-1 所示。

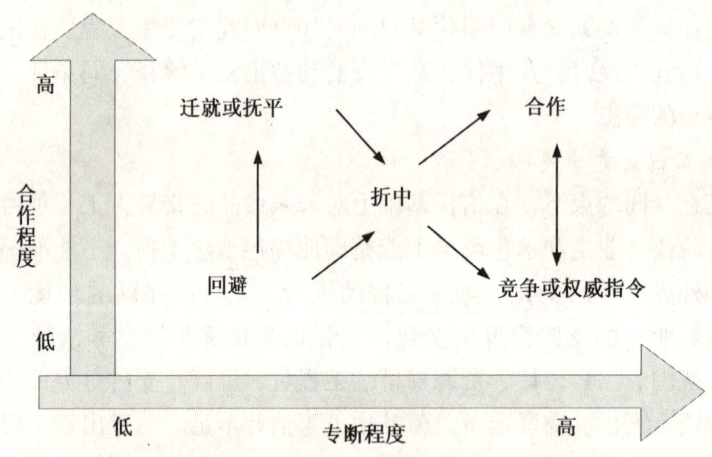

图 7-1　按合作和专断程度划分的冲突管理策略示意图

不同的冲突策略之间存在不同的转化关系，冲突策略的转化路径如图 7-2，并说明如下（其中标有“✓”者是柔性转换路径）：

途径（1）：迁就策略→竞争策略

✓途径（2）：回避策略→折中策略→合作策略

✓途径（3）：迁就策略→折中策略→合作策略

途径（4）：迁就策略→折中策略→竞争策略

✓途径（5）：竞争策略→合作策略

途径（6）：回避策略→折中策略→竞争策略

✓途径（7）：回避策略→迁就策略

✓途径（8）：折中策略→合作策略

途径（9）：折中策略→竞争策略

途径（10）：合作策略→竞争策略

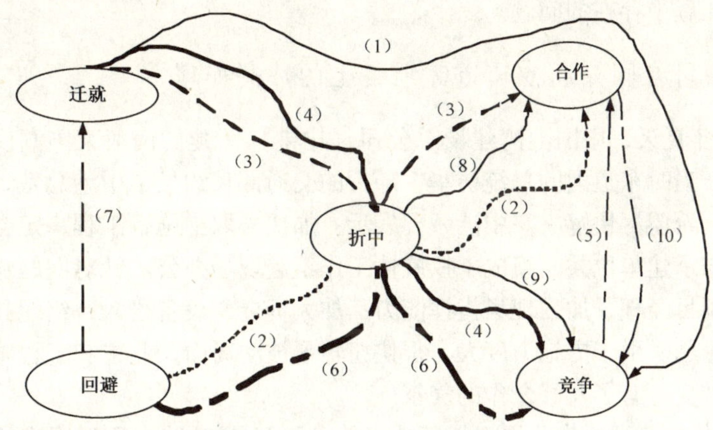

图7-2　冲突策略的转化路径

将结果不是竞争的策略路径称为柔性策略路径，则以上九种路径中：（2）、（3）、（5）、（7）、（8）为柔性路径，路径（7）单向的原因是迁就策略可以对冲突形成结果，而回避策略对冲突是一种搁置，并未形成最终结果。而路径（5）和（10）是可逆路径，揭示了合作与竞争共存、相互转化的情形。所列五种策略中，只有回避不会对冲突形成结果，但是，折中的结果往往是不稳定的，从图中可以看出，折中策略的转化来源有迁就和回避两种，因此，可以进一步将折中策略细分为迁就式折中和回避式折中，由于冲突的潜伏性，这两种折中往往会向竞争策略转化。而双方在冲突起始就采取折中策略，即采取路径（8），则结果趋向于合作策略。所有的策略都可以向合作与竞争转化，转化结果取决于冲突双方对未来的预期。

考虑到国际工程合同风险源的多样性，如现场施工条件、自然条件、不平等的合同条件、工程款拖欠、合同定义不准确及工程师在处理问题上的倾向性，在制定相应策略时尽可能考虑采取柔性的策略。

如对施工现场条件复杂的问题，可通过专家的现场考察，针对工程实施的基本条件和周围环境获得第一手资料，对业主提供和推荐的资料认真挖掘研究，以正确预测和判断某些动态因素；对于水文地质情况，还可与当地的有关部门联系获取相关资料。

对恶劣的自然环境，可以采取投保的方式转移其给工程带来的风险，同时应及时收集每次发生灾害性天气时的气象数据，争取通过索赔弥补损失；如工程所处的地理位置偏远会造成供水、供电、道路、港口及内陆运输方面的困难，这些问题需要在投标时就充分考虑。

对不平等的合同条件，承包商在投标阶段就应该仔细研究，争取利用标前会议加以澄清与改进；针对合同定义不准确，有歧义、含糊不清等问题，应据理力争，以免给日后工程实施留下隐患；同时要避免业主在签约阶段提出新的对承包商不利的条件，增加新的风险。

对沟通不畅，承包商应在项目实施的全过程中对业主和工程师等的背景、工作作风、习惯、口碑进行了解，搞好与业主和工程师的关系，以相互尊重的态度，在友好、信任的基础上，商谈工程中存在的问题。

案例　中国公司在国外潮汐通道等项目上的冲突处理

（1）1990 年夏天，中国港湾建设总公司（中港）承建的南亚某国潮汐通道工程处于最困难的时期。当时东道国的总统访华，随行的交通部长约见了中港总裁，指出工程建设中存在的问题，希望尽快解决。中港领导表示：加快采取措施，工程一定会按期、优质建成。随后中港与承建单位共同组成了权威性工作组赴现场办公。针对问题从组织上调整了班子、更换了项目经理、加强现场指挥能力；加大资金、设备投入；组织技术力量，研究施工中的技术难题。由于措施力度大，很快扭转了被动局面，业主和工程师从此对承包商的态度发生了转变，有了友好合作的气氛。

（2）1993 年初，国外某公司拟将所承担的老挝 13 号公路南段最困难的一部分（即其南段 70km）以 1000 万美元转包给中国某公司，经中国公司派出专家组考察发现有两个地质上的问题：一是这 70km 公路沿途没有质量好的石灰石料场，仅有一个风化十分严重的大型砂岩料场，难以供应合格的石料；二是沿途膨胀土分布普遍。公司专家经慎重研究后提出不承担这段公路项目。

第二节　国际工程中的争议解决方式及其柔性分析

一、传统的争议解决方式

国际工程中解决争议的方式一般有以下几种：工程师裁决、协商、调解、仲裁和诉讼。

1. 工程师裁决（Determination）

如 FIDIC《施工合同条件》（1999 年版）规定，产生争议时，申诉方首先应就争议事项、内容向工程师提交书面材料，工程师应与争议双方协商，尽量达成协议。如达不成协议，工程师应对所有有关情况给予应有考虑后，按照合同作出公正的决定。工程师应将每项商定意见或决定向双方发出通知，各方均应履行每项商定或决定事项，除非根据后来的仲裁结果作出修改。实际上，工程中的大部分小额纠纷一般都可以通过工程师得以解决。工程师裁决是项目争议的主要解决途径。

2. 协商（谈判）（Negotiation）

当工程师无法或者未对纠纷作出决定，或其决定未被争议双方认可时，协商通常是解决问题的首要选择。协商是争议双方的当事人直接谈判、友好商定，以互谅互让的方式解决争议。通过协商自行和解，程序简单，节省人力、财力，防止损失的扩大，不伤和气、有利于维护合同双方的友好合作关系，有利于合同顺利履行。当事人之间发生合同争议时，双方应优先考虑采取协商解决而避免过早启动仲裁或诉讼程序。

3. 调解（Mediation）

如果争议双方经过协商谈判仍不能就解决争议达成一致，则可以请第三方进行调解，使双方平等、自愿地达成协议，并就争议共同签订调解协议书。调解是争议当事人在第三方的主持下，通过第三方的说服、引导、调停的方式解决争议，达成协议。在日常的争议中，调解人可由工程师担当；对于较大索赔额的争议，可以聘请知名的工程专家、法律专家、DAB 成员、仲裁专家等担任。调解人所作的主要工作是通过个别商谈、或会议来平衡当事人的要求，劝说双方相互让步达成一致，以非对抗方式解决争议。

调解的主要优点是由于调解人的介入，增大了争议解决的可能性。调解方式是当事人双方选择的，双方当事人通常易于接受调解人的劝说和意见，达成的决议一般比仲裁裁决更容易执行。与诉讼、仲裁相比，调解有利于消除合同当事人的对立情绪，能够较经济、及时地解决纠纷。协调在程序上也具有较高的柔性，一方面双方可以继续协商谈判；另一方面，如协调不成，双方也可以诉诸其他方式解决争端。

4. 仲裁（Arbitration）

当事人不愿协商、调解或协商、调解不成，可以根据合同中的仲裁条款或事后达成的书面仲裁协议，提交仲裁机构仲裁。仲裁是由合同双方当事人选定的仲裁机构或仲裁员对合同争议依法作出具有法律约束力的书面裁决来解决争议。双方的仲裁协议一经成立即具有法律约束力。裁决的效力在合同中应该有明确的规定，即仲裁裁决是否为终局性的，绝大多数国际仲裁机构都规定其裁决的终局性。

与诉讼程序相比，通常仲裁的效率较高、费用较低、程序简单、过程保密，公司的商业资料不会泄露，商誉损失小；但是和协商、调解等相比，仲裁的时间长、费用高。有资料表明，在巴黎进行国际仲裁平均要耗时 18 个月，土木工程纠纷仲裁的耗时要更长一些。仲裁的费用包括仲裁费、律师费、取证费、资料费、交通费等，有时最终费用竟超过索赔额的 25%。

5. 诉讼（Litigation）

当事人在合同中未约定仲裁条款，事后又未达成书面仲裁协议或者仲裁协议无效的，可以向法院起诉。诉讼是指合同当事人依法将合同争议提交法院受理，由法院依司法程序通过调查作出判决，采取强制措施来处理纠纷。

如果发生纠纷的各方既不能通过协商、调解等方式解决争议，又未规定仲裁作为最终解决争议的方式，则可以通过法律诉讼的方式解决争议。与仲裁相比，诉讼的优点是双方若对判决不满均可以提出上诉；但诉讼的缺点表现为费用偏高、周期偏长、破坏双方的关系使得以后双方再合作的几率大大降低、诉讼对商业信誉和扩大市场也会产生负面影响。

在上述五种解决争议的方式中，工程师裁决、协商和调解方式不属于法律程序，不受法律制约，是一种非对抗型的处理争议的方式；而仲裁和诉讼则属于正式的法律程序，仲裁和诉讼作出的裁决和判决可以在法律的保护下得到强制执行，属于对抗型的处理争议的方法。

二、ADR——柔性的解决争议方式

在国际工程承包合同纠纷中，一旦双方缺乏足够的沟通、谅解，不能采用柔性化的方式解决争议，争议会逐步升级，并可能最终导致诉讼。而诉讼本身具有费用高、周期长等缺点，绝大多数当事人普遍并不倾向将纠纷提交诉讼，而是寻求柔性化的以非诉讼、多层次改进的方式解决争议，ADR 即是这样的方式之一。

ADR（Alternative Dispute Resolution）起源于美国，可译为“非诉讼（或审判外、诉讼外）纠纷解决程序”或“代替性（或替代性、选择性）纠纷解决方式”。ADR 争议解决方式主要有以下几种：

调解（Conciliation）：与传统调解（Mediation）的不同在于前者的调解人（conciliator）介入争议的程度要大于后者，会给予争议双方更多的建议，同时更多地注意跨文化、跨专业等背景性知识的协调与求同。

调解仲裁（Mediation-arbitration）：是调解（Mediation）和仲裁的结合，一般认为调解具有气氛友好的特点，而仲裁具备有法律约束力的特点，调解仲裁的目标正在于将这两者的优点进行组合。

裁决（Adjudication）：类似仲裁，但又与仲裁不同。裁决过程是争议双方共同委任一位第三方作为裁决员，在裁决员的协助下，双方制定一套规则，其后的全部过程要按照裁决规则进行，裁决在仲裁前对争议双方均有约束力，类似调解仲裁。

假审判（Mini-trial）：类似真审判，但是没有真审判繁琐的举证规则和严格的司法程序。审判与双方协议进行，从而可以有效控制聆讯长度，由一位中立人士如律师或专业人士担任主席，争议双方自己决定是否聘请律师，双方或其代表根据主席的引导寻求和解的途径。该方式的成功与否，很大程度上取决于中立人士的引导方式和分析控制问题的能力。

采用建立在双方协商自愿基础上的 ADR 方式，易于达成共识，问题解决周期大大缩短。ADR 还可以节省费用，在 ADR 中的费用取决于双方合作的程度，双方和解让步的程度越大，则成本越小。

DRB 和 DAB 都是具有 ADR 性质的国际工程纠纷解决争端方式，是一种介于诉讼、仲裁与协商之间的柔性化的纠纷解决机制，非常有助于建设工程争议的解决。

DRB（Dispute Review Board），也被译为“争议审议委员会”，其采用的是一种介于工程师处理和仲裁或诉讼处理争端之间的解决争端方式。其主要功能是帮助合同双方预防和减少争议，以及在争议出现之后快速解决争议，从而达到效率高、花费少和耗时省的目的。DRB 一般由 3 名成员组成，由业主方与承包商各指定一名成员，再可由该两名成员推荐出业主和承包商均认可的第三名成员。

DAB（Dispute Adjudication Board），也被译为“争端裁决委员会”，是对 DRB 方式改进而形成的一种更合理、更完善的解决争端的方式。DAB 方式最早是在 FIDIC《设计——建造与交钥匙工程合同》中提出的，并在 1999 年版的 FIDIC 系列合同条件中正式统一采用，还附有《争端裁决协议书的通用条件》和《程序规则》等文件。DAB 一般由 3 名成员组成的，先由业主和承包商各提名 1 位 DAB 成员，由对方批准后，合同双方再与这二人协商确定第3位成员作为主席，共同组成DAB，成员的报酬由合同双方分摊。

DRB和DAB的主要特点有：

（1）公正性：DRB和DAB成员的构成和仲裁类似，成员最终需要业主和承包商的共同认可，并与双方无利益冲突，这种权利均衡设计理念，充分体现了DRB和DAB成员及其组成形式上的公正性。

（2）专业性：DRB和DAB成员的工作权利限制严格，对DRB和DAB成员在道德品行、知识、能力、经验、业务水准等方面均有很高的要求，体现出DRB和DAB成员处理纠纷的专业性。

（3）独立性：DRB和DAB成员在工作中不受政府行政和政治干扰，不受风俗习惯、文化、民族感情等的影响，不受委托双方利益倾向的影响，体现了DRB和DAB在工作环境和处理问题上的独立性。

关于DRB和DAB柔性化特点的分析如下：

首先，DRB和DAB成员产生于双方的聘请与认可，DRB作为调解人做出的建议是建立在充分听取双方意见、熟悉合同内容和科学判断的基础上的，是在理性、和谐的情形下处理争议，因此双方易于接受，即使双方或一方不能接受，双方的合作关系也不会因此受到重大影响或破裂。

其次，争议解决过程中的时限给双方取证、准备材料、进行现场调查、认真思考分析、权衡利弊并形成正确的决议提供了一个充分的缓冲空间和时间，有利于冷静成熟考虑，进而有利于争议的解决。如果双方或一方不接受DRB或DAB的建议，双方都会考虑到诉诸仲裁费用高、时间长、损害合作关系等风险，转而寻求协商解决。

第三，DRB和DAB成员具有很丰富的工程知识和经验，介入项目早、了解项目进展过程，能够透彻掌握业主和承包商的观点意见。

第四，DRB和DAB是非强制性运行方式，当双方不接受DRB和DAB建议时，可以在建议的基础上继续协商或调解，直至最终达成争议解决方案。这种可进可退的机制体现了DRB和DAB在处理争议上的柔性。

ADR作为传统解决争议方式的延伸和创新，能够较好地应对层出不断的新争议、新纠纷，并且具有较高的运营柔性。但是中国的工程承包市场如何培育完善这种高柔性的解决争议方式，是摆在我们面前的新课题。ADR的发展是一个综合环境不断成熟、各个相关因素不断推动的结果。

培育ADR在中国工程承包业的发展需要加强以下几个方面：（1）创建与形成ADR自身发展所需要的多元化环境体系；（2）建立法律约束和保障体系，政府倡导与推动ADR方式，鼓励在合同中约定ADR方式；（3）广泛借鉴国外成熟的ADR成功经验，把握柔性尺度；（4）建立和培养高水平的ADR专业人员队伍；（5）建立和完善信用制度。

案例　国际工程项目工程款争端及其解决处理

（1）中建国际公司在承建香港寿臣山道工程中，由于业主原因导致工程延期，但业主仍扣除承包商延期付款一千多万港币，承包商多方讨要无果，最终发出仲裁要求，业主在权衡利弊之后，随即主动提出商业谈判，最终归还一半已经扣除的罚款。该公司在荃湾政府工程的索赔中也有类似情形，当承包商在发出仲裁要求时，政府一改先前强硬态度，主动提出谈判，愿意通过友好协商解决争端。

（2）非洲某水电工程，原合同价2500万美元，工程施工期不到三年。由于种种原因，在合同实施中承包商提出总值达2000万美元的索赔。工程师作出的决定认为总计补偿1200万元比较合理。业主愿意接受工程师的决定，但是承包商要求最低补偿1800万美元。由于双方未达成协议，承包商向国际商会提出仲裁要求，双方各聘请一名仲裁员，由他们指定首席仲裁员。本案前后经历了近三年时间，仲裁费达500万美元。最终裁决为：维持工程师的决定，给予承包商1200万美元的补偿。经过国际仲裁，双方都蒙受很大损失。如果双方各做让步，通过友好协商解决争执，则不仅花费少，而且麻烦少，也有利于今后再度合作。

案例　中国公司初入海外市场扭亏为盈的品牌之路

浙江省东阳第三建筑工程有限公司（简称“东阳三建”）是中国广厦控股公司的核心企业之一，拥有房屋建筑工程施工总承包特级资质和多项专业承包施工资质。是浙江省首批39家“建筑业重点骨干企业”之一，是著名“建筑之乡”东阳市的建筑业龙头企业。

东阳三建拥有30多个分公司及设备安装、装修装饰、市政工程、机械施工、地基基础、钢结构网架、建筑幕墙、消防工程等专业分公司和一个海外办事处，2家房地产开发企业，一家专业建筑劳务公司，并在向公路工程、水利水电工程等多个建设行业拓展。施工基地遍及国内十多个省、市、自治区，同时走出国门，积极参与国际竞争。

2001年12月东阳三建公司与中国中原对外工程公司合作，以广厦建设名义按EPC总承包模式承接了阿尔及利亚住房部住房发展局（AADL）704套住宅工程项目，取得海外工程承包业务零的突破，并分析如下：

1. 阿尔及利亚住宅工程项目外部环境和项目实施背景

（1）对环境复杂性认识不足。由于对阿尔及利亚的政治、经济、自然环境、建筑建材市场行情、外汇和税收等政策与法律规定了解不够，对国际工程项目实施的复杂性和各方面的困难估计不足，导致承接项目的中标价格偏低。（2）建材市场变化的冲击。由于阿国百万套住房计划和大批基础设施建设同时启动，导致该国建材价格飞涨。（3）项目前期准备不足。由于阿住房建设项目匆忙启动，基础资料不全，部分建设用地产权不确定，设计方案经常变动，且审批速度缓慢，导致施工人员或不能及时进场或进场后被迫停止施工。（4）手续办理复杂，外部协调不足。运作国际工程项目涉及劳工出国、施工机械设备出口、各类银行保函办理等外交、海关、外汇、商检、银行等多部门跨领域事宜，程序繁琐复杂，周期长。这些因素严重影响了工程进度，并导致了生产、管理成本的大幅提升。

2002年底，在一期704套住宅项目实施过程中，东阳三建经过对项目反复进行成本分析和效益测算后，发现存在较大的潜在亏损。

2. 应对策略的制订和实施

面对复杂的环境因素、工程实施的困难和不确定性，东阳三建多次召开了专题研讨会，对前方形势和面临的难题，进行广泛深入的研究。得出的结论是：（1）中国承包商走出去是大势所趋；（2）阿建筑市场潜力很大。阿尔及利亚的经济规模在非洲居于第三位，仅次于南非和埃及。由于实施了民族和解政策，阿社会治安形势不断改善。阿政府致力于经济建设，斥巨资进行百万套住房、海水淡化、东西高速公路、东西铁路、阿尔及尔地铁等大型基础设施项目建设。公司领导层认为，只要认真总结经验教训，把前期工作做得充分、细致、到位，对各种问题和风险考虑得更周密，积极稳妥地拓展市场，仍是可以大有作为的。

在调整了战略目标后，在“要把第一个国际项目做好，要创响中国建筑企业的牌子，为今后的进一步发展打好基础”的目标下，东阳三建针对项目实际情况做出了柔性快速的调整。(1) 针对项目管理不力的情况，在恪守“质量第一，诚信为本”的宗旨下，调整驻外机构，加强经营和施工管理力量，国内国外密切配合，对设计、施工组织、设备与材料、劳务组织和资金进行周密计划、合理调配，并在施工过程中实施严格的质量和进度控制，全力以赴确保项目顺利实施。(2) 在工程实施时，应用价值工程优化设计，在满足业主要求工程功能的前提下，革新挖潜，合理降低成本。(3) 在详细研究合同条款和阿国相关法规基础上，合理利用规则，切实做好价格谈判工作。抓住合同规定的整体价格不能调整，但基础和商业用房部分按实际发生结算的规定，主动出击，与业主进行多轮艰苦的谈判，终于取得有利的结算价格。(4) 针对建材市场价格上涨的情况，合理安排建材采购计划，增加采购柔性。具体做法是采取期货式建筑材料采购方案，在建材价位较低时大量购进储备，以规避建设高峰时期建材奇缺和价格飞涨给企业经营带来负面影响，节省了工程成本。(5) 提高人力资源的使用效率和整体柔性。根据工程的需要，加强劳务队伍管理，灵活合理调配工种比例，极力避免窝工、怠工现象，降低管理和劳务费用支出。(6) 公司还实施了“以项目养项目”的策略，以“总承包是前提，价格是关键”为原则，积极承揽新项目，用新项目的盈利来弥补一期项目的亏损。

3. 策略实施效果

在快速有效地进行相关战略目标、项目实施和管理等方面的调整以后，东阳三建的海外事业赢得了转机。2004 年 10 月，704 套住房项目顺利竣工并全部交付业主使用，阿国总统亲自出席了工程的竣工典礼。704 套住房以其新颖的房型设计、优异的工程质量受到了业主的认可和阿尔及利亚民众的交口称赞。东阳三建在一期工程建设过程中面对重重困难表现出的责任意识、诚信意识和品牌意识，也赢得了阿住房部的尊重和高度信赖。“广厦”品牌成功建立并有了极大的影响，不仅阿住房部主动邀请东阳三建继续承建一批二期住房项目，许多政府公建项目和其他项目业主也主动找上门，邀请东阳三建承接工程。到 2006 年底，东阳三建以 EPC 总承包模式先后承接了 10 余项工程，合同造价为 1.2 亿美元，已成功扭亏为盈，迎来海外事业的重大转折和发展。

第八章　国际工程跨文化管理柔性策略

国际工程参与方多来自不同国家，各参与方的文化背景不同、建设条件复杂，加大了国际工程项目的风险和管理难度。国际工程项目管理中的跨文化管理十分重要。中国国际工程承包企业需了解国际上不同的民族文化特色，借鉴与吸收国内外经验，加强项目多元文化环境的研究，制定跨文化管理的柔性化策略，提高跨文化管理水平，增强企业在国际工程承包市场上的竞争力。

第一节　民族文化的测量维度模型

荷兰学者霍夫斯泰勒（Greet Hofstede）在20世纪80年代初期提出了测度民族文化的四个维度：权力距离、个人主义—集体主义、对不确定因素规避的程度、男性文化—女性文化。如图8-1所示。

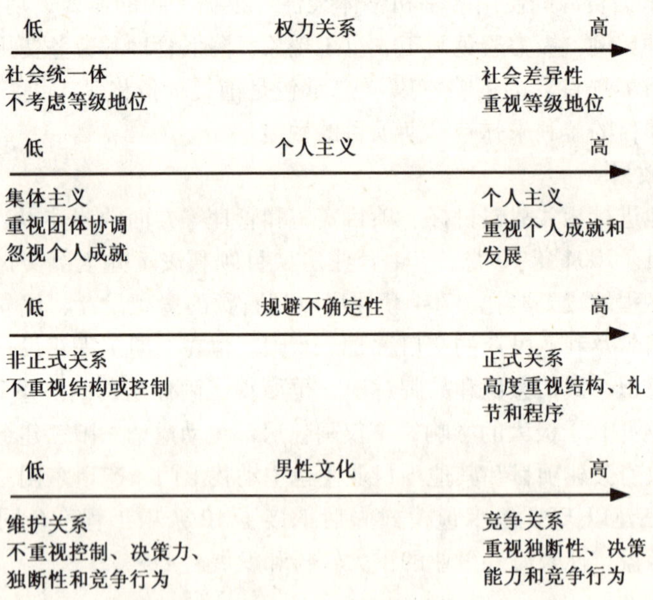

图8-1　测度民族文化的四个维度示意图

（1）权力距离（Power Distance）

权力距离指一个社会对组织机构中权力分配是否平等的期望和接受程度。在权力距离大的文化中，人们期望并接受权力集中在少数人手中的所谓组织化、分等级的社会体系。而在权力距离小的文化中将有更少的等级层次和更加分散化的个体有更多机会参与组织的各种活动，能更加有效地发挥个体的积极性和主观能动性。图 8-1 描绘了从高到低的权力定位。霍夫斯泰勒研究发现，墨西哥、印度尼西亚、巴基斯坦、印度和日本是重视权力距离的国家，组织的等级权力受到人们的尊重，而且员工很少会违反统一管理或反驳管理人员的决策。而相对不重视权力距离的国家是澳大利亚、新西兰、美国和芬兰，在这些国家的主流文化中，上下级的关系较随和，他们共同制定决策，而且员工往往并不希望得到更多的权力。

霍夫斯泰勒的研究还发现，重视权力距离的国家往往普遍采用强调社会差异的体系并重视集权环境或等级环境中的上进心，典型的如西班牙、比利时、意大利等。而不重视权力距离的国家可能会降低人与人之间的不平等性，往往取缔了社会阶层的相互差异，而且尊重个人获得成就的权利，典型的如美国、加拿大、英国、以色列和瑞典等。

(2) 个人主义—集体主义 (Individualism-Collectivism)

个人主义—集体主义用以衡量对群体和个体的重视程度。个人主义是指一个松散的社会结构，个人只关心自己和最亲密的家庭成员，个人主义色彩比较强的文化通常比较提倡个人成就、创新能力、自治力和冒险精神，一般忽略了更广义的社会需要，个人成就是成功的最显著的标志，这些国家如美国、澳大利亚和英国。而集体主义则是一个紧密的社会结构，人们期望自己所在的群体关注自己，更加重视自己，从而自己更加忠诚群体，这种文化通常强调团体合作、社会秩序、关系协调、尊重团体规范、家庭关系和团体忠诚度，这些国家重视集体行为，主要包括亚洲、拉丁美洲和西非的国家。

(3) 不确定因素规避 (Uncertainty Avoidance)

不确定因素规避是一个社会因对不确定和模糊的环境感到威胁，试图保障职业安全、制定更为正式的规则拒绝越轨的观点和行为，并相信绝对忠诚和专业知识来规避这种状况的程度。在相对强的不确定规避文化里，组织会试图采取措施控制这些不确定性和风险。

建立在宗教基础之上的社会往往根据宗教信仰建立信念，重视结构、礼节和程序，努力避免各种不确定因素，制定出相对完备的社会法律。如日本、希腊和韩国。

具有多元社会哲学的国家通常可以接受内部的不确定性，这些国家的企业惯例通常是非正式的，而且灵活性比较强；此外，他们一般不关注各种礼节或企业仪式，人们很容易接受工作的流动性，如美国、加拿大、英国和一些非洲国家。

(4) 男性文化—女性文化 (Masculinity-Femininity)

男性文化—女性文化用以测度社会中主导价值观男性化或女性化的程度。男性化表现为权威、自信、重视决策能力、独断性和竞争能力；而女性文化倾向于照料、关心、服从、善良、相互影响并维护人际关系。

在男性导向的国家中，如日本、澳大利亚、墨西哥和阿根廷，企业通常由男人控制，并由此创造出竞争性较强的工作环境，男人一般接受高水平的教育，担任重要的工作职位，而女性一般从事一些辅助的工作。在所谓女性气质如斯堪的纳维亚半岛国家、葡萄牙、西班牙等的国家文化中，有较高比例的女性掌管着管理和专业领域，与男权文化国家相比，其工作环境相对平和一些，更重视维护关系，竞争不那么明显。

为了更好地研究企业的跨文化管理，还需要了解组织文化与民族文化之间的关联。特拉姆潘纳斯 (Trompenaars) 认为民族文化对组织环境的影响是普遍、强烈而深入的。他提出在文化变化中有五种关键维度，即规则与关系的比较、个体与团体的比较、表达感觉的范围、具体与分散的比较、成就与归属的比较。这些维度也从不同方面反映了民族文化类型并作用于组织中，构成组织文化的一部分，同时又抵触各种文化的融合。基于以上民族文化维度，特拉姆潘纳斯定义了权利导向、角色导向、项目导向三种不同类型的组织文化，并对其不同特征加以比较，如表8-1所示。

三种不同类型组织文化特征的比较 **表8-1**

特征分类	组织文化类型		
	权利导向文化	角色导向文化	项目导向文化
雇员关系	分散关系	基于角色的相互作用	基于任务的相互作用
权威态度	原因状况	角色完成的状况	群体完成的状况
人的态度	家庭成员	人力资源	专家和行家
变化方式	前辈改变	变化规则和程序	根据目标的改变而变化

其中，权利导向型组织文化突出领导和个人作用，上下级隶属关系明确；角色导向型组织文化强调等级和工作，在这种文化环境中推行改革和创新举措往往较难；项目导向型组织文化强调的是工作环境的平等和任务第一的原则。

在国际工程承包业务中，跨文化问题主要体现在组织文化中。国际承包商必须明确企业组织文化类型，在充分研究东道国文化的基础上对不同国家的文化差异进行识别，开展有针对性的跨国文化管理，建立与东道国员工和其他项目参与方的和谐关系。

第二节　国际工程跨文化管理策略

一、跨文化管理模型的建立

根据以上对跨文化中民族文化和组织文化的分析，结合霍夫斯泰勒民族文化的测量维度以及特拉姆潘纳斯定义的三种组织文化类型，可以构建国际工程承包商在实际经营中的跨文化冲突管理模型，如图8-2所示。

在该模型中，国际工程承包商跨文化冲突源主要有3个：第一个冲突源是母国与东道国之间的文化差异（即民族文化冲突）。这些差异可以用霍夫斯泰勒的四种测量维度来加以衡量，即权力距离、个人主义与集体主义、不确定性规避、男性文化与女性文化。第二个冲突源是母子公司之间不同的经营环境而导致的企业文化差异（即母子公司文化冲突）。就中国国际承包商而言，母公司多是在国内大中城市的国有大型企业，而其子公司、分部或项目部则分布在世界各地，子公司、分部或项目部所在的各东道国文化存在显著的差异。因此，母子公司的文化差异导致的冲突在企业管理的各个方面体现出来。第三个冲突源是东道国协作方与承包商在文化上的差异，即跨文化协作冲突。国际工程的复杂性、大系统性、协作单位多等特性，使得各个协作方与承包商对工程的重视程度、管理模式、办事方式、利益分配等方面存在很大差异，其中的一些差异是由于文化的差异而产生的。可以说，协作冲突是东道国协作方与承包商文化冲突在国际工程项目中的一个具体反映。

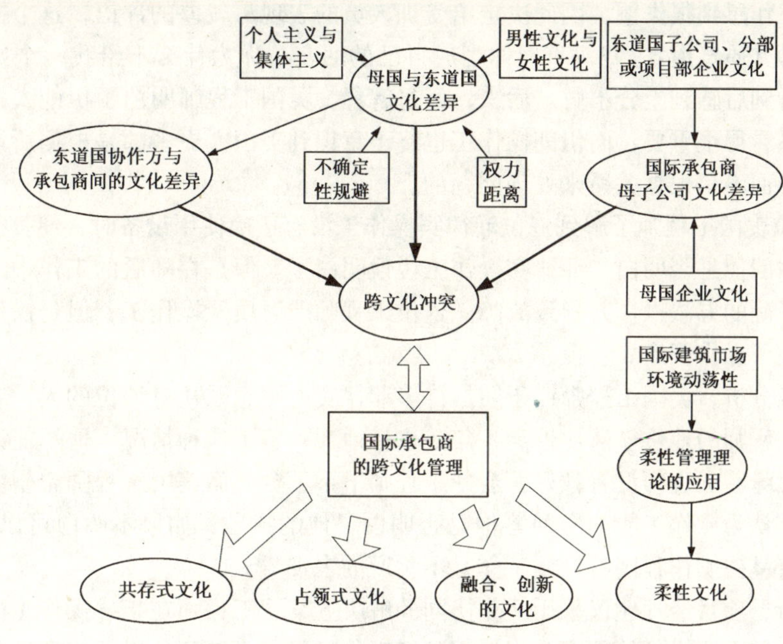

图8-2　国际工程承包企业跨文化冲突管理模型

该模型还给出了国际承包商跨文化管理的三种模式：其一是共存式。即国外子公司、分部或项目部同时保留母公司的企业文化和当地的文化，两种文化共存，相互容忍对方文化的优缺点，相互协调、相互补充。其二是占领式。即跨国公司在进行国外公司的直接投资时，直接将母公司的企业文化强行注入国外公司，国外公司保留母公司的企业文化，这种方式一般适用于母子公司文化强弱对比悬殊且国外子公司对母公司的文化可以全盘接受的情况下。其三是融合创新式。即母公司的企业文化与国外子公司当地的文化进行有效整合，通过各种渠道促进不同文化的相互了解、适应和融合，从而在母公司和当地文化的基础之上构建一种新型的国外子公司企业文化，这种新型文化既保留着强烈的母公司企业文化的特点，又与当地的文化环境相适应，使两种文化有机结合。

案例　不同国家文化背景差异和跨文化冲突

（1）一位埃及的承包商在招待完他的来自加拿大的分包商之后，邀请他参与一个新的工程项目，加拿大人愉快地接受了，并建议第二天早上再次会面，还提出由各自的律师商谈具体合作细节。但是第二天早上这个埃及人并没有露面，这令加拿大人很惊讶，并疑惑自己是否做错了什么，或是埃及人想反悔，或是埃及人不守时？结果其实问题出在加拿大人和埃及人对邀请律师出席持有不同的看法，加拿大人把律师的到场视为有助于成功地完成谈判工作，而埃及人则把律师的到场视为是对他未来履约的不信任。加拿大人乐于通过律师获得严谨、理性而专业的服务，完成达成协议工作；与此不同，埃及人更多地借助与对方建立私人关系来达到合作的目的。

（2）一位给伊朗操作工传授新型工程设备操作方法的美国工程师，在培训过程中对伊朗操作工的工作感到很失望，因此决定给受训人员的表现写较差的评语，这个操作工找到该美国工程师并质疑道："我一直把你当成自己的朋友，你为什么不给我一个好的评语?"这个美国人听到后感到十分不解。后来，经过解释，美国工程师明白了伊朗人把与工作有关的朋友关系看得很重要，而伊朗操作工也终于意识到美国人更多的是根据所谓公平竞争的价值系统，而不是根据关系来处理问题的。

（3）一位美国工程师了解到一位菲律宾操作工没有正确使用设备时，便教授其正确的使用方法，并问他是否明白，菲律宾操作工说他明白了。但是在随后的工作中，该操作工依然使用不正确的方法操作并导致故障。这位工程师严厉质疑操作工，但是操作工却表示他已理解掌握了操作程序。

通过情景分析，美国工程师终于明白许多菲律宾人愿意顺从有地位的人，对菲律宾操作工而言，工程师的地位显然比他高，年龄也比他大，鉴于这种情况，他不能说他没有学会，否则就意味着工程师没有教好，会使工程师下不了台。而美国工程师希望能够坦诚地沟通和交流，认为操作工能如实回答他是否明白了他的指导，如果不明白可以向他询问，他认为，没有掌握操作程序就开始工作是不称职的表现。

经过分析，项目经理建议采用文化协同的解决方案：工程师在指导操作工的时候应当让操作工复述其需要操作的程序。当工程师倾听的时候，可以评估操作工理解的程度，并确定是否有需要再进一步解释的地方，而不是直接问他是否明白，操作工也就不必被动地对上司说"明白了"。这位项目经理在顺应双方文化背景的情况下，很好地解决了这个问题。

二、组建跨文化管理团队

国际工程项目的流动性决定了跨文化冲突的多样性与复杂性，因此有必要建立长效机制应对各种冲突。在国际承包企业中组建跨文化冲突管理团队是有效的手段，跨文化冲突管理团队通过虚拟或者实体的运作，在充分吸收过去信息的基础上，制定有效的跨文化冲突管理解决方案，能够协助指导解决工程中的冲突。

国际承包商的总部应组建战略性跨文化管理团队，人员来自总部的相关职能部门、区域性海外工程业务部门，还可以聘请海外同行业和国内其他行业的跨国企业中有跨文化冲突管理经验者作为兼职成员，如图 8-3 所示。

战略性跨文化管理团队还可以采取虚拟团队（Virtual teamwork）的组织形态，团队成员彼此之间并不实际见面，而是通过桌面视频会议系统（Desktop videoconferencing systems）或者其他远程会议系统实现沟通。团队的职能包括：从宏观上指导子公司和分部或项目部层次的跨文化协调机构；总结经验，形成规范的跨文化问题管理体系，制定定期报告制度，完善组织建设。

区域性跨文化协调团队主要由区域性业务部门抽调的专家组成，其职能是协调与指导具体的跨文化问题，定期或者根据事件发生情况而采取行动。区域性跨文化协调团队是沟通战略性和项目部跨文化协调小组的中间协调体。该团队整合承包商在各个时期不同项目中跨文化问题的经验与教训，并在战略性跨文化管理团队的指导和信息数据库的支持下，与项目部跨文化协调小组共同制定跨文化冲突策略，为项目经理提供决策依据。

项目部跨文化协调小组（或者设立在子公司）由项目部中的专职或兼职人员组成，其职责是配合区域协调团队的工作，减轻跨文化冲突对项目团队的压力。

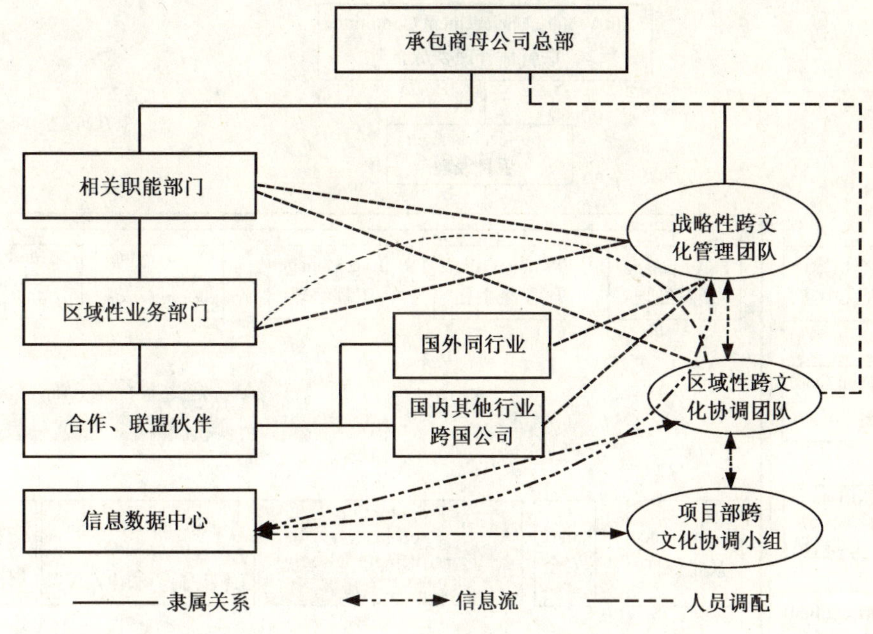

图8-3　国际工程承包中跨文化冲突协调团队

在团队建设中，信息数据中心是一个很重要的部门，它将承担历史数据的处理并能在曾出现过的跨文化问题再次出现时提出解决方案，因此，三个层次的团队要与信息数据中心建立双向的反馈回路。信息的收集来自于公司的人力资源部门、法律顾问、合同管理部门、专业咨询公司、合作伙伴、有经验的员工、网络和书刊等。

团队成员如何组成将会影响到决策效率，各个层次团队成员的构成应搭配合适。通过国外的一些研究结果发现：同质团队不如跨文化团队更能达到高度有效的决策，同质团队也不如跨文化团队更可能达到高度无效的决策。同样的研究还显示民族同质团队（由单一民族文化背景成员组成的团队）的决策是“中等偏上”的，但是同质团队较少能做出独创性的决策。跨文化团队往往更具有创造力，并且其决策也会导致更佳的结果，但是也更容易产生团队内部的问题和失败的结果。

案例　中外工程承包联合体建立跨文化协调小组

图8-4是中国建筑（香港）公司与澳大利亚礼顿公司（Leighton）、荷兰宏安公司（Van Oord）组成联合体建造的合同额26亿港币的西九龙填海二期工程的组织结构图。在该工程中，中国建筑（香港）与不同文化背景的多个公司合作，为了处理合作中的多文化冲突，在组织中专门设立项目部跨文化协调小组，该小组为来自不同国家和地区的员工提供指导和帮助。一般来说，第三国员工可能会比当地和承包商的员工面临更大的困难，因

为他们不但要学会适应当地的文化传统，而且要尽快融入项目组织中（通常以承包商本国的文化为主流文化），为第三国员工提供必要的指导和帮助，如分发指导手册、满足特殊的食宿要求、提供培训等。

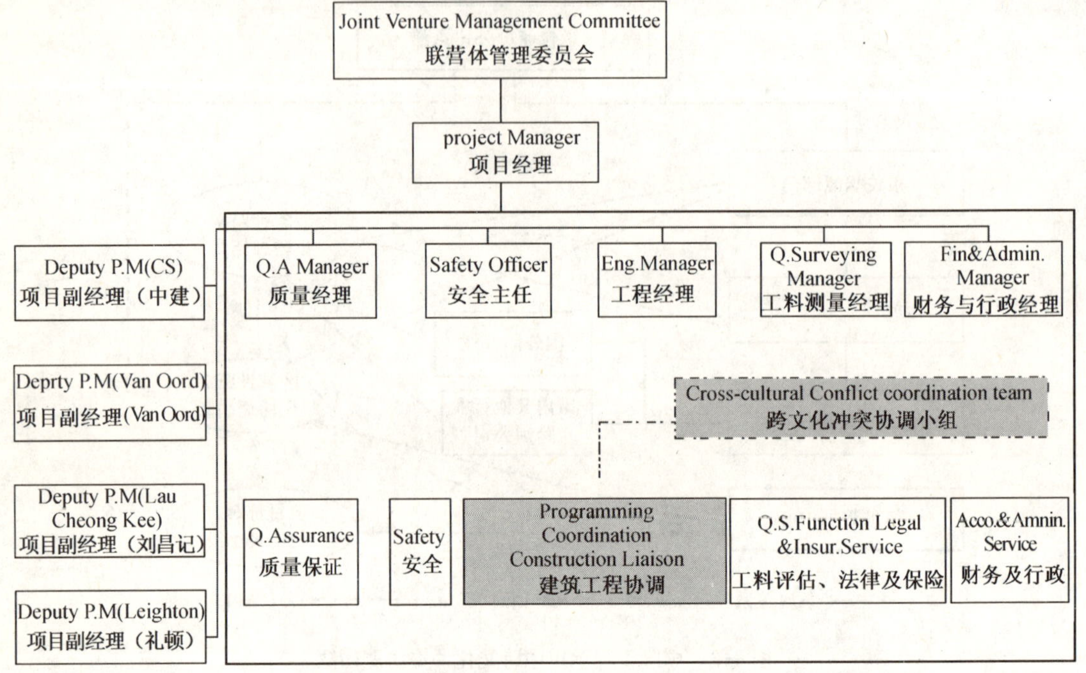

图 8-4　西九龙填海二期承包商联合体组织架构表

三、柔性的训练与学习方式

学习是国际承包商在东道国的文化环境中与当地文化融合的一个重要手段。跨文化培训能够给承包商提供一个良好的学习平台，通过对文化的敏感性训练、适应性训练、语言训练、跨文化沟通及冲突处理训练、地区模拟环境训练等，使承包企业建立良好的人际关系、保障有效沟通、实现员工对企业经营理念的理解和认同，减少跨文化冲突带来的负面效应。学习能够促进东道国员工接受和容纳企业经营理念、经营方式、价值准则和行为规范。企业应努力培育学习氛围，塑造学习型的企业文化，使员工在相互学习中相互了解和沟通。这些培训学习一般可由承包商内部的培训部门组织，也可以利用大学、科研院所、咨询公司等外部培训机构。

敏感性训练的目的在于使人们掌握对不同文化的反应和适应能力，促进不同文化背景的人与人之间的沟通和相互理解。主要方式是把具有不同文化背景的职员或在不同文化地区工作的项目经理、职员集合在一起进行培训，包括适应东道国实际环境的培训，了解东道国文化的培训、经验介绍和相互交流的培训等，具体的方法有以下几种：

（1）不同文化、不同职位角色互换、扮演；

（2）模拟国际工程中的跨文化情景对话；

（3）工程中跨文化冲突的案例分析；

（4）项目经理、项目部成员、咨询工程师、业主代表等来自不同文化背景的小群体讨论；

（5）到国际工程项目所在地实地考察。

通过上述步骤，将能有效地消除项目成员身上存在的文化障碍，加强每个人对不同文化的适应性，找到不同文化的共通之处，增进文化之间的联系和合作意识，也使得母子公司之间的联系与协作变得紧密与协调。进而可以提高企业对文化的鉴别和适应能力，在文化共性认知的基础上，根据具体的工程项目、东道国环境和企业战略的需要建立起企业共同经营观和宽容的企业文化，并成为跨文化冲突管理的核心。

案例　中国和国外公司的文化教育与语言培训

（1）中国路桥集团总公司主要参与由世界银行、亚洲开发银行等提供贷款的公路、桥梁建设项目，并在非洲、中东和东南亚等地区设立了20多家子公司。该公司的驻外人员以管理人员为主，也有部分操作人员。出发前，公司对外派人员提供内容丰富广泛的培训，涵盖业务、语言、文化和政策等。所有外派人员在出国之前都要参加为期半年的外语强化学习，主要在北京外国语大学、北京第二外国语学院以及对外经贸大学进行正规的训练。人事部门负责外派人员的文化教育。该公司有自己的出国人员培训中心——交通部干部管理学院，在外派目的国设有出国人员接待站。除了提供语言、文化和业务培训之外，还向外派人员提供中国政府的政策、目的国政府相关政策的培训。

（2）卡特皮勒公司（Caterpiliar）是世界著名的建筑设备制造企业。作为一家大型的跨国公司，卡特皮勒公司必须维修和保养其世界各地开发的产品。为避免对公司复杂的维修与配件手册进行几十种语言的翻译，卡特皮勒公司采用了一门共有30课的英语教程。该教程只教授阅读卡特皮勒公司手册所必须的英语，词汇限制在800个之内，其中包括70个动词和450个名词。

四、文化协同及本地化行动

1. 文化协同

文化协同是跨文化管理的一种综合性方法，包括制定组织政策、战略、结构、实施在内的一整套过程，涵盖了个体组织成员和客户的文化模式。实施文化协同战略的组织创造了一种新的超越成员主流文化的管理组织方式，认为全球化组织包含文化的相似性和差异性，既不要漠视文化的多样性，也不要减少文化的多样性，而应该将文化设计和发展成组织系统的资源。具体包括如下步骤：

（1）跨文化的环境扫描

跨文化的环境扫描是发现解决复杂的多文化问题过程中的第一步，内容包括：国际承包商面临什么样的跨文化环境；管理人员会遇到什么样的跨文化问题；管理人员能否从当事各方的文化背景角度描述冲突。应从文化协同的视角描述当前的形势，避免从己方一种文化的视角解释或评估当前形势。

（2）解释文化

解释文化是创造文化协同过程的第二步，内容包括：必须了解哪些历史和文化才能理解当前的形势；明确并解释所涉及的文化在思想、行动上的相似处和不同点；不同文化的成员思考、感知和实践文化协同的方式。国际承包商应利用协同方法从不同文化的视角剖析问题。

（3）组织设计文化协同方案

组织设计文化协同方案是创造文化协同过程中形成成果的重要一步。内容包括：一种文化背景下的人，从哪些方面向另一种文化背景下的人学习才可能提高其效率；怎样才能整合并发挥各种文化的积极作用；在环境扫描和解释文化的基础上，制定超越每个个体文化行为模式的最佳解决方案。组织应对文化协同方案进行精心设计，并进行评估。

2. 本地化行动

人才本地化是一切本地化的核心。大量实践表明，国际工程承包商在承担国际工程项目时，母国派出人员的成本往往很高，并与当地雇员、民众存在沟通上的障碍，因此，应适当雇用当地员工，采取人才本地化行动。

国际承包商在选择雇用当地员工时应充分考虑项目的文化环境和所存在的差异，把握自己的母国文化与东道国文化的差异，优先录用那些掌握工作技能、具备熟练的语言沟通能力、具有宽容的心态并乐于和不同文化背景的人打交道的当地人。

国际承包商进入海外市场组织施工时，在设备、材料、人员、运输、生活等方面将会遇到诸多问题，因此，有必要聘用当地的代理人协助开展业务。国际承包商应该选择熟悉当地文化背景、有一定社会地位和影响力、有良好而广泛的人脉、守信用、有责任心的当地代理，并充分发挥国际工程代理商的作用。

案例　山东电建公司海外项目文化融合

2007年2月6日，山东电力建设第三工程公司（SEPCOIII）CPP和IPP项目部1500余名中印员工及家属欢聚奥里萨邦贾苏古达市，共度中国农历春节。

SEPCOIII公司组织了传统的团拜会，举办了丰富多彩的游艺活动，邀请印度业主Sterlite公司，分包商ECC、TATA、GAMMON公司和监理DCPL公司的代表一起观看了融合中印文化的自编自演新春晚会。SEPCOIII公司总经理也专程从中国赶到印度，慰问中印员工，一起包水饺，放鞭炮，贺新年。演出大厅内，传统的中国灯笼和剪纸烘托出了喜气洋洋的年味儿；舞台两侧，各色鲜亮的纱丽增添了浓郁的印度风情。歌曲演唱、京剧、印度舞蹈、小提琴演奏、小品等丰富多彩的节目使观众一饱眼福。印度员工演唱的传统中文歌曲更是惟妙惟肖，寄托了对印中人民友谊长青的美好祝愿。印籍员工Anakar Satpathy说："在SEPCOIII公司工作，我感受到了管理和文化互融的友好氛围。中国员工很喜欢印度文化，我们印度员工也很喜欢中国文化，在这里我交了很多中国朋友，中印员工就像一家人。""这个春节不仅仅属于SEPCOIII中国人，也属于我们这些印度人。""中印一家亲"的氛围感染者每一位中印员工及其家属。

"本土化"是SEPCOIII公司海外项目运作中一直着力贯彻的理念。为创造舒心的工作环境，IPP项目组利用当地资源，尊重印度文化，仅用了两个月就赶建成可容纳1200人的职工生活区，有食堂、卫生站、篮球场、健身房、图书室、娱乐厅等，确保中印员工春节前喜迁新房，安居乐业。

SEPCOIII 公司是一家以承包火电、核电、燃气、水电、风电、变电站、生物发电等工程建设为主的专业化电力工程公司，三次荣获鲁班奖。该公司 2005 年进入印度市场，目前在奥里萨邦、拉贾斯坦邦、布吉拉特邦等地承建总容量 825 万 kW 的燃煤电站项目，是中国对印工程承包最大的公司之一。

进入印度市场以来，SEPCOIII 公司十分注重与印度文化融合，建设和谐工地：中国员工主动了解、学习当地文化，走访业主、分包商、地方官员、印度员工等，中印员工共度印度传统兄弟姐妹节，参加当地慈善事业等，与当地政府、百姓增进了了解、互信，建立了深厚的友谊，取得了一定社会反响。

案例　中建总公司进入美国市场本土化经营策略

中建总公司在进入美国市场以后，结合自身企业特点和市场竞争环境，在经营战略中进行柔性调整和变革，走本土化的经营道路，成功地打入了美国主流承包市场。

中建总公司在 20 世纪 80 年代中期初入美国。中建在美国的第一个总承包项目是中国驻美国大使馆武官处。当时公司总经理提出“中建美国公司要跳出仅做中国使领馆和中资企业投资工程的小圈子，一定要加大市场开拓力度，在美国主流市场做强做大”。中建美国公司进行战略变换，依托原有经验与资源，向美国本土建筑市场发起了强有力冲击。为更好适应美国市场竞争特点和经营规则，首先采用了本土化的营销策略，中建美国公司成为唯一一家在美国注册成立，并拥有总承包商营业执照和最高等级施工资质的中资建筑企业。并在组织结构和管理方式上进行调整变革，使公司成为地道的美国建筑企业。在具体营销策略上，中建总公司实施“农村包围城市”营销策略，开创了一条具有中建美国特色的成功之路：

1998 年，中建总公司协助海尔集团在南卡罗纳州投资建厂。考虑南卡州是传统农业州，经济欠发达，但民风纯朴，商业活动中政治色彩较淡等特点，并结合在美国长期经营积累的项目开发和工程管理经验，中建总公司向海尔在南卡州就投资建设冰箱厂免费提供全部的有关选址、购地、同当地政府进行优惠政策谈判的全套咨询服务，探索出了一条以咨询带动工程总承包的成功之路。获得海尔南卡冰箱厂的建厂总承包合同后，中建采用由四五名年轻人组成的精干的项目管理组，将所有施工工作分包给当地专业分包商完成，进行了一次成功的本土化探索和实践，用不到一年时间完成了总投资 1500 万美元的工程建设，此项目被美国《工程新闻周刊》誉为快速施工法的典范。

有了这次成功的经验，公司再次调整战略目标，决定以南卡为突破口，集中力量对当地公共建筑市场进行强攻，一年之内投标 10 次。

中建总公司投标南卡州杉地高中校舍和技术中心项目，并成为最低标，随后进行了一系列美国化的商务运作，如结合当地政治特点，聘请一位退休中将做顾问，游说南卡州资深参议员，自上而下弭平异议，使业主按照惯例将此标授予中建美国公司，2002 年 10 月以 2188 万美元的价格中标，成为第一家承包美国公共项目的中国建筑企业，标志着中建已踏入美国当地建筑市场。在获得此项目后，公司抓住市场机遇，继续扩大在当地公共建筑市场的份额，又连续中标了布鲁瑞吉高中和坎普曼高中两个项目，全部合同额近6000万美元，将南卡变成中建在美国的一个稳定的基地。

在稳定保持南卡当地市场份额后，公司再次调整市场重点，瞄准了纽约地区这一建筑投资总量最大的美国大都市。凭借中建总公司的国际化背景和中建美国公司本土化经营的强大实力，经过一系列的成功运作，2004 年公司赢得了投资额达 2.4 亿美元的私人项目——纽约哈雷姆万豪酒店项目和纽约地标性公共建筑——布克林八大道地铁站项目。这两个项目的实施，标志着中建成功打入强手如林的纽约主流建筑市场，为实现中建公司的全球化布局占得先机。

中建公司在美国的成功，与人力资源柔性化和本土化也有很大的关系。中建公司作为中国最早“走出去”的企业之一，二十多年的海外经营造就和培养了一大批高素质、复合型的国际化人才。中建美国公司的人力资源构成可用“532”来概括，即内派人员占五成、当地美国雇员占三成、在当地聘用的华裔工程技术人员占二成。发展目标是“262”，即内派员工占二成、当地美国雇员占六成、当地聘用的华裔人员占二成。即总体实现用20%内派员工带动80%的当地员工。

中建美国公司的这种人力资源构成，是结合美国当地建筑市场和中建公司自身特点所作出的柔性调整，并被证明是适应美国市场竞争的。就人力资源结构分析如下：总公司内派人员，作为美国公司的人员骨干，基本都有在欧洲、美洲、非洲和亚洲等境外工作或留学的经历，具备了丰富的工程和管理经验。他们对国际化有着透彻的理解，能做到入乡随俗，轻松跨越跨国经营中的种种文化障碍。在美国学成后留下来的工程技术人员勤奋刻苦，既了解中国，又熟悉当地社会，能为中资公司工作，精神上有归属感。随着公司业务的扩张，当地雇员比例逐渐增大。现在中建美国公司大胆使用美国高端人才，公司上至高级副总经理、子公司总经理都由当地雇员担任，更好地发挥当地人才的优势。

在公司文化和氛围的建设上，公司努力营造和谐氛围，激发柔性潜能。公司内派员工展示的良好精神面貌和勤奋敬业的职业素养，获得了当地员工和社会的认可和欣赏，由此使得中建公司文化和精神得到了认同并逐步建立起共同的文化和价值观。

第九章　国际工程企业战略联盟柔性策略

第一节　国际工程企业战略联盟的方式

一、战略联盟类型

企业资源包括有形资源、无形资源及组织能力。资源基础论把企业看作一系列独特的资源组合，认为企业通过整合和利用有价值的资源可以实现企业价值的最大化。企业中的具有形成竞争优势潜力的资源，呈现出稀缺性、难以模仿性、难以替代以及可持续拥有的特征，往往难以通过市场交易获得，而战略联盟这种组织形式则可以从联盟中获得信息、技术和市场进入的途径，帮助企业共享或交换有价值的资源。

可持续的不同种类的互补资源（Complementary resource）不仅是企业竞争优势的来源，也是企业建立战略联盟的原因。互补资源的识别、选择、获得和管理是联盟成败的关键，尤其是那些隐性的和基于知识的互补资源。互补资源不但可以获得规模经济、创造协作，而且可以用来发展新资源、新技术和新的竞争优势。在解释联盟形成方面，企业经常将拥有自己所缺资源的企业作为合作伙伴，利用联盟来优化资源配置。

战略联盟使企业可以利用其现有的关键性资源或者核心能力与其他企业的资源进行融合，有效地利用组织和市场的双重优势，从而创造出更大的价值。这是一种既可以提高资源的利用效率，又可以保持联盟成员的相对独立性，还可以增强联盟企业战略的灵活性。

根据中国各企业自身实力及特点，可以选择多种企业联盟方式，发挥联盟优势，实现自身综合实力及管理经营能力的提高。

具体按联盟方的不同来划分，主要有横向联盟、纵向联盟、银企联盟、跨国企业联盟等类型：

（1）横向联盟——与国内各承包企业展开横向联合，组成一个或多个战略合作联盟，如图9-1。

总体而言，在中国工程承包企业中，以对外经济技术合作公司为代表的一批国际工程对外窗口公司在海外经营中拥有较为广泛的业务网络和信息渠道，但项目实施能力不强；而国内一大批建筑施工企业在专项技术、专业设计和施工方面具有丰富经验和较强实力，但海外业务信息和海外业务拓展渠道有限，国际工程业务开展缓慢，其中较少数的大型企业具备一定的综合承包能力，而大部分中小企业规模小，侧重于发展专业化经营。因此，根据不同层次企业的实际情况，在具有较强互补性的国际工程对外窗口公司与施工企业之间建立联盟关系，可以实现优势互补、资源互用、利益共享、风险共担、开辟市场，提高完成技术复杂、专业化程度高、功能多样化的综合工程项目的能力，还可以使各成员在根本利益逐渐趋同的前提下密切合作，扭转目前恶性竞争的状况，创建协作竞争的新格局，更好地满足业主的要求，树立中国企业的良好声誉。

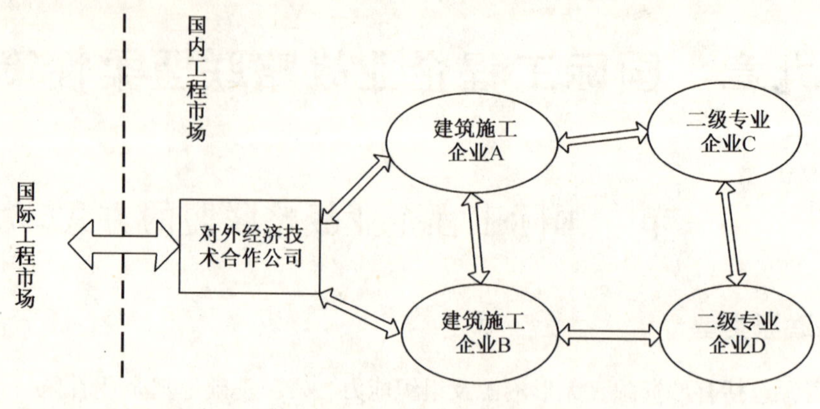

图 9-1　横向联盟

（2）纵向联盟——将在国际工程价值链上各个环节具有竞争优势的企业联合起来，组成具备较强综合经营管理能力的战略合作联盟，如图 9-2 所示。

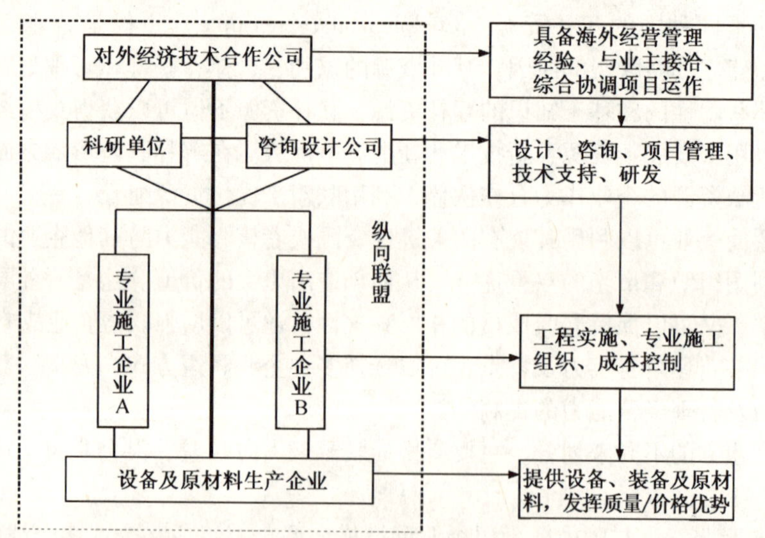

图 9-2　纵向联盟

可将具有科研设计优势的科研单位和咨询设计公司、具有专业化施工能力的施工企业、提供设备及原材料供应的生产企业与具有海外经营管理经验的对外经济技术合作公司联合起来，组成具有总承包能力的合作体，以总承包的方式参与国际工程项目的竞争，提升中国企业在国际工程市场上参与竞争的层次，并促进中国成套设备和原材料的出口。

（3）银企联盟——承包商通过与银行或其他金融机构合作，组成战略联盟，提高企业融资能力。

缺少资金和融资能力薄弱是长期以来制约中国承包商拓展业务的瓶颈之一，直接影响中国企业的投标资格和履约能力。借鉴发达国家承包商的发展道路，通过建立银企联盟，可以提供推进银行资本同产业资本的融合；承包商依托金融机构在国内外的融资优势，在一定程度上增强承包企业的投融资能力；并借助于金融机构提供的贷款、担保、结算、咨询等服务，提高中国企业在项目投标和实施方面的竞争力。

（4）跨国企业联盟——本国建筑业企业与项目东道国企业或第三国企业结成的企业战略联盟。

随着全球范围内经济区域化、集团化发展趋势的加剧，国际贸易保护主义依然是中国承包商进入国际市场的一大障碍。主要表现为：发达国家在不违反 WTO 的原则下，大都利用技术、环保、卫生、劳动许可等壁垒对本国市场进行保护；发展中国家则大都利用给予本国企业优惠待遇来保护自身利益。

中国对外承包工程企业常常面临不利的甚至是不平等的市场竞争环境。发展跨国联盟可帮助中国企业迅速融入当地经济区域，加快中国承包商在海外的本地化进程，在很大程度上避开贸易壁垒限制。由于中国大型建筑企业与外国企业各有优势，施行战略联盟可以优势互补，实现技术、信息、人才、设备和市场机会的共享，分担项目风险。通过与境外企业共同参与项目投融资和全过程管理，可以逐步建立和完善中国企业的海外协作经营网络和信息体系，开拓新市场。在海外项目实施过程中，还可以充分发挥联盟资源优势，加强企业间各层次人员的交流学习，实现在“干中学”，为企业培养高素质的国际工程管理人才。

二、合作运营方式

针对国际工程市场复杂多变的宏观环境和不同工程项目不同的微观环境，选择利于合作又便于操作的联盟合作方式是企业联盟得以成功的关键。一般可将合作运营的方式分为如下四种：

（1）非股权参与式

这种联盟的形式属于比较松散的合作方式，双方基于友好关系而建立一种松散的联盟，没有涉及股权的分配，而仅以契约的形式缔结，合作形式比较灵活多样。

非股份参与式可以扩大企业自身的社会网络、增进企业间互信与合作、提高企业知名度。由于没有涉及股权的分配，因此在合作中也没有明确的权责，在面对具体项目及涉及较大利益时，需对具体合作方式进行进一步的商定细化。

（2）组合式

这种合作方式就是事先成立一家联合公司，在联合公司董事会下组织一个独立的项目管理团队，在董事会的授权下按照事先拟定好的管理体系和程序对项目进行独立的管理，代表联合公司全面履行合同责任。这个管理团队的人员可以由各伙伴公司抽调，也可以向社会公开招募。该管理团队的所有成员的工作向项目董事负责，项目董事向联合公司董事会负责。

组合式的合作方式可以发挥各伙伴公司在施工及管理方面的优势和专长；各公司共担风险，共享利益；施工过程中交接面的问题相对较少，避免一些内部间的争议。但组合式合作管理队伍相对较大，开办经费较高，成本控制难度大。

（3）分工式

分工式合作是根据工程内容和特点，合作伙伴按工程类别或区域分成若干个部分，根据合作伙伴公司各自专业专长分别独立进行管理，承担其各自承担工程部分的风险和责任。联盟中牵头公司的确定及各方的权利、义务和责任，都需由各合作方详细协商决定。

这种联盟合作方式，可以发挥各合作伙伴自身的特长，管理成本相对较低。但此种合作方式有时在实施过程中交接面复杂，可能会在工作范围和交接面问题上产生分歧。

（4）借牌式

借牌式合作就是名义上由两家或两家以上企业联合，而其中一家或几家对于该工程项目不感兴趣、或对标价不满意，或由于自身的其他原因不愿意具体承担这项工程的实施任务时，联盟中的某一公司则可以实际独立运作，代表联盟向业主承担合同责任。当实际退出的公司资质较高，对项目中标起的作用较大或承担一定风险时，实际运作公司要向该公司支付一定的费用，或称借牌费。

由于法律法规和合同条件的限制，这种合作方式较少采用。借牌合作的风险性较高，该合作方式需要各合作公司间有相当的了解和高度的信任。

案例　上海环球金融中心工程建设的横向联盟

备受瞩目的世界级摩天大楼——上海环球金融中心工程经过9个多月的紧张激烈角逐而尘埃落定。中国最大的建筑企业中国建筑工程总公司和上海建工（集团）总公司成为该项目施工总承包联合体，这是中国企业首次获得外资世界级摩天大楼总承包权。

上海环球金融中心工程是一幢以办公为主，集商贸、宾馆、观光、展览及其他公共设施于一体的大型超高层建筑，该楼地下3层，地上101层，净高492m，为当前世界净高第一高楼。该项目的总承包价约为39亿元人民币。场址位于上海浦东陆家嘴金融贸易中心区，与金茂大厦相距仅40m。地块面积30000m^2，总建筑面积377300m^2，将成为世界级的城市地标建筑。

中建总公司承接上海环球金融中心工程项目，标志着该公司实施“大市场、大项目、大业主”和“合作共赢”战略再次收到成效。据了解，上海环球金融中心工程的酝酿已近10年，在第一轮竞投中，云集了包括日本清水建筑公司在内的数家跨国建筑公司参与投标角逐，其时，中建总公司准备以合作者的身份参与竞争。由于亚洲金融危机爆发，该工程被迫缓期。今年初，日本投资方再度向世界招标，中建总公司内部各工程局和上海建工集团等多家企业均报名参与角逐。鉴于此，中建总公司首先整合内部优势资源，将中建三局、中建二局、中建一局、中建国际建设公司的土建、安装、钢结构、精装饰和总承包管理的精锐之师组成内部联合体参与竞争。但在残酷的竞争碰撞中，中建总公司和上海建工集团逐渐认识到，竞争不如竞合，两败俱伤不如合作共赢。于是，双方高层达成共识：变恶性竞争为强强联合、优势互补、共进共退。期间，中建总公司总经理多次飞往上海和日本，就该工程的合作与施工分别与上海建工、日本投资方森大厦株式会社高层沟通交流。这样，联合出了竞争力，投标步调上的一致，技术方案的互补，施工组织和地方政府衔接的互利，使得联合体优势更优，强势更强，最终迎来了合作共赢的欣喜。

案例　中国农业银行与中国建筑股份有限公司的银企联盟

2008年7月1日，中国农业银行与中国建筑股份有限公司500亿元银企合作协议签约仪式在北京举行，根据协议，中国农业银行将向中国建筑股份有限公司及其所属企业提供总金额500亿元的意向性信用额度，这是农行迄今为止向建筑企业提供的最大规模意向性额度。

作为四大国有（控股）银行之一的中国农业银行发挥资金实力雄厚、服务功能齐全、社会信誉卓著的优势，拥有全国最多的物理网点和全国最大的电子化网络，已成为中国最有影响力的银行之一，连续多年进入世界500强企业，2007年列277位。

中国建筑股份有限公司是在中国建筑工程总公司整体改制重组的基础上，由中国建筑工程总公司作为主发起人，联合中国石油天然气集团公司、宝钢集团有限公司及中国中化集团公司共同发起，于2007年12月10日注册成立的股份公司。中国建筑股份有限公司承继了中国建筑工程总公司的几乎全部主业资产和业务，是中国最大的建筑房地产综合企业集团和房屋建筑承包商。公司自2006年起进入世界500强企业，2007年排名跃升至第396位。公司近年来承建了一大批以“高、大、精、尖、新”著称的国内外地标性建筑，如央视新址、水立方、上海环球金融中心等。公司拥有的“中国建筑”及“中海地产”品牌位居中国同行业最具影响力的品牌之列。

2005年3月，中国农业银行与中国建筑工程总公司就曾签署280亿元银企合作协议。经过三年的发展，双方的合作规模逐年增加，实现了金融资本和产业资本的强强联合，在房屋和基础设施建设、海外工程承包等多方面进行合作，实施了中央电视台新址工程、哈大线铁路建设项目等一批具有较大影响力的项目，取得了显著的经济和社会效益。通过此次签约，中国农业银行与中国建筑股份有限公司将建立更紧密的合作关系，中国农业银行承诺将把中国建筑股份有限公司作为重点支持的对象，为公司及其所属企业提供总额人民币500亿元的意向性信用额度，提供包括流动资金贷款、项目贷款、担保承诺、贸易融资、现金管理、投资银行业务、企业理财等一揽子金融服务方案。中国农业银行下属有关分行也将为中国建筑股份有限公司推荐的下属机构提供全面化、个性化的优质服务，自上而下地促进双方各层面的深入合作。

该协议的签署，体现了银企强强合作、系统合作、深度合作的趋势，对双方都具有重大的战略意义。中国农业银行通过与中国建筑股份有限公司的合作，将在调整客户结构、扩大优质市场份额、提高综合收益等方面创建示范效应。中国建筑股份有限公司通过与中国农业银行的合作，将获得持续发展的强大动力，进一步强化在中国的建筑、房地产及国际工程承包等领域的领先优势。

第二节　国际工程企业战略联盟的构建及管理

一、国际工程企业战略联盟构建

1. 战略联盟构建的一般过程

组建国际工程企业联盟一般包括环境扫描/机会识别、明确企业核心能力、联盟伙伴选择、确定合作方式、签订合作协议等几个步骤，其构建的一般过程如图9-3。

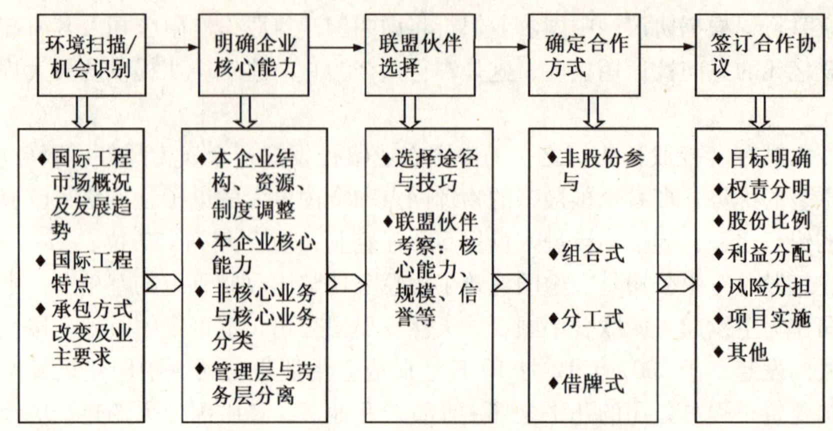

图 9-3　国际工程企业联盟构建一般过程

联盟伙伴的选择是国际工程企业联盟构建过程中最重要的工作环节，其基本做法是：

(1) 充分分析本企业面临的宏观、中观和项目环境，企业自身掌握各种资源的状态，在国际工程价值链中的优势及劣势，根据企业战略目标的需要，选择确定战略联盟模式。

(2) 根据具体工程项目特点，以“优势互补、提高竞争力”为原则，获取充足的信息，选择在工程项目的核心工作内容中专业技术能力强的企业作为合作伙伴。越具有互补性的公司，越有条件成为最终的合作伙伴。

(3) 了解双方最高管理者是否有强烈的联盟意向、长期合作意图和互惠互利互谅互让的意识以及合作伙伴各方主要领导者的处事风格等，这些都将在很大程度上影响日后合作开展得顺利与否。

(4) 通过各种形式的考察，尽可能详尽地掌握合作伙伴的第一手资料，从而准确地掌握合作伙伴在类似工程项目上的信用水平、管理水平、财务状况、资金运作实力、技术水平和履约能力。

(5) 选择合作伙伴是一种战略性决策，是一个双向选择、互动博弈的过程，风险性大、干扰因素多、又有紧迫性、对未来工作的影响大，所以既要谨慎又要高效、经过慎重选择、评估之后才能最终确定。

(6) 具体项目的合作伙伴不宜选择太多，最好有一个较长期性的合作关系，尽量做到同一个联盟在多个项目上长期合作，这样有助于双方专心维系联盟关系、增进了解、降低合作成本、长期发展。

合作的项目越大越复杂，挑选合作伙伴时需要考察的方面就越多，可以把需要考察的各个指标列成表格，作为开展合作伙伴考察评价工作的参考工具，如表 9-1。

合作伙伴考察表　　**表 9-1**

考察方面	具体考察内容
总体概况	企业所在地、企业规模和分布、所有制形式、发展历程、战略目标、业务范围、经营状况等
管理机制	管理模式、组织机构设置、决策方式、管理运作方式、企业文化、差异协调能力等

续表

考察方面	具体考察内容
合　　作	合作诚意、投入意向、互利意识，合作方最高管理层和项目管理层熟悉程度、关系融洽程度等
类似项目经验和业绩	近五年来已完成的相同或类似工程业绩情况；主要参与方对合作伙伴的评价；已完成类似工程的运行情况等
财务状况	近三年的经过审计的财务报表，项目融资能力
人员资质	人力资源情况、项目团队主要人员相关项目经验、人员相关资质证书拥有率、关键管理和技术专家的提供等
资源共享	国际国内业务网络，当地业绩及影响力，合作方人员、技术、资金、设备、物资、信息、业绩和经验相互支持能力等
工作分工	项目工作范围、各方优势及工作分工意向、各方工作分工和关系能否达到各方满意等
协调能力	同当地政府、当地民众关系的密切程度和沟通协调能力，同业主、监理、设计、总包或分包商、供应商、银行等的关系和合作经历等
项目实施	项目控制、合同管理、现场管理制度与能力、HSE和质量管理、风险管理等现状

在基本确定战略联盟合作伙伴以后，还要进行进一步的洽谈及协商，确立具体的联盟合作关系。在谈判之前，应做好以下工作：

（1）明确本企业的战略目标及通过合作谋求的机会和利益；

（2）了解合作伙伴的战略目标以及合作伙伴希望在合作中得到的机会和利益；

（3）清楚本企业的优势劣势及未来伙伴的优势劣势及其互补性；

（4）本企业准备为合作履行的职责和支持、提供的义务；

（5）本企业期望合作伙伴为合作履行的职责和支持、提供的义务；

（6）本企业不能提供的东西；

（7）本企业可以让步的底线；

（8）与合作伙伴间的关系是否包含单方面或双方面的排他性；

（9）预测对方可能提出的所有核心问题及应对原则；

（10）考虑合作后可能产生的问题、争议和风险及预防和应对方面的考虑。

在进行洽谈协商过程中，主要事项包括：

（1）让各方确信，为了达到各自的目标，合作是最好的方式；

（2）各合作方对联盟基本目标的确定，目标、范围、利益和结构等的规划及需要优先实施的问题；

（3）确立联盟管理的结构、工作分工及对联盟的管理；

（4）确定日常和决策层的领导，确定牵头公司并代表战略联盟与业主联络交涉；

（5）制订利润与风险的分担方式，在共享利益、共担成本和风险问题上取得一致，包括确定价格原则并明确各方的支付及结算方法，投标保函和履约保函的分摊方式；

（6）各方所提供的技术及管理人才等人力资源部署；

（7）各方提供的技术以及对技术知识产权保护的措施；

（8）确定合作协议的形式和内容等；

(9) 建立保密制度和措施；

(10) 开始发展真诚的私人友谊。

2. 联盟中各成员的合作原则

为保持企业联盟能够良好运行，合作各方应当遵循如下原则：

(1) 合作各方之间建立互信

在联盟内，合作伙伴间既有共同的利益，又有各自自身的利益。在对待各种利益分配时，合作各方必须建立互信，充分合作，既要积极争取自身的利益，亦要充分考虑合作伙伴的利益。由于联盟是企业间能力的一种互补，因此，在国际工程企业联盟中合作伙伴彼此之间对能力的信任也很重要，将影响工程项目的开展和效率的提高。

(2) 合作各方目标协调一致

各联盟伙伴的长期目标应该是协调一致的，为了共同目标，各方应以"做得最好"为指导方针，随着环境的变化和各方义务的履行，工作目标、方式和内容可做周期性的调整。

(3) 以合理性寻求解决方案

在每一问题的解决上，首先考虑各方的意见，根据合理性（而不是地位或压力）寻求最好的解决方案，并寻求双方更深入的共识，可通过公平增加彼此的信任。

(4) 合作各方的受益对称

建立战略联盟必须基于各方的实际需要，充分发挥各方的优势，实现要素互补，同时要保证联盟各方受益的对称性，依据每一方的贡献分享得失。共享要公平，但并不意味着相等。

(5) 合作各方之间相互尊重

由于联盟内部成员来自于不同企业、不同的专业领域、不同的地域、甚至不同的国家，因此，各伙伴的管理模式及风格、文化氛围、员工语言、文化、行事特点等方面会存在明显差异。在项目执行过程中，从管理层到实施操作层，各成员应相互尊重，减少摩擦及误会。联盟伙伴之间的友善与信任能够提高对伙伴行为的宽容度，有助于避免冲突。

二、国际工程企业战略联盟管理

1. 联盟中的风险

结合国际工程项目的特点，战略联盟风险大致可以划分为三类：

(1) 来自外部环境的风险

指在国际竞争环境下企业联盟运作产生的风险，在国外承包工程通常比在国内承包工程更具风险性，国际工程联营体外部环境风险包括：经济环境风险、市场环境风险、社会环境风险、政策及法律法规风险和自然环境风险。

(2) 来自企业联盟内部的风险

指由于两个或两个以上合作方参与到联盟中而产生的风险，具体包括：选择合作伙伴失误、联盟成员战略目标的不一致、联盟内部管理混乱、联盟协议中各方责权利规定不明确、联盟成员风险分担与利益分配不合理、合作者的机会主义行为等。

(3) 与国际工程项目有关的风险

指在项目实施全过程中可能遇到的风险，从项目的整个生命周期来看，主要包括：项目决策风险、筹资融资风险、设计风险、投标报价决策失误、进度风险、成本风险、质量风险、安全风险、纠纷及索赔、工程款项支付风险、环保风险、运营风险等。

2. 联盟的运行管理

对于国际工程企业联盟的管理，是指企业按照其经营目标的需要，全面分析研究国际工程市场及环境因素，同时考虑企业的自身资源条件和目标，权衡利弊得失，选择最佳战略组织形式和管理制度，以保证国际工程企业联盟合理运转，充分实现多方经济利益的一种过程。

针对国际工程特点以及战略联盟中的问题和风险，对于联盟的管理主要包括以下内容：

（1）明确战略联盟目标并协调一致，形成共同价值取向

由两个或两个以上不同合作方组成的国际工程企业联盟，应建立一套明确的共同目标体系，并围绕着共同的战略目标建立起相互补充相互发展的合作关系。各方就目标达成一致是合作成功与否的关键，因此，应充分研究联合的可行性，在对各方的资源、能力、市场潜能和企业现有优势分析的基础上，努力协调使各方在短期目标与长期目标上都达到保持一致。合伙各方不应偏重于逃避风险或降低成本等狭隘的目标。

（2）建立联盟成员间的信任机制

建立合作伙伴之间的信任关系是降低企业战略联盟风险的最有效的手段之一。应努力建立一套相互信任的产生机制，使其与联盟属性和要求相互吻合，相互适应，以确保整个联盟形成协同效应。通过管理培训、鼓励非正式接触、提高行为和策略的透明度等来增进友善合作，消除彼此的隔阂。

（3）制定科学的合作协议

合作协议是十分重要的法律性文件，它关系各伙伴之间的责任承担、权利分配、利益占有、风险分担等重要事项，所以联盟在实际运作前应共同签署一份联盟协议，详细规定伙伴在联盟内的责任、权利和义务。由于伙伴之间不可避免地会有利益冲突和争议，所以，联盟各方应本着平等互利、友好信任的原则拟定合作协议，注重其科学性、公平性、可行性、严谨性和详尽性。为有效地进行协调管理，还应建立一套相对完备的正式的处理问题程序，如定期协调会、风险评估会、质量分析会等。

（4）建立合适的组织机构

组织机构是企业保持战略联盟整体的内在联系的方式，决定整个联盟的运行效率。由于国际工程企业联盟形式多样，不应局限于单一的组织结构，应根据联盟的属性及工程项目特点具体设计合适的组织结构。根据国际上成功的经验，有效的国际工程企业联盟组织机构必须能对国际工程市场发展趋势和竞争条件的变化做出迅速而灵活的反应，必须具备广泛健全的信息反馈网络。

（5）保护联盟各方的技术资产

在结成战略联盟后，加盟各方都要投入资金、技术、人力等生产要素，这便产生了合作各方之间技术资源分享的问题。决策人员必须分析各方技术资产的性质，区分独家或专有技术以及来自其他技术供给方的一般技术，保护联盟各方的技术资产。

（6）沟通文化间的差异，创造新的企业文化

应充分认识结盟各方企业文化、管理势态和经营方式的异同，超越双方的文化鸿沟，

构建国际工程企业联盟内部新的文化环境。

(7) 把握灵活性

合作各方应注重把握处理问题的灵活性，根据工程项目的情势变迁达成谅解、通过互利的方式寻求至少被各方部分满意的解决办法并协调一致。

(8) 在联盟过程中积极学习，不断创新

联盟就是借力，应充分利用合作的机会，在项目开发和经营上向联盟伙伴学习，努力提高自身的竞争能力。

第三节 联盟方式增强企业柔性

在国际工程规模大、技术和实施过程日益复杂，承包方式发生深刻变化及业主要求多样化的环境背景下，柔性成为国际工程企业亟待提高的一种能力。根据中国国际工程企业的特点，选择以企业联盟的方式应对国际竞争，符合当前国际工程企业发展趋势，是提升企业竞争力、增强企业柔性的一种有效而实用的手段。以下主要从资源、能力、组织、战略四个角度分析企业联盟对于企业柔性的增强效用。

(1) 对资源柔性的提高

基于资源的企业竞争力理论认为，企业发展的关键在于掌握有价值的资源。由于企业发展的动态性，能够支持企业有效变化的资源应当成为有价值的资源。当企业应对多变的环境时，往往需要改变现有资源的用途及资源间的配置关系。无法适应环境变化的资源将失去其价值，而能够适应变化需要的资源的价值将提高。因此，资源的柔性成为判断其价值的重要标准。

对于国际工程企业联盟来说，通过联盟各成员资源的有效整合，将使联盟整个资源价值链得到优化和完善，应对国际工程市场环境变化及业主多样化要求也显得更为游刃有余。按照桑切斯对资源柔性评价的三个维度，以下通过对国际工程企业联盟中的人力资源、技术资源、物料资源、设备资源、财务资源、信息资源、品牌资源等进行分析，概括企业联盟对于资源柔性的提高，如表9-2。各资源间的互动与联系如图9-4。

国际工程企业联盟对于企业资源柔性的提高　　表9-2

类别 维度	人力资源	技术资源	物料资源	设备资源	财务资源	信息资源	品牌资源
资源利用范围	管理人员综合能力有所提高，复合型人才增多；各类技术人才满足工程需要，利于项目实施，满足业主要求	有效整合联盟伙伴核心技术，提高联盟技术实力，保证工程项目顺利实施	利用联盟成员的经验及采购网络，对建筑材料采购实行有效管理，降低成本	有效整合和利用联盟各成员设备资源，扩大业务范围，应对不同工程项目	通过银企联盟或利用联盟成员拓宽融资渠道，承接对保函、担保、融资要求高的项目	通过建立先进的网络沟通平台，加强联盟成员沟通交流，共享信息资源，把握市场机会，扩大业务范围	通过联合经营，充分利用各成员品牌优势，扩大联盟影响力，拓展业务范围

续表

类别 维度	人力资源	技术资源	物料资源	设备资源	财务资源	信息资源	品牌资源
资源转换难度	与国际先进工程企业高素质管理人才合作，在“干中学”，培养更多复合型管理人才，应对复杂国际工程项目及业主要求，降低替代成本	有效利用联盟成员技术优势及社会网络，对分包及供应商进行选择与管理，降低项目资源转换成本	建立广泛多样的物料采购、运送网络，满足工程建设需要	根据具体项目特点，综合联盟各方施工机械和设备资源情况，调剂机械设备安排，提高工作效率，保证工程顺利实施	提高融资能力，满足EPC、BOT等各类项目对融资的要求，并降低融资成本	通过联盟企业之间及与异地项目部门之间的信息交流，提高信息资源的可获得性、共享性和实用性	利用联盟成员专业优势和互补，实现专业精细化和品牌共享
资源转换时间	积极学习联盟伙伴先进管理思想及经验，掌握多种技术、胜任不同工作岗位，有效处理项目实施过程中的问题及风险，减少替代时间	利用联盟优势对不同工程项目进行合理组织安排，提高项目实施效率，保证工程进度	通过实现本地化，降低采购成本及缩短运送时间；利用联盟中先进的配送渠道，缩短物料采购及运送时间	通过向项目当地企业租用或利用联盟成员社会网络，缩短机械设备进场时间与成本	利用联盟优势，借助金融机构力量，提高融资效率	及时全面把握市场动态，利用信息技术对项目进行有效管理，缩短应对时间，对变化及风险及时做出反应	发挥各自品牌优势，打破市场壁垒，快速获得竞争优势

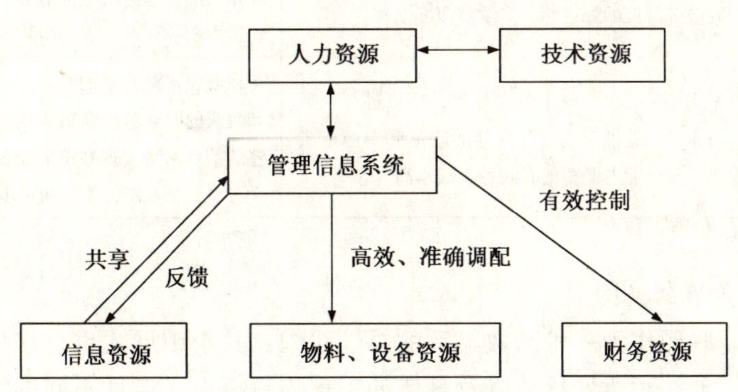

图9-4　资源间的互动与联系

(2) 对能力柔性的提高

能力柔性指的是企业在应对环境变化的过程中，采用探索式的方式发现新资源并整合、配置各种资源以使资源发挥更大价值的能力选择范围。能力柔性中所说的“能力”是使用资源以达到特定目标的一种力量，相应地，能力柔性涉及企业的学习、探索、创新及调整的力量。构成能力柔性的上述要素能否相互协调作用，以使企业的能力在适应性、开拓性和竞争性上有充分的体现是能力柔性效果的反映；另一方面，能力的发挥程度与资源的支持程度密切相关。因此，能力柔性不仅包括其自身构成要素的整体协调，还包括资源与能力的相互促进。

国际工程企业联盟在提高资源柔性的同时，也极大提高了能力柔性。首先，由不同伙伴凭借各自核心优势组成的联盟能够较好地优化完善资源链，使企业间通过资源的共享互补更合理地配置资源、扩大资源应用范围、提高资源柔性、更有效率、低成本地完成工程项目并实现战略目标。其次，在较为灵活的联盟结构中，各成员构建的网络系统有助于联盟成员间的相互沟通学习，提高各自的竞争能力与协调能力。通过各成员的信息传递，能够实现信息共享，增长企业对市场的触角，增强企业整体系统对市场反应的灵敏性，同时也提高了企业探索新资源及资源新用途的能力，扩大了探索的途径，更好应对环境变化。国际企业联盟还能增加企业学习机会和范围，提高企业的学习创新能力，使企业能够获得持续的竞争优势。表9-3从环境变化的适应、业务的开拓、能力的调整三个维度对国际工程企业联盟提高企业能力柔性进行了分析。

国际工程企业联盟对企业能力柔性的提高 **表9-3**

类别 / 维度	非联盟形式国际工程企业	国际工程企业联盟
对环境变化的适应	依赖于企业自身的社会网络及信息收集系统，针对市场环境变化做出相应调整，资源及能力有限	充分整合各成员资源、共享信息网络，对市场变化快速做出反应并优化资源配置，提高竞争力，增大中标机会并较好地完成项目，在国际工程市场保持优势
对多种业务的开拓	在企业自身资源及核心能力基础上，有选择地开展业务，发挥自身优势以在国际市场上立足，但在业务开展的综合性、广度及深度上都有所限	通过联盟可以优化建筑业的价值链结构和完善资源链，整合各成员的核心技术和能力，在业务开拓的广度和深度上能有较大提高，增强了总承包能力
能力调整的经济性	根据市场变化、业主要求及项目特点进行企业自身调整，通过企业自身内部的改革和资源配置谋求发展。能力调整的时间长、成本高	在联盟资源共享的基础上，可以以较低的成本和较快的时间获得联盟中的资源和技术，通过共建的信息网络实现知识的交流，利于隐性知识的学习，使企业能力调整和进步更快，成本更小

(3) 对组织柔性的提高

国际工程企业联盟作为一种高效灵活的柔性组织，其组织形式也是多样的，应根据各组织成员的性质、资源和所处环境以及具体的工程项目特点，设计不同的组织结构。其组织设计原则强调：动态、快速、灵活地掌握市场变化和把握市场机遇；知识、能力等无形要素的合作，并且在无形知识的"共享"过程中创造更多的价值，实现知识能力的创新。

由于企业联盟的自主性及成员间边界的模糊化，借助先进的信息技术，使交流沟通更为紧密方便。通过在工程项目上的合作，可以使项目开展更为有效，使联盟成为组织学习的捷径。

(4) 对战略柔性的提高

战略柔性是企业借助其更高级的知识和能力，通过调整其目标来适应不确定环境的能力，在原有战略的基础上更多地考虑环境变化并加入可能的措施，通过能力的提高来使这一战略获得有效的调整。

在国际工程企业联盟中，包括资源、能力及组织的柔性得到较大提高为战略柔性提高提供了必要的条件和物资、组织支持。企业能够充分发挥联盟优势，根据国际工程市场环境变化、工程项目特点及业主要求，灵活调整战略目标并有效实施，提高决策效率，达到全面提高企业柔性的目的。

案例　振华公司以多种联营方式开拓香港市场

作为中国港湾建设（集团）总公司在香港的代表，振华工程有限公司的海事工程业务一直是公司的强项，从1998年起公司开始采用强强联合、优势互补、实现双赢的策略，积极联合国际和香港承建商，竞投香港大型基建工程和新技术项目。

香港西铁荃湾填海工程要在原荃湾海堤向南70m建造新斜坡式护坡堤，在新海堤内填海，填海土地用作建造西铁荃湾站。振华公司为该项目竞标，采取了联合国际承建商的策略，主动与英国承建商合作组建联营体，联营体于1999年以2.56亿港元的极具竞争力的标价获得合约。振华公司管理层根据联合经营的需要及该项目标价低、工期紧、技术操作复杂、风险高的特点，在项目动工之前就组织了管理实力很强的项目组投入工作，并在项目实施过程中一直保持及时决策，工程进行期间从未发生延期，工程在19个月内按合约顺利完工。

振华公司虽然在土建方面有一定实力，但一直以来，隧道项目并非公司的强项。因此，振华公司与香港当地承建商联合，凭借自身优势及合作伙伴在隧道工程方面的经验，成功获得了地铁公司香港东区/蓝田隧道及地盘基础建设工程。该工程不仅使公司获得了地铁隧道的工程经验，而且通过对联营伙伴在管理方面的观察和学习，促进了公司工程管理的进步。

振华公司还在新技术项目上进行联营运作，为进入新技术领域奠定了基础。2001年3月公司与澳大利亚公司合作，引进合作方先进的隧道掘进机及施工技术，获得香港西九龙雨水排放系统改善工程第二阶段启德机场中转项目合约。该项目使公司在隧道掘进技术以及Partnering管理方式两方面积累了经验。2001年6月公司引进加拿大的环保技术，赢得了城门河环境改善工程。该工程范围包括以生化处理技术处理河泥、疏浚河道、环境监控及检查。在联营项目的设计和施工中成功地将原来主要使用在湖泊环境中的生化处理技术应用在受到潮汐影响的香港河道中，为该项技术的应用发展做出了贡献。

案例　中国公司联合承建阿尔及利亚公路项目

阿尔及利亚高速公路全长1216km，贯穿阿国24个省区，待建路段927km，分三个标段，中段长169km，西段长359km，东段长399km，总投资约112亿美元。全线东连突尼斯，西接摩洛哥，连通马格里布五国集团广大的沿海地区，极具经济和战略意义。建设这条高速公路所需资金全部由阿政府自筹，属现汇项目。阿国政府通过国际招标方式进行工程建设，其国内公共工程承包商只能完成全部工程量的20%，剩余的80%须国际大型工程承包商参与完成，该工程能创造10万个就业机会。来自法国、意大利和加拿大的三家国际咨询公司作为业主招标的代理顾问，为业主提供选择优秀承包商的招标方案，以保证最佳投标人中标。工程建设项目于2006年7月正式启动，阿国政府要求该项目2009年竣工。

2005年10月，阿尔及利亚东西高速公路项目国际招标信息公布，引发了一场全球性的激烈竞争。来自法国、美国、日本、德国、葡萄牙、意大利和中国等64家工程承包商组成的7家投标联合体参与角逐。其中包括ENR2005年225家“全球最大承包商”排名第1的法国万喜公司、排名第5的美国柏克德公司、排名第7的日本大成建设、排名第8的日本鹿岛建设、排名第22的德国贝尔芬格伯格公司和排名第41的意大利IMPREGLIO公司等国际建筑业巨头。中国中信集团牵头与中国铁道建筑总公司组成的中国中信——中铁建联合体参与了全部3个标段的竞争。

2006年5月16日，阿尔及利亚政府正式向中信——中铁建联合体发出中标通知书并同时对外公告：中国中信——中铁建联合体以技术和商务综合评分第一中标阿尔及利亚东西高速公路中、西两个标段工程，框架合同总金额约为62.5亿美元，最终合同金额将达70亿美元。日本6家公司组成COJAAL联合体中标东段标段工程，框架合同额约为52亿美元。这是中国工程承包商有史以来在国际工程承包市场上获得的单项合同金额最大的国际设计—建造总承包项目。

中信为联合体牵头单位，占49%的份额，中铁建占51%的份额，中信和中铁建分别负责该项目西段和中段。本工程总设计方是中交第一公路勘察设计研究院；施工方是中信国华国际工程承包公司、中国土木工程集团公司、中铁十二局以及阿国当地的分包商；总承包方设备主要供应商包括瑞典的沃尔沃建筑设备有限公司、日本的丸红株式会社、德国宝马格公司和戴纳派克公司，中国的广西柳工机械股份有限公司、长沙中联重工科技发展股份有限公司、三一重工股份有限公司、福建南方路面机械有限公司、山东山推工程机械进出口有限公司、陕西重型汽车有限公司、上海鼎新电气（集团）有限公司等。物流商有阿特拉斯科普柯中国香港有限公司、瑞典的山特维克矿山工程机械有限公司、中国的山东双轮集团股份有限公司以及上海远通路桥有限公司等。

中国国内众多的设备制造厂、施工和劳务企业成为中信——中铁建联合体总承包商的供应商和分包商，通过“借船出海”的便捷方式参与到海外建筑市场中。

中信——中铁建联合体以高于竞争对手的价格一举中标阿尔及利亚东西高速公路项目，突破了以往中国承包商以低价中标的历史。业主在法定公示期间对投标人进行的答疑会上，解释了选择中信——中铁建联合体中标的主要理由：

（1）联合体制定了出色的项目实施方案；

（2）联合体具有整合、组织国内外资源的强大能力；

（3）联合体具有强烈的社会责任感。

实际上，联合体是一个有强大综合实力的国际跨国企业集团，中信集团有很强的融资能力，中铁建有很强的施工能力。联合体组成了阵容强大的做标班子，包括国际一流的咨询公司、熟悉当地情况的当地咨询公司、国内一流的设计、施工单位等。联合体制定了大量高水平的技术方案、设计方案、融资方案以及运营方案，得到了政府的高度认可。

该国际工程投资所需资金由阿国政府自筹解决，是现汇项目，但从投标过程来看，承包商的财力和融资能力的高低依然是获取承包权的重要因素。参加三个标段的投标，需开具的保函额就达1.08亿美金。竞争对手都是ENR排名前列的国际建筑业巨头，都具备强大的融资能力。在投标之初，中信集团率先通过中国驻阿大使馆向业主方递交了以融资 + EPC 为主要运作模式的“项目实施建议书”；在正式投标书中，中信——中铁建联合体提出了有价值的融资方案和运营方案，这都有利于赢得承包权。

中信——中铁建联合体之所以赢标，还有一个重要因素是该联合体在投标文件中向阿国明确承诺了一系列回报社会行动计划，包括建立技术工人培训学校、培训机械操作手和设备维修工；在沿途村镇为当地人民修路、建学校；进行农业良种引进和培育以及普及工作；请中国医疗队的专家组成流动医疗站为当地人民免费治病；提供当地就业机会并帮助提高当地公司的业务能力。上述行动计划表现出了中国国际承包商的社会责任（CSR），也是跨文化协同的具体体现。

中国工程承包商获取该项目的承包权，体现了战略联盟、“资源—金融—技术”能力集成和跨文化协同柔性化战略在国际建筑市场竞争中的重要性。

第十章　Partnering 柔性策略

第一节　Partnering 管理模式概述

一、Partnering 管理模式的定义

当前的国际工程建设领域，传统的风险转嫁、利益对抗的管理理念正逐步发展为通过建立合作机制实现多赢。协作也是生产力，只有合作与协调，才能减少各种形式的重复与浪费，使工作变得更有效率，才能借助于彼此的核心能力创造新机会来扩大利润，提高各方的综合效益。Partnering（可直译为“伙伴关系”或意译为“合作管理”）成为国际建设工程领域体现合作多赢理念的一种新的管埋模式。Partnering 管理经营观给传统的工程建设领域带来新的理念，致力于通过沟通、协作，用更策略、更具创造性的方式来解决问题，实现各方共同获益。

美国土木工程师协会将 Partnering 定义为将业主、承包商和工程师等各方利益整合为一个共同项目目标的一种努力，Partnering 关注的是业主、承包商和工程师之间进行的项目管理上的合作。根据这个思路，可将 Partnering 理解为一种协同作用，即合同有关各方通过合作与协调，用最有效率、尽可能发挥成本效用的方式来完成项目，设置共同目标、保持开放的沟通渠道、共同解决存在的问题。美国建筑业协会提出 Partnering 是双方或多方为实现商业目标的一种长期约定，使得各方资源能发挥最大的效益，突破传统的组织界限，达到一种共享的文化。这个关系是建立在信任、对共同目标的贡献，以及对各方期望和价值的相互理解之上的。

对 Partnering 管理模式的核心内容可给出如下诠释：

（1）项目各方确立共同目标，彼此认同、理解对方的期望和价值。

（2）项目各方有效沟通、协调，形成一个合作的超越传统组织边界的项目团队。

（3）项目各方建立有效的冲突处理程序，及时发现问题、解决矛盾。

（4）项目各方实现信息共享和重要资源的共享。

这一新型关系的基础是相互信任，并期望通过这一模式获得如下收益：减少冲突，提高工作效率、节约费用、提高长期收益、激励创新、持续改进产品和服务质量、提高客户满意度。

二、Partnering 管理模式柔性化特点

在国际工程建设领域，Partnering 可以在向一个新项目投标时形成，也可以在执行合同时形成，或在组织发展中形成。Partnering 关系又不同于联合体（Joint Venture），联合

体是双方或多方为了在项目上发挥各自优势形成的一种联合，是联合各方组成的一个新的法律实体，这种联合往往是两个或多个承包商（或与设计单位、供货商联合）面向作为第三方的顾客（业主）的，联合体各方按具有法律效力的联合体协议进行责任、义务和工作上的分工。Partnering 关系通常并不具备法律上的效力（Partnering 协议一般没有法律效力），参加 Partnering 的项目各方可以随时自愿加入或退出 Partnering 关系。

将 Partnering 模式与传统项目管理模式加以比较分析，如表 10-1。

Partnering 模式与传统项目管理模式比较 **表 10-1**

类 别	传 统 模 式	Partnering
目 标	项目要素的量度和评定标准弹性差异大：承包商偏好追求成本、工期等硬指标的实现，而质量、风险等软指标对业主的影响亦甚大，造成目标差异。如业主压价，承包商过于追求低成本等	将建设工程参与各方的目标融为一个整体，在实现甚至超越业主预定目标的同时，充分考虑项目其他方利益，着眼于不断地提高和改进。建立绩效评价、激励机制，使项目各方在共同目标前提下有正确处理项目要素关系的积极性
信 任	信任建立在完成建设工程能力的基础上，因而每个建设工程均需组织招标（包括资格预审）	信任建立在共同的目标、不隐瞒任何事实以及相互承诺的基础上，长期合作可以采用议标的形式
沟 通	业主、设计师、承包商、工程师各方对项目信息的掌握是不对称的，沟通不充分使各方工作导向产生偏离，在项目实施过程中发生相互违背的行为	建立 Partnering 沟通机制，信息对相关各方透明化公开化，借助一体化信息系统，信息传递及时准确
冲 突	随着工程进行会不断出现新情况，引起工作范围、设计、资源安排、工程量、进度等方面的变化，造成项目参与各方的讨价还价，发生利益冲突。可能因争议多、数额大，导致仲裁或诉讼	由于项目参与各方期望保持长远关系，在解决问题过程中彼此合作的可能大大增加。通过项目状态评价和冲突处理机制进行协调控制，预见和避免潜在问题，及时化解冲突，防止积重难返。争议和索赔少，甚至可以完全避免
合 同	传统的具有法律效力的合同	在具有强约束力的传统合同基础上加上具有软约束力的 Partnering 协议
期 限	合同规定的期限	既可以在一个建设工程上开展合作，也可以在多个建设工程上长期合作
回 报	根据建设工程完成情况的好坏，施工单位有时可能得到一定的奖金（如提前工期奖、优质工程奖）或再接到新的工程	认为建设工程产生的结果很自然地已被彼此共享，各自都实现了自身的价值；有时可能就建设工程实施过程中产生的额外收益进行分配或再开始新的工程

需要说明的是，Partnering 管理模式并不是一种单独的项目管理模式。采用其他项目管理模式的同时，均可以采用 Partnering 模式对其他管理方式进行优化。

根据 Partnering 管理模式的特点，Partnering 尤其适用于下列项目：

——业主长期有投资活动，并期望项目的实施较之以前能在成本、工期等方面得到进一步改进。

——业主项目多，接触到的设计、承包商、供货商众多，业主试图通过前期项目合作从中筛选出满意的合作伙伴以继续进行合作。

——投资多、设计复杂、采用新技术、实施难度大。

——环境复杂、不确定性因素多。

——具备资格和能力的承包商数量少。

——具有重大政治意义，关系政府形象、公众瞩目。

根据近年国际上应用 Partnering 模式的工程项目实践，与传统方式相比，采用 Partnering 模式表现为工期更有保证，工程变更、争议、索赔费用大幅下降，客户对工程质量的满意度显著提高，团队成员的工作关系明显改善。Partnering 是建设领域通过机制创新获得新的利润源的一项尝试，也是企业竞争优势的新来源。美国、加拿大、英国、澳大利亚、新加坡、中国香港等国家和地区近年对 Partnering 多有成功尝试。

第二节　Partnering 管理环境下项目管理机制框架模型

管理方式的柔性化是当前管理实践发展的一个趋势，Partnering 管理模式便是在各方签订合同之后，再通过 Partnering 协议构建的一种柔性化的项目管理机制。Partnering 管理模式下的项目管理机制以 Partnering 协议为基础，以 Partnering 管理为手段，以目标实现机制为核心，基于此，可建立如图 10-1 所示基于 Partnering 管理模式的项目管理柔性机制框架模型。Partnering 五大机制像车轮推动项目组织列车奔向共同目标，其形象的图示如图 10-2 所示。

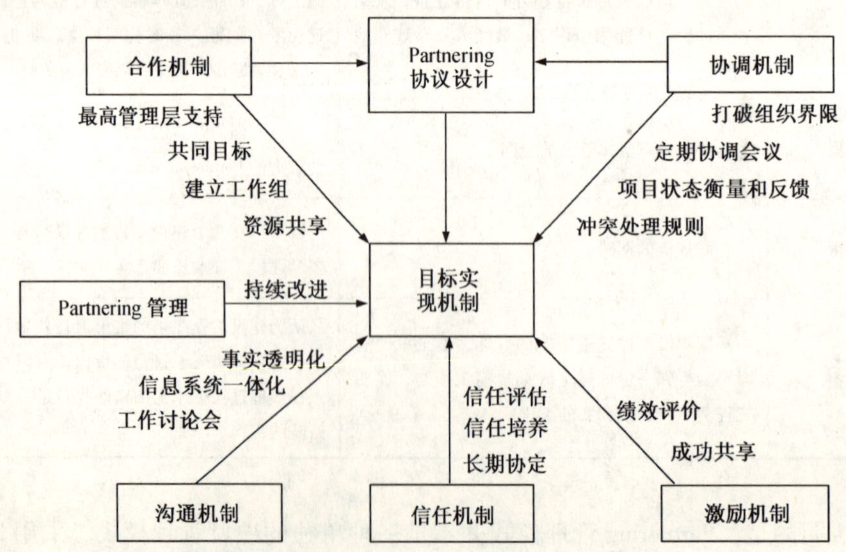

图 10-1　基于 Partnering 管理模式的项目管理柔性机制框架

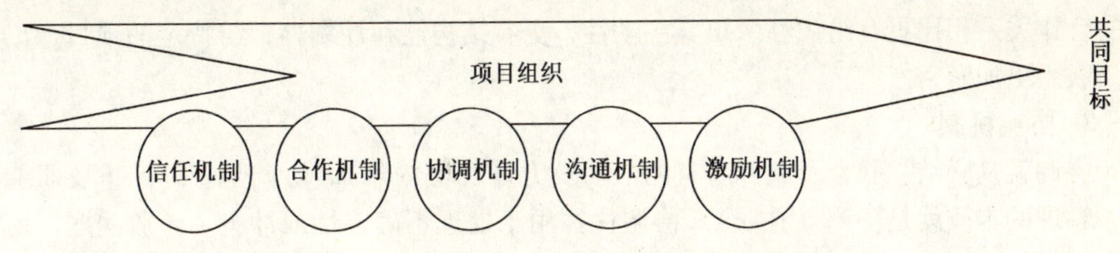

图 10-2　五大机制推动项目组织实现共同目标形象图

并对 Partnering 五大机制加以阐释：

1. 信任机制

“信任”即相信而敢于托付，是思想上的一种心理认同。

信任包括对自己的信任，即相信自己能够真正重视项目目标、正确行事，成为值得信赖的合作者；还包括对合作伙伴的信任，在项目合作方之间的信任关系上，信任可以通过过去的合作经历来建立（虽然信任不是行为本身，但信任可以通过正确行事的过程中发展起来），还可以通过企业良好的品牌、社会声望、口碑而自发产生，也可通过资格审查及对另一方的深入了解而产生。在工程项目上，项目组织结构和项目成员关系可以明显地影响到信任的发展和信任表现的形式，信任又会反过来改变人与人或组织与组织之间的关系。信任还包括对合作进程的信任，这样当出现问题时，能依赖合作程序采取相互支持、优化结果的措施，而非逃避责任、相互拆台。

Partnering 管理的信任机制体现在长期协定（在战略 Partnering 模式上表现得尤为明显）、信任评估（在项目 Partnering 模式上表现明显）和信任培养等方面。Partnering 管理中的长期承诺，实施有效的团队建设，在各方之间建立“干好项目、共同受益”的氛围，培养亲和力，确立并发展共同目标，创造学习沟通的项目文化氛围等都是强化信任机制的具体体现。F. D. Lazar（2000）认为 Partnering 管理应建立在发展信任、解决争端、博弈论、社会心理和组织行为领域的模型和理论的基础上。可见，信任机制是 Partnering 管理的一个重要的前提性的机制，可以说没有信任，其他的管理机制是无法正常运行的。

2. 合作机制

“合作”即互相配合做某事或共同完成某项工作。合作是合作双方如何对一方或双方采取行为的表现形式，而信任是引发合作的重要原因之一，尽管其他许多原因（如被迫或强制）也能导致合作的产生，但只有自愿的合作能够产生信任，而被迫或强制则难以产生信任。

项目环境决定了各方合作的重要性。工程项目的不确定性、分工多样性、复杂性、目标约束性等特征都对各方的合作提出了要求，而合作的程度和水平依赖于项目上合作机制的运行状况。只有积极合作，才能提高创新动力和机会，最终改善企业的获利能力。

可以说 Partnering 管理的益处大都是从改善各合作方之间合作方式而衍生的，包括建立在多赢互利理念之上的各合作方之间传统组织界面及其运行模式的变革，这种变革是多边的、互动的。Partnering 管理模式的合作机制体现在最高管理层支持、共同目标、建立工作组、发挥各方的经验技能和资源效用等多个方面。上述机制使 Partnering 与一般意义上的合作关系相比更有组织性、更具主动性、更有结构性和计划性，与特定的项目产出和结果联系更加紧密。

3. 协调机制

协调就是联结、联合及调和所有的活动及力量（法约尔）。协调是管理的重要职能之一，管理的本质就是协调（孔茨）。协调往往用于处理不确定性或冲突、矛盾问题，协调各方常常处于信息不对称状态。协调是在自觉、自愿、自主的条件下实现的两个及两个以上主体间的行为配合，协调的过程是通过协商各方（或一方）达成妥协的过程。协调的目的就是取得协助，使协作各方协同一致，齐心协力，实现目标。协调在组织管理中具有其他职能无法取代的作用；缺失协调，其他管理职能将无法发挥和实现。

工程项目涉及方多，在实施 Partnering 的项目中，各方既有共同目标，又有各自的目标；既有整体利益，又有各方利益。各方任务间的依存关系越强，越需要较多地相互沟通和协调，最大限度减少冲突。各方对协调事件的态度受下列事项的影响：相互间信任的程度、各方在项目中所处的地位、协调事件本身的影响程度、各自目标的相容性、协调预期的影响、当事人的观念、经验、性格、权限等。

Partnering 管理的协调机制具体表现为打破组织界限、及时决策、定期协调会议、项目状态衡量和反馈、减少索赔、消灭诉讼、建立冲突处理规则、提高冲突处理的及时性和效果等。

4. 沟通机制

“沟通”即使双方能通连。团队绩效理论认为：任务的明确度越低，各项任务间的依存关系越强，任务越复杂，越需要成员充分地沟通、协商、讨论，广泛获得各方信息，依赖团体的力量。

工程项目实体是可视的，而沟通往往是不可视的，实施 Partnering 管理要完成的重要工作之一是通过程序、过程和文件的形式使沟通变得具有可视性。

Partnering 沟通机制体现在事实透明化、信息系统一体化、召开工作讨论会、创造开放氛围、自由地提出意见建议、开诚布公地进行交流等方面。Partnering 特别强调各方 Partnering 工作组成员间的沟通交流。Partnering 通过诸多沟通机制将项目各方聚集在一起，具有公开性和包容性，为各方工作之间的协作起到了牵线搭桥的作用。

5. 激励机制

就其本质而言，激励是表示某种动机所产生原因，泰罗制的创始人认为管理首先是一种完全的心理革命，是激发各类人员的责任感，使每一个人的工作效能和潜力都能得到充分地发展。项目激励机制的合适与否会对项目整体效果产生重要影响。

激励的方式是多样的，可分为如下类型：

（1）目标激励和任务激励。前者通过组织成员参与目标的制定，使其体会到自身的价值和责任，使个人目标和整体目标相一致。后者则通过让个人肩负与其才能相适应的重任，在完成任务的过程中获得精神上和物质上的满足。

（2）物质激励和精神激励。前者是从满足人的物质需要出发，对物质利益关系进行调节，如按劳付酬、奖金红包等。后者是从满足人的精神需要出发，对人的心理施加必要的影响，如荣誉、公开表扬和批评等。

（3）信任激励和工作激励。前者是情感激励的一种形式，信任激励使组织成员产生尊重感、亲密感、荣誉感和责任感，极大地激发组织成员的主动性和进取心。后者则主要通过组织成员的能力、水平、爱好、特长和性格特点，因人制宜地适当分配最适合自己特点的工作，激发工作热情。

对于工程项目，激励机制一方面表现为业主对承包商、设计、监理、供货商等的工作表现和工作成果的激励，另一方面表现为业主、承包商、设计、监理组织内部对其员工工作表现和成果的激励。实施 Partnering 管理在于加强前者的激励，即业主采取怎样的机制设计充分考虑各方的长远利益、项目的最终目标，既尽可能扩大业主的效用，又能给承包商带来效益；怎样创造和维持一种有利于调动各方积极性的工作环境。制订奖励标准、绩效评价和成功共享是 Partnering 管理激励机制的具体体现。

第三节　Partnering 管理模式的工作流程

在综合多种 Partnering 工作流程的基础上，提出如图 10-3 所示的 Partnering 工作流程设计，将 Partnering 分为准备、实施和再实施三个阶段。

1. 准备阶段

实施 Partnering 宜在工程招标阶段即开始策划，这时可以及早了解未来项目主要参加方对应用 Partnering 的期望，及早探讨项目面临的具体问题和影响因素，如进度安排、新技术的应用、现场条件等。

准备阶段的重要内容是在业主选定项目各参与方、签订合同后进行 Partnering 准备工作，主要包括：

（1）确定 Partnering 主持人（Facilitator）。多数情况下 Partnering 实施需要聘请一位得到各方信任的来自第三方的主持人，主持人应当在首次 Partnering 讨论会（Workshop）之前选定，其主要职责包括 Partnering 管理方面的培训，指导建立 Partnering 工作组，指导拟定 Partnering 协议，准备并主持 Partnering 讨论会，指导各方建立并完善各项 Partnering 项目管理机制等。

Partnering 主持人应具备很好的 Partnering 管理经验，熟悉所促进的工程项目情况，有出色的项目管理能力、组织能力、控制局面和处理冲突的能力，还应保持公正、乐观。从较低层面上看，主持人应获得项目团队的信任，帮助项目团队实现预先确定的目标；从较高层面上看，主持人可以激发项目各方新的思考方式，帮助他们认识到促成和实现目标的更大潜力。主持人的费用可由项目各方分摊。

（2）召开 Partnering 讨论会。在开工前的 Partnering 讨论会上，各方应当集中精力策划、拟定目标陈述、沟通程序、冲突处理过程三个文件。

（3）建立 Partnering 工作组。Partnering 工作组不同于各方的“项目部”，而是由参与 Partnering 各方（如业主、设计、总包、分包、主要供货商、最终用户等）派出人员组成的一个临时共同体，各方派出的人员应当包括项目负责人和熟悉现场的管理人员，对于业主、总包等项目主要参与方可适当增加派出的人数。各方参加 Partnering 工作组的主要成员应当有权代表一方对有关事项进行商议和决定，Partnering 工作组各成员职责应当明确。

大型项目的 Partnering 工作组又可设 Partnering 协议、沟通、冲突处理、项目评价等若干工作小组，Partnering 工作组是实施 Partnering 的重要组织保证。

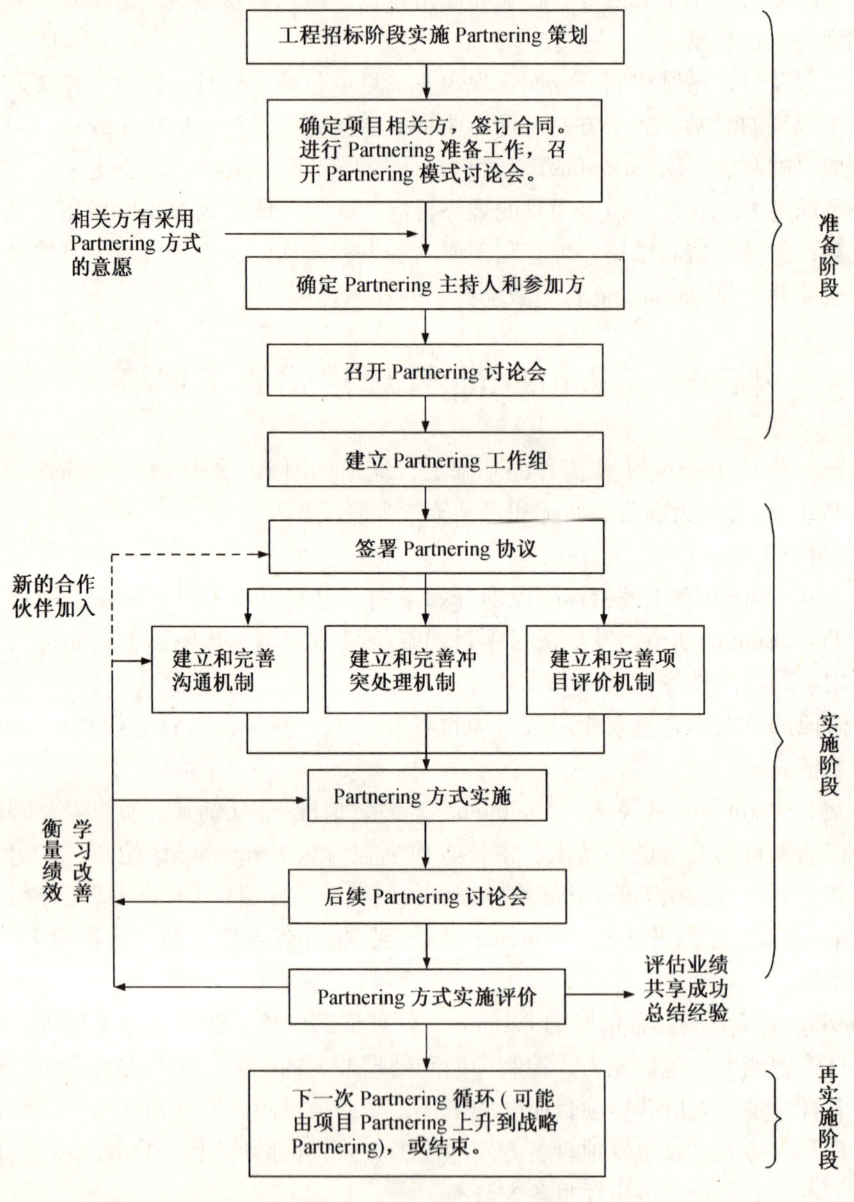

图 10-3　Partnering 工作流程

2. 实施阶段

在实施阶段，首先应在准备阶段的基础上由参加 Partnering 的各方签署 Partnering 协议，并建立起沟通机制、冲突处理机制和项目评价机制。本工作流程图还反映了该阶段不断完善、持续改进的 Partnering 实施的动态过程，表现为通过后续 Partnering 讨论会和 Partnering 模式实施评价，不断完善沟通机制、冲突处理机制、项目评价机制以及 Partnering 的实施。同时该流程图还反映了 Partnering 是一个开放的系统，可以随着项目的进程吸纳新的合作伙伴（Partner）。Partnering 协议也是开放的，可以根据项目情况修改、完善。在项目实施期间应定期召开后续 Partnering 讨论会，与会者应着眼项目中已经出现的问题，将讨论会作为解决项目中出现的冲突、沟通、风险问题的一个平台。讨论会还将根据先前设定的目标评估各方表现，根据需要实施发展行动计划，调整和完善预先制订的沟通程序和冲突处理过程，并维持其有效性。

3. 再实施阶段

在再实施阶段，提出当本项目完成 Partnering 合作后的下一步走向：或者是再次进行项目 Partnering 层面上的合作；或者是在再次合作时由项目 Partnering 上升到战略 Partnering；或者是业主无后续项目，合作结束。

据此，可以归纳出 Partnering 流程设计的关键内容：即 Partnering 工作组及 Partnering 讨论会，共同的 Partnering 协议，对 Partnering 实施进行的周期性评估和完善，用及时、有效方式解决争议的指导方针，为过程改善和风险分担提供的措施。

Partnering 工作流程并无一种公认的、统一的模式，这也成为 Partnering 管理的一个重要特点。Partnering 管理可以用“形散而神不散”恰当地加以描述，Partnering 管理价值的最重要体现并不在于是否遵循或未遵循某种流程模式，也不在于是否具有或不具有某个工作环节，而更在于是否真正具备并落实了合作、共赢的理念，是否在项目上建立并完善了项目各方信任、合作、协调、沟通和激励的管理机制。

案例　美国加洲运输署隔声墙项目 Partnering 协议

美国加洲运输署（California Department of Transportation）作为业主在 Fremont 一个隔声墙项目采用了 Partnering 管理模式，该项目工期 2 年，中标价 450 万美元。该项目 Partnering 协议的内容如下：

使　命

用及时、提高资金效用、安全的方式提供高质量的产品。

目标和行动

项目各方承诺下列目标和行动：

安全

目标：项目各方实现项目无事故。为实现这一目标规定如下行动：

（1）承包商每周召开安全会议。

（2）加洲运输署派员参加承包商的上述安全会议。

（3）强制遵守安全要求。

（4）使现场工人清楚安全要求。

（5）加洲运输署和承包商进行周期性检查。

（6）维持一个清洁、安全的工地。

（7）确保人员在安全设施安装方面经过培训且具备相应的资格。

（8）实行交通管制时应通知公众。

（9）完善并使用工地现场“安全操作规程”。

(10）布设支撑和开挖时满足所有安全规范要求。

质量

目标：各方应实现完成一个达到设计寿命和使用功能的符合质量要求的项目。为实现这一目标规定如下行动：

(1）在美学标准方面达到各方认同。

(2）加洲运输署对现场及时检查。

(3）对存在的问题及早发现并沟通。

(4）使用技术熟练的工人。

(5）提供合格的材料。

(6）承包商及时向各分承包商交待计划修改和新的要求。

及时

目标：各方按计划规定的竣工时间准时或提前完成项目。为实现这一目标规定如下行动：

(1）快速处理完成所有文字工作。

(2）承包商现场人员配备合适。

(3）以双周计划对项目各进度里程碑进行跟踪调整。

(4）现场人员及时交流通报每日的变化情况。

变更管理

目标：各方改善变更程序和管理。为实现这一目标规定如下行动：

(1）尽可能在变更中使用经过协商的价格。

(2）尽可能早地预测可能发生的变更并进行讨论。

(3）承包商检审分包商对变更的预算。

(4）对签发还是不签发变更单应反应迅速。

(5）每日应对用于实施额外工作的时间和材料的数量进行协调。

(6）承包商对提交的变更单应提供详细的费用分解。

索赔管理

目标：各方在索赔发生或项目结束时解决各项索赔，不将问题诉诸于诉讼。为实现这一目标规定如下行动：

(1）各方信息相互完全公开。

(2）遇到基层无法解决的问题应当上报解决，以避免工作中止、并使项目人员专注于工作。

(3）尽早努力缓解争议。

(4）对潜在的索赔应及时通知（口头或书面)。

公共关系

目标：各方塑造良好的公共形象。为实现这一目标规定如下行动：

(1）做个好邻居。

(2）对公众问题礼貌回应。

(3）公共关系人员参加进度会议，以便向公众提供相关信息。

(4）对询问回复迅速。

该 Partnering 协议对该项目管理起到如下积极作用：无索赔记录；在出现问题之前及时发现解决问题，降低了变更数量和变更金额；承包商在不少方面提出了有益业主和承包商的创新之处。

本项目通过实施 Partnering 模式，业主和承包商获得了如下收益：

业主（加洲运输署）的收益：由于沟通交流，索赔减少；由于改善成本和进度控制，降低了成本消耗和工期延误；由于沟通和信息无阻碍，利于实施冲突解决策略；因消除了相互防范的消耗，降低了管理费用；通过沟通交流提高了创新机会，鼓励了新施工方法和建设性意见的提出。

承包商的收益：减少了索赔和诉讼，降低了成本；将精力放在做好项目而不是诉讼防范上，进而提高了生产力；成本费用和进度计划控制得到改善；降低了费用超支和工期延误风险；通过改进施工方法，提高了增加获利的机会。

案例　体现 Partnering 理念的岭澳核电建设项目

1. 项目概况

岭澳核电站位于深圳市大鹏湾半岛，距大亚湾核电站 1.2km，是继大亚湾核电站之后在广东省建设的第二座大型商用核电站，是我国“九五”计划期间大型能源项目之一。岭澳核电站规划建设 4 台百万千瓦的压水堆核电机组，首期建设 2 台，总投资 40.25 亿美元，工程于 1997 年 5 月开工，2002 年 7 月和 2003 年 3 月两台机组分别投入商业运行。

2. 项目实践分析

以表 10-2 的形式列举岭澳工程体现 Partnering 管理思想和方法方面的实践经验。需要指出的是，无论岭澳核电工程的业主还是承包商，都把合作、沟通和共赢视作该项目成功的最为重要的原因之一。

岭澳核电建设工程体现 Partnering 的管理思想和方法实践列举　　表 10-2

Partnering 思想	方法和实践列举
共同目标	合同签订后，业主、债权人、供应商、承包商等都以实现“电站质量好、工期短、投资省、效率高”和“二核（岭澳核电项目）要比一核（大亚湾核电项目）强”为宗旨；以工程全面创优和投产后前三年能力因子不低于 80% 为共同目标，明确提出用并网发电商业运行的业绩来最终评价工程的营造水平。共同的目标把工程、生产和各个承包商融合成一个同舟共济的大团队。如电站辅助设备和系统承包商东北核电建设公司根据工程最终业绩目标制定“电站辅助设备和系统安装工程全面创优指标实施方案”，在质量、安全、环保、工程管理各方面提出了一系列创优的目标和指标体系。各方一旦实现共同目标，所有的参与者都将是最终的大赢家
透明的文化	核电站的建造和营运以安全第一为主导思想，通过核安全文化建设，要求每个人应该有质疑的工作态度，严谨的工作方法，沟通交流的工作习惯。以满足生产运行的安全可靠为宗旨，提出蓝色的文化，即安全、环保；透明的文化，即决不允许隐瞒任何质量问题，用户和参建伙伴间保持透明，欢迎检查，欢迎挑毛病，及时发现问题、准确定性、快速处理、及时反馈，各方共提出 26000 多条意见，处理了 23000 多条

续表

Partnering 思想	方法和实践列举
资源共享	为实现大亚湾核电现场资源共享、优势互补，形成规模经济效益，广东核电合营有限公司与岭澳核电有限公司签订了"相互支持协议"、"群堆管理委托协议"，双方通过虚拟资产组合，结成紧密联盟，降低成本、提高效率，达到了双赢
信息共享	在工程信息管理系统的应用上，建成业主内部、业主和各承包商、承包商内部各种信息指令传递、交换的渠道。按照工程管理信息一体化的原则，提出了计算机集成工程管理信息系统的概念，建立了统一的数据库模型，将整个工程管理计算机信息系统分为工程管理部分、综合办公信息系统和决策支持系统。投资300多万美元，建立了经济高效的计算机网络和数据库技术平台，有效实现了对工程的信息管理。工程计划应用P3和PROJECT等国际先进计划管理软件编制，应用6级计划管理模式，实行各级计划的网络共享，业主与供货方、设计和承包商共同应用各级计划进行设备供货、设计资料交付和土建移交等的跟踪和协调
工作协调	发扬核电大团队精神，提出"工作协调，多走一步"，做好各方面的接口协调，在工作范围、工作职责、接口管理上，各方提出"多做一些，多让一些，主动一些，抓紧一些"。在工程建设过程中，有些重要里程碑需要多个部门、多个承包商协同努力才能完成，为了加强横向协调沟通，成立了专项协调委员会，如：第一罐混凝土，泵房土建开工、穹顶整体吊装，一号机泵房进水，核回路冲洗，冷试，热试等都成立了专项协调委员会。该委员会定期召开协调会，全面负责有关专项的施工进度、设计审查和施工技术方面的协调工作
争议处理	不管合同如何严谨、翔实，由于实际执行情况的复杂性和多变性，各种争议仍难以避免，本着对工程负责的精神，原则性与灵活性相结合，承包商与业主对具体问题具体对待，创造性、艺术性地解决了诸如供货拖期、设备缺陷修复、设计变更等问题，取得了业主、承包商、供货商多赢的效果
风险评估会	一旦发现某项运作可能影响关键路径或承包商准备不够充分时，及时召开风险评估会。风险评估会前各方充分沟通和准备，在风险评估会上对风险处理达成共识并排出落实各项措施的进度方案
价值工程	通过技术革新，采用优化设计和施工工艺等方法降低工程费用，如海工二期施工，由于改进了取排水工程设计，并对施工方案进行了革新，节约投资6000多万元人民币
持续改进	如在岭澳常规岛安装工程开工前，曾参加了大亚湾核电工程建设又是岭澳工程承包商的山东核电工程公司对大亚湾的经验进行了认真总结，编写了大亚湾核电站常规岛安装经验反馈材料，并提出了改进措施，经过在岭澳中的实施，明显提高了项目管理水平

3. 岭澳核电工程体现 Partnering 理念的成因探讨

（1）业主有连续的工程项目投资活动，如图10-4。对供货商、承包商而言，本期工程的工作效果直接关系到能否承揽下一期工程，能否有发挥本期工程建设经验在下期继续获得收益（可能是更大收益）的机会。如常规岛土建工程承包商确定了"二核要比一核干得好，出人才，出效益，拿到三核"四项任务目标。业主有连续的投资活动对承包商和供货商与业主进行很好合作起到激励作用。

（2）有信任合作基础。岭澳核电的建设单位岭澳核电有限公司的成员大都曾经在广东核电合营有限公司工作过，具有大亚湾核电站的建设经验。岭澳业主与核岛供应商、常规岛供应商以及绝大多数的土建施工、设备安装承包商有过在大亚湾核电站工程的合作经历，相互了解，建立了信任，图10-5和图10-6列出了两电站合同结构和主要承包商概况。

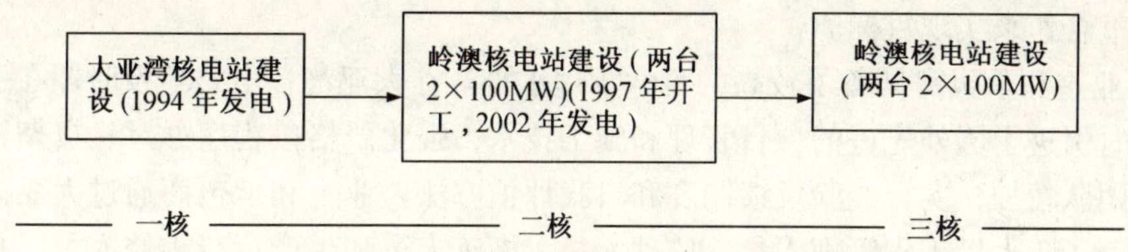

图 10-4　从大亚湾到岭澳的三期建设活动

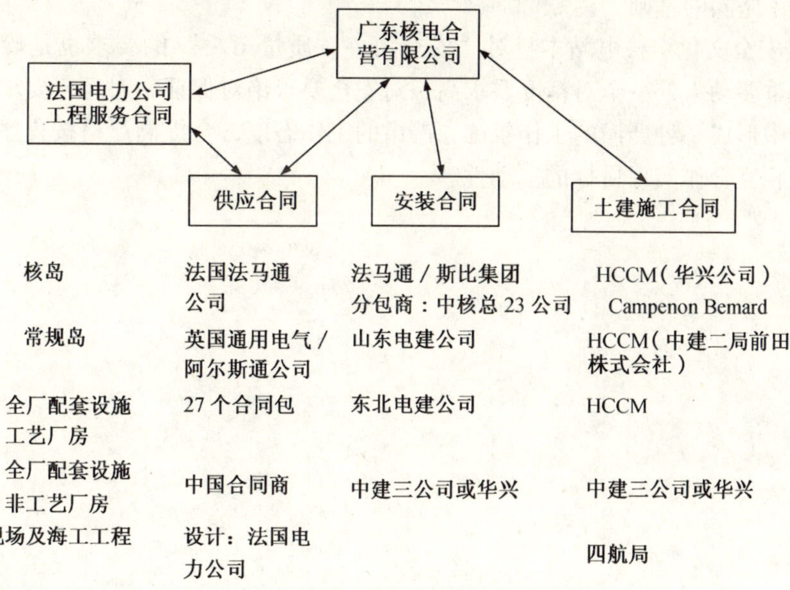

图 10-5　大亚湾核电建设项目主要合同结构

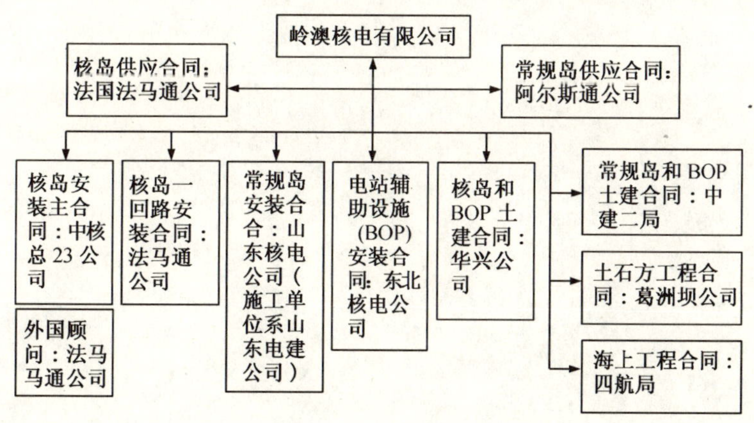

图 10-6　岭澳核电建设项目主要合同结构

(3) 政府重视。1994 年通过两次总理办公会，确定了“以核养核、滚动发展”的方针。原国家计委提出在大亚湾核电基础上岭澳实现工程管理、建筑安装、生产准备自主化；部分设备制造国产化；质量全面创优；工期、投资均少于大亚湾项目的工程目标。政府确定的目标对项目各方共同目标的确定和实现形成了强大的引导和约束力，使各方认识到必须通过合作来实现目标。

（4）业主和承包商具备了较高的科学管理水平。在大亚湾核电站建设时即在引进国外设备的同时引进了国外先进的项目管理和施工技术，强化严格按程序办事、贯彻核安全文化、提倡团队精神，实行经验反馈制度和自我评估方法。业主和承包商通过大亚湾核电站的建设培养了一大批工程管理人员、监理人员、施工人员和生产运行维修人员，具备较高的科学管理水平，为岭澳核电站的建造实现工程管理、施工、施工监理和运行的自主化、科学化打下了坚实的基础。

（5）核安全文化。核电站本身对"安全第一，质量第一"的要求也是岭澳项目各方实施合作的重要动力，一个对精度要求高，对安全要求绝对保证，对运行要求绝对可靠的项目会无形中形成一种严谨的工作氛围，严肃的工作态度，会提高严格按程序办事的自觉性，并强化相互合作实现目标的主动性。

第十一章　工程承包联营体柔性策略及柔性分析实例

第一节　承包联营体柔性策略概述

由两个以上企业组成的工程承包联营体（以下或简称“联营体”）承揽工程项目是工程承包的一种重要策略，尤其适用于大型复杂工程项目，在市政、交通、水利、电力、冶金、石化等大型项目中多有应用。联营体合作方式灵活，能够充分发挥各联营体成员在管理、技术、资源、专业等诸多方面的优势从而满足大型复杂工程建设的需要，并有许多成功案例。国内外学者针对工程承包联营体进行了广泛研究，如 Derek 和 Derick（2001）通过对联营体高层管理人员的调查访问，分析了联营体内部成员的组织行为及其关系特征；Beliz 和 David（2007）从联营体所在国政治经济环境和承包工程特点两个方面探讨其对联营体运营管理的影响；罗甲生等（2005）研究了设计施工联营体内部出现的责任划分和利益冲突问题。

John Naylor 和 Mark Lewis 等（1997）研究提出，联营体作为一种针对特定工程对象成立的临时组织，在结构上具备了柔性组织的特征，Arthur 和 Naidu 等（2002）研究了国际工程联营体的管理问题以及联营体成功的因素，发现联营体结构“柔性”是联营体成功的关键因素。尽管“柔性”已经引入到对联营体的分析研究中，但国内外研究领域就工程承包联营体“柔性”问题展开专门研究的成果尚很少，以下将系统分析工程承包联营体的柔性特征，提出联营体环境分析框架和联营体现实柔性分析框架和方法，并进行案例分析，为工程承包联营体运营管理研究提供新的视角。

工程承包联营体的运营管理与企业的运营管理有许多共通之处，但对联营体柔性的研究，尤其应该关注其与工程项目相关的柔性。Husby 等（1999）把工程项目的柔性定义为：在整个工程项目实施过程中为达到工程预期结果所需的不确定的环境情况下的调整能力。本书在分析联营体特点和柔性管理理论及工程项目管理理论基础上，将联营体的柔性定义为：联营体有效配置各类资源，调整组织结构以满足工程需要，应对工程各种内外部变化因素，协调工程各利益相关者关系的能力。

为了更好地从柔性角度来分析联营体运营管理，本书归纳出联营体策略具备的柔性特征如下：

（1）联营体是针对特定的工程项目对象而成立的，是直接面向项目的临时性组织，具备结构上的柔性；

（2）联营体由多家联合组成，可以实现资质互补，使资源得到整合和更有效的配置，发挥各联营体成员在技术和管理上的优势，满足大型工程建设需要，提升整体竞争力，在工程项目管理中具有很高的运营柔性；

（3）通过有效联营，可以使组织提高信息收集处理能力，拓宽信息渠道，提高反应能力；

（4）在工程承包中，各联营体成员分工合作，可以合理地分摊项目风险；

（5）对于境外工程，通过与当地承包商联营，可以快速适应环境，实现本地化，并能有效打破贸易壁垒进入当地市场，还可能获得项目所在国的政策优惠；

（6）由数家公司的资金实力作为后盾，由各联营体成员分担费用份额，包括担保金、保险金、周转资金、人机料投入，资金供给有保障，并提高了融资能力；

（7）在联营体中各成员通过合作交流和文化交融，可以促进组织学习，提高人员技术及管理水平，形成开放的文化氛围，有利于组织柔性潜能的发挥。

第二节　承包联营体环境分析框架和方法

Volberda（2005）提出的柔性理论以及对企业柔性定量化研究的柔性审计和再设计方法（FAR）为柔性分析提供了理论基础和工具。Volberda 提出的 FAR 方法的过程模型如图 11-1 所示，本书在此基础上提出联营体柔性分析的环境分析框架和联营体现实柔性分析框架和方法。

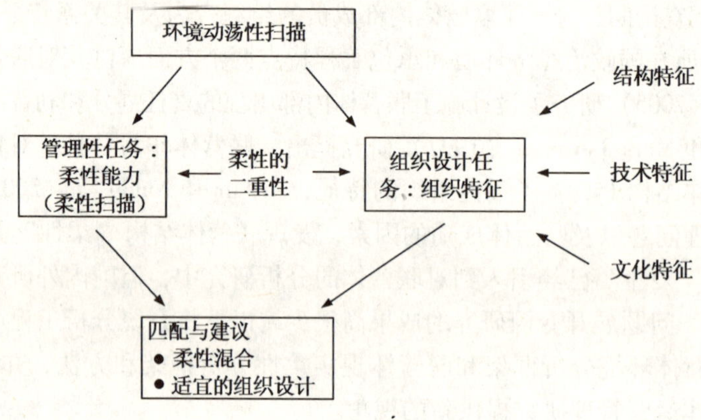

图 11-1　联营体柔性分析框架

将工程承包联营体环境分析分为宏观环境分析及任务环境分析两个方面。宏观环境分析借鉴常用的 PEST 分析方法，即从政治法律环境（Politics）、经济环境（Economic）、社会环境（Society）及技术环境（Technology）四个方面进行分析，其中技术环境纳入到联营体任务环境分析中。联营体任务环境分析分别从材料与设备供应、劳动力、技术复杂性、现场施工条件、合同条件、融资、协调与管理（业主、设计、监理、分包）七方面进行，分析框架如图 11-2。并在此基础上建立联营体环境分析表，如表 11-1。

联营体环境分析表　　　　**表 11-1**

宏观环境	主要考察方面
政治法律环境	政权的稳定性、政府的干预和管制、政府关注和重视度、有关政策方针、相关法律法规、外贸政策法规等
经济环境	市场机制、整体经济发展状况、货币政策和利率变化、汇率变化、资金限制等

续表

宏 观 环 境	主 要 考 察 方 面
社会环境及影响	社会结构、文化习俗和生活习惯等社会文化方面对联营体的影响，包括与本地政府、工地周边居民、本地合作者之间的相互影响和关系等
任务环境	
材料与设备供应市场	材料的数量与相关性、材料价格变动与供应量的变化、设备供应与租赁市场、供应商、运输难度等
劳动力市场	固定工作人员招聘难度、相关工作岗位要求及所需培训时间、临时用工形式、施工队伍素质和能力等
技术复杂性	技术实施的复杂性、新技术的运用、承包商的技术胜任能力（如经验、设备、人员等）
现场施工条件	地理位置、地质水文条件、相关配套设施等
合同条件	合同类型、工期要求、合同变更、争议与处理、政府相关批文程序的变化等
融　　资	联营体获得贷款难易度、信誉度、涉及的金融机构等
协调与管理	联营体成员（数量、国别）、成员间相互关系（合作、交流沟通）、成员间差异性（文化、语言、价值观、工作方式等）、与联营体外部协调沟通（业主、设计、政府、附近居民等）

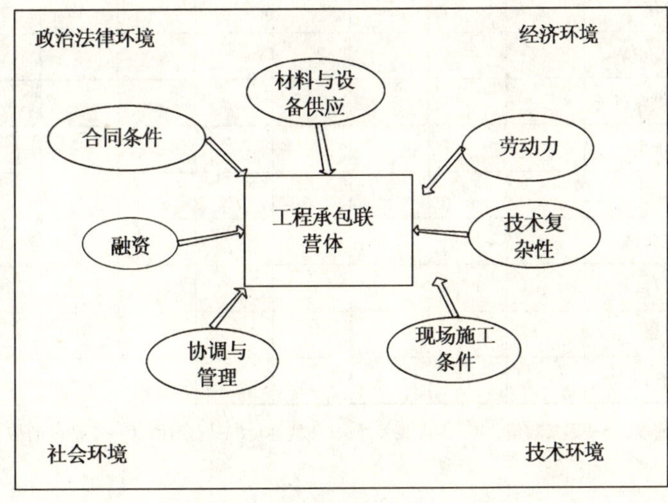

图 11-2　联营体环境分析框架

在对表 11-1 联营体环境各要素进行评价和分析时，根据企业柔性分析框架中环境动荡性分析的维度来进行。具体各维度的评价标准如表 11-2 所示，联营体各环境要素评分如表 11-3 所示。

环境动态性、复杂性和不可预测性测度得分标准值表　　　　**表 11-2**

环境动态性			环境复杂性			环境不可预测性					
						可预测性		不可预测性			得分
频率	密度	得分	因素数量	因素的相关性	得分	线性	周期性	不清晰的信息	被忽视的信息	不能得到的信息	
−	−	1	−	−	1	+	−				1
+	−	2	+	−	2	−	+				1

续表

环境动态性			环境复杂性			环境不可预测性					
						可预测性		不可预测性			得分
频率	密度	得分	因素数量	因素的相关性	得分	线性	周期性	不清晰的信息	被忽视的信息	不能得到的信息	
−	+	2	−	+	3	+	+				1
+	+	3	+	+	4			+	−	−	2
								−	+	−	2
								−	−	+	3

+表示高，−表示低

工程承包联营体环境动荡性评分表　　表 11-3

环境动荡性指标		动态性		复杂性		不可预测性					得分
		F	D	Q	R	L	P	U	S	N	
宏观环境	政治法律环境										
	经济环境										
	社会环境及影响										
任务环境	材料与设备供应市场										
	劳动力市场										
	技术复杂性										
	现场施工条件										
	合同条件										
	融　资										
	协调与管理										

表中 F—频率，D—密度，Q—因素数量，R—因素相关性，L—线性，P—周期性，U—不清晰的信息，S—被忽视的信息，N—不能得到的信息。

第三节　承包联营体的柔性评价指标

可结合上述环境动荡性来考察工程承包联营体在实际项目中各方面的现实柔性以及对环境变化的适应程度，进行联营体柔性评价。

在广泛综合国内外学者提出的各种柔性评价指标基础上，本书针对工程承包联营体提出了采购管理、人力资源配置、技术创新与管理、施工管理、信息化、合同管理、融资、协调管理、结构壁垒、文化壁垒等柔性分析的主要评价指标及相关内容，如表 11-4。

可根据表 11-4 中的内容向联营体及项目相关方的管理人员进行问卷调查，通过对各个指标内容打分（可按五分制或百分制）汇总出各指标分值，进而根据分值判断工程承包联营体的柔性程度。

工程承包联营体柔性评价指标及相关内容　　　　表 11-4

柔性评价指标及相关内容

采　购　管　理

◆采用多种采购方式
◆对各种基本材料的储备和库存
◆临时或长期性地转向替代性的基本材料
◆从不同的较少联系的供应商购买材料
◆从可靠的并能尽早交付的供应商购买材料
◆根据固定周期和实际情况轮流更换供应商
◆能自己制造部分材料
◆与重要及采购量大的材料供应商关系特定
◆与相关供应商合作开发和生产材料及设备
◆和供应商共同保证材料供应能力

人力资源配置

1. 临时人员
◆临时招聘的人员
◆借入或临时聘请复合型人才
◆针对某个阶段或工程的劳动合同（季度性、节假日赶工）
◆签订从事某类服务的合同（如后勤）
◆接收实习或培训的人员
◆和其他公司共同安排相关人员
◆应用良好程序对相关岗位人员进行部署和替换
2. 固定人员
◆多种人员引入方式（与人员签订长期劳动合同、短期合同、委托管理等）
◆增强组织成员的业务能力（如员工内部培训的管理和开发）
◆较好地开展岗位轮换，培养员工对多岗位的胜任能力
◆对员工充分授权
◆加强团队合作，应对预期外工作
◆应用多样化的激励方式
◆根据工作量灵活调整工作时间和加班安排
◆使用灵活的用工合同
◆组织员工间开展相互交流了解的活动
◆员工间相互学习帮助
3. 咨询
◆项目实施过程中利用社会资源或引入咨询
◆咨询团体与项目管理人员合作交流

技术创新与管理

◆技术实力满足工程需要的程度
◆技术论证中引入的外部咨询
◆技术方案中的创新点
◆工程建设过程中的技术创新成果

施　工　管　理

◆质量管理体系的建立和完善程度
◆质量管理过程具体流程和实施方法规定和标准的细致程度
◆质量监督体系的精细化程度
◆安全管理体系的精细化程度
◆安全管理过程中严格化和正式化程度
◆安全教育培训的投入力度和普及度

信　息　化

◆信息系统在项目人员中普及使用
◆使用信息网络进行内部信息交流
◆项目部通过信息系统与公司总部或异地的信息交流
◆信息系统对项目业务流程的监控
◆针对不同任务内容，多套信息系统的使用
◆如果有多套系统，系统间的兼容性
◆信息系统的友善性和易用性
◆信息系统出现故障时的补救措施
◆对材料及设备性能、质量等的分析和调查
◆对材料市场价格及其波动情况调查
◆使用网络对材料市场价格的查询
◆对于主要材料市场供应波动的分析与预测
◆对设备租赁市场的调查
◆对工程建设过程中重要文件、数据的收集和管理（如记录、检查表、会议纪要、往来文件、工程师指示等）
◆项目信息数据库的建设维护和更新

合　同　管　理

◆合同条款理解分析能力
◆专门部门或机构的合同处理能力
◆合同管理人员对类似工程的合同管理经验
◆合同管理人员的人际沟通能力与技巧
◆对索赔和争议所提供的文件、数据等信息资料支持
◆内部协商交流
◆引进相关咨询

融　资

◆国际和国内信誉度（银行信用等级）
◆与国内金融机构的沟通能力和联系紧密度
◆与国外金融机构的沟通能力和联系紧密度
◆对金融政策的熟悉程度

协　调　管　理

◆联营体各方交流联系的紧密性
◆与业主的交流沟通
◆各方间协调方式多样化
◆在技术方案上的交流沟通

续表

柔性评价指标及相关内容
◆争议与矛盾处理的及时性
◆对待矛盾与争议的容忍度
◆专门的协调组织（工作小组）的参与
◆协调机制的程序化和完善程度
结构壁垒
◆组织结构类型和层级划分
◆联营体内部管理工作流程的标准化、程序化、规范化程度和规定的精细化程度
文化壁垒
◆联营体内部文化融合
◆文化包容能力
◆联营体内部交流合作紧密程度
◆联营体各成员组织学习能力

第四节　柔性分析实例

一、联营体概况

以小浪底水利枢纽工程二标 OTFF 联营体、南海石化项目 BSF 联营体和广州国际会议会展中心工程联营体为案例进行对比研究。

案例一：小浪底水利枢纽工程二标——OTFF 联营体

德国旭普林公司为责任方的中德意联营体（简称 CGIC）中标黄河小浪底水利枢纽工程二标（泄洪排沙系统标），使用零散、个体的民工施工队，在施工中导流洞多处塌方、泄洪排沙系统工期延误。为保证整体工程按期截流，在水利部工作组指导下，由业主小浪底建管局和监理单位配合承包商 CGIC 重新选择施工队伍，经过谈判引进成建制有实力的水电施工队伍，确定由中国水利水电第一、第三、第四、第十四工程局组成的联营体（简称 OTFF 联营体）承担黄河小浪底水利枢纽 3 条导流洞的开挖、钢筋、混凝土和固结灌浆工程的劳务及其管理总分包项目，牵头方为水电十四局。

案例二：南海石化项目——BSF 联营体

南海石化项目是中海壳牌石油化工有限公司（中国海洋石油公司与壳牌公司合资组建）在广东惠州投资兴建的大型石化项目，项目总投资 45 亿美元，建设周期 60 个月。项目采用国际通行的项目管理承包（Project Management Contract，简称 PMC）模式进行建设，由美国柏克德公司（简称 BECHTEL）、中国石化工程建设公司（简称 SEI）、英国福斯特惠勒公司（简称 FW）组成的联营体（简称 BSF）作为 PMC 承包商，代表业主对工程建设的全过程进行管理。

案例三：广州国际会议会展中心——施工联营体

广州国际会议会展中心工程分两期建设，一期工程占地 43 万 m^2，工程总投资约 40 亿元，工程主体结构为预应力钢筋混凝土框架结构，工程规模巨大。屋顶采用大跨度预应力张弦梁钢管桁架，总用钢量18000t，单榀跨度、重量均为国内第一。工程由广州建筑集团与下属一、二、三、四公司及机械公司组成联合体进行施工。会展中心建成后将成为亚洲最大、世界第二的会展建筑。

三案例中联营体的组织结构如图11-3。

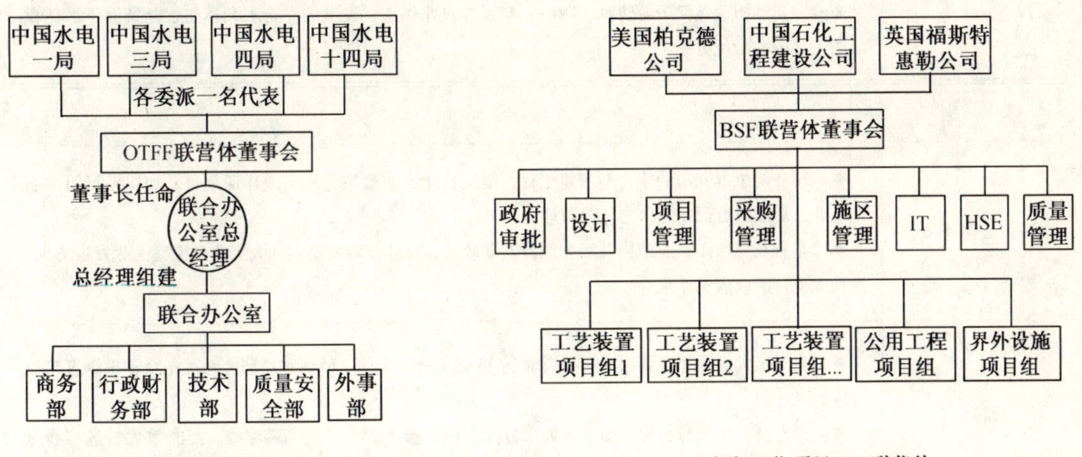

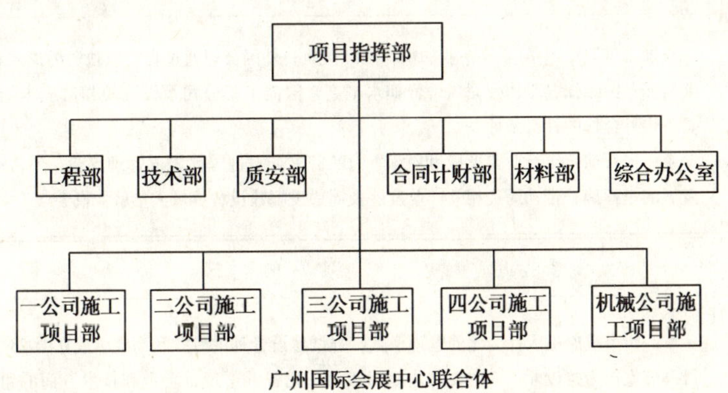

图11-3　三个案例联营体组织结构图

二、环境动荡性扫描

环境动荡性扫描包括宏观环境分析（如表11-5）及任务环境分析（如表11-6）两个方面。

宏观环境分析表　　**表11-5**

类　别	案　例　一
政治法律环境	◆党中央、国务院高度重视，专门成立黄河小浪底水利枢纽工程建设准备工作领导小组；河南、山西省及有关地方政府大力支持；广大移民群众关注，全国水利水电的专家学者关心支持
经济环境	◆国家改革开放和经济体制由计划经济向市场经济转轨时期；建成后将使从华中电网到河南省电网的电力市场发生重大变化。 ◆物价上涨、汇率变化和移民方式变化

续表

类　别	案　例　一
社会环境	◆施工区占地23.33km²，共涉及河南、山西两省的济源、孟津、新安、渑池、陕县、平陆、夏县、垣曲8县（市）33个乡镇，年动迁移民20万人。 ◆唯一能够担负黄河下游防洪、防凌、兼顾工农业供水、发电的综合水利枢纽，是黄河下游防洪减淤工程中的最优方案

类　别	案　例　二
政治法律环境	◆经国务院批准立项的特大型基建工程，国家石化产业政策重视高效环保项目，加快发展沿海石化工业，形成具有国际竞争力优势行业。 ◆广东省及惠州市产业结构升级和经济发展政策；惠州市政府制定的大工业、重型工业发展方向，推动大项目的政府工作重心
经济环境	◆是当时最大的中外合资项目，投资额达43亿美元，美国、欧洲和亚洲金融市场众多投资者广泛关注。 ◆广东省及东南沿海石化产品市场需求巨大，项目投产的产品走高端路线，能有效代替进口石化产品；项目建成带动整个大亚湾多产业发展，综合经济效益巨大，带来6800亿元的工业产值
社会环境	◆加入WTO，中国建筑企业加快与国际接轨；外国公司通过合资或独资的形式在国内兴建项目日渐增多；国际知名工程公司项目管理水平高，国内工程公司及设计院相对成本低并熟悉中国市场，具备中外合作的社会条件。 ◆中国石油化工行业要形成世界竞争力的需求，引进国际先进管理经验，项目有望成为石化行业发展的里程碑；带动周边相关产业发展及周边设施建设，提供大量就业机会

类　别	案　例　三
政治法律环境	◆广州市政府引入社会化的管理模式，强调建设管理的专业和高效，成立由28人组成的市政府项目办公室作为建设业主。主要负责项目投资、招标、进度、质量和技术方面的组织、协调和控制，具体工作全部委托社会协作单位实施
经济环境	◆广州交易会业务逐年扩大，各类展示会、招商会、博览会常年不断。 ◆国家外经贸部提出要将中国进出口商品交易会展馆迁址重建，办成规模宏大、设施先进的世界级博览会。 ◆广州会展中心位于琶洲岛心脏地带B区的核心，带动起周边发展与会议和展览相关联的配套设施如酒店、写字楼、银行、商业服务网点和博物馆等。 ◆会展中心所在区域正在形成以会展博览、国际商务、信息交流、高新技术研发、旅游服务为主导，兼具高素质居住生活功能的生态型新城市副中心
社会环境	◆会展中心工程是广州市重点建设项目，造型独特、规模庞大壮观，是广州市21世纪标志性建筑；建成后将成为亚洲最大，世界第二的会展建筑，具有商品展览、商贸洽谈，还兼具展商、宴会、新闻发布以及大型集会、庆典等社会功能

任务环境分析表 **表 11-6**

类　别	案　例　一
材料设备供应	◆联营体主要承担劳务及其管理总分包项目，设备提供和材料供应多由外方控制
劳动力	◆承包商 CGIC 原来雇用的劳务工作效率低下，组建联营体后，引进了各联营体成员中成建制水电施工队伍，劳动力充足，技术实力与工作效率有很大提高
技术复杂性	◆导流洞开挖洞径 16.4 ~ 19.8m，混凝土衬砌后洞径 14.5m，每条导流洞长约 1100m，总长 3388.56m。导流洞开挖山体单薄，岩层结构复杂，洞室稳定性差，洞室出现多次塌方。承包商管理不善等因素致使导流洞的开挖工期拖后 61 周
现场施工环境	◆导流洞多处塌方，施工环境恶劣。 ◆洞室不稳定，施工有一定危险性
合同条件	◆工期极其紧迫，工序流程、设备提供、材料供应都由外方控制。 ◆签订的是劳务及劳务管理合同
融　资	◆受限于合同条件，融资方面涉及较少
协调与管理	◆与外商合同谈判艰难。 ◆联营体成立后在资源调配、施工方案上与外商协调难度很大。 ◆联营体为松散型结构，成员较独立，沟通协调灵活方便

类　别	案　例　二
材料设备供应	◆项目采用国际管理模式，各种施工要求大多采用欧洲标准，国际采购量巨大
劳动力	◆项目投资巨大，涉及技术复杂，项目管理难度大，需要大量具有丰富经验高素质的国际工程项目管理人才。十二套生产装置、公用工程及界外设施工程需要大量分包商和当地施工队伍参与实施
技术复杂性	◆专业性强且覆盖面广。除专业性极强的石化主装置外，还包括公用工程装置、汽电联产、电力输入和配电、污水处理/泵送、建筑物、铁路、公共道路、港口、码头以及地下管道等配套的公用工程和辅助设施，涉及专业面涵盖土建、交通、水利、铁路、电力、航道、港口等。 ◆部分设计内容和施工工艺涉及专利，通过国际招标引进 13 项专利技术
现场施工环境	◆位于广东省惠州市大亚湾经济技术开发区，靠近大亚湾北岸，建设过程中将对当地环境、大亚湾海洋生态产生极大影响，环保责任重大
合同条件	◆采用国际通用 PMC 模式进行项目管理，各主要装置安装建设则采用在 PMC 管理下的 EPC（设计、采购、施工）模式。PMC 模式对联营体的风险大，回报高，涉及面广，协调关系复杂，数据量大，对信息集成、动态及量化管理能力要求高
融　资	◆融资金额巨大，涉及多家国际国内金融和信贷机构，对联营体国际信用度、融资协调能力要求极高
协调与管理	◆项目涉及业主、当地政府机构、设计、监理、总包、分包商、供货商、金融机构及周边居民等多方和多个国家人员，关系极其复杂、协调管理工作量巨大。数十家承包商，18 国项目人员共同参与项目，文化、语言、能力差异大，协调沟通难度高

续表

类　别	案　例　三
材料设备供应	◆主体结构混凝土用量25万 m^3，钢筋4.5万t，预应力钢绞线2000t。屋顶采用大跨度预应力张弦梁钢管桁架，总用钢量18000t，单榀跨度、重量均为国内第一
劳动力	◆ 项目工程量大，土建施工高峰期的劳动力达到10000人；技术复杂，需要大量多种专业的技术人员以及专家参与
技术复杂性	◆展厅每层层高16m，预应力楼面跨度130m，结构体系是现浇钢筋混凝土柱、梁板，南半部四层区域的屋盖为张弦式钢桁架屋盖，北半部首层展览厅的屋盖为钢筋混凝土结构。+16m预应力楼盖施工是制约工期的关键点与技术难点。 ◆三角形的空间桁架压杆，国际首次使用；拉索与竖杆连接的理想铰，国内首创。 ◆国内最长跨度达126.6m的预应力下张弦梁钢结构主桁架，大跨度小抓点玻璃幕墙支撑系统。国际首次运用于空调系统的定风量低风诱导风机系统，大型空调冷水机组。非传统重力式的屋面虹吸排水系统。国际先进的为会展用途量身定制的信息网络系统
现场施工环境	◆现场的交通条件差，材料运输困难。工程所在地质为平均厚度达18m的软土层地基。而且此地原为农田，水塘、河滩、蕉地密布，场地平整难度大。场地地质情况复杂，断桩、斜桩数量多，在地质钻探方面不得不经常采用超前钻。共计打沙袋井1500km，填土80万 m^3，预应力管桩9000条
合同条件	◆工程规模大，工期紧迫，属于边设计、边修改、边施工的“三边工程”，存在着大量的图纸和设计变更，对工程进度的实施十分不利
协调与管理	◆外部建设条件复杂，总计5条高压线穿场地而过，必须拆迁；多处地方、军队的物业设施需要拆迁。 ◆道路、给排水、通信、电力、防洪排涝、燃气等各种管线与外部线路的衔接，规划、消防、环保、绿化、卫生防疫等专业设计的申报审批都必须同时开展，按规定程序办理。工作组织协调难度大，市政府高度重视，建委每周召开会议统一协调

三、现实柔性及柔性壁垒分析

联营体现实柔性及柔性壁垒分析分别如表11-7和表11-8。

现实柔性扫描表　　　　**表11-7**

类　别	案　例　一
采购管理	◆受合同条件限制，无法进行有效的联营体采购和资源调配，但业主小浪底建管局在设备及资金上给予很大支持，基本满足施工需要
人力资源管理	◆引进成建制施工队伍，专业性强，效率高，保证工期进度。严格审查持证上岗工种和管理人员，按施工需要进行人员配置，多种用工形式，工种混合编班，队伍实现年轻化、知识化。管理人员收入实行按岗位及技能的等级工资制度。 ◆组织工程建设技术委员会，对重大技术和管理问题提供决策咨询。聘请世行特别咨询团和国际咨询公司提供咨询，多方听取专家意见
技术创新与管理	◆三条排沙洞在国内首次采用预应力双圈无粘接环锚技术，在外商原制定施工方案的基础上，根据施工需要自行设计制造一些专用工具，使用方便并保证了质量和进度要求。 ◆在技术方案上详细论证，与外商不断协调，在塌方段挖掘、改常规喷锚支护、工作面爆破、下部开挖等方面取得良好效果

续表

类　别	案　例　一
信息化	◆完成了计算机网络建设。逐步实现合同，进度、投资和质量控制的自动化管理。 ◆P3 进度控制系统的二次开发；EXPEDITION 文函管理系统的二次开发和应用；小浪底工程建设多媒体演示系统的开发
施工管理	◆按照 ISO9002 质量标准和监理质量要求建立质量保证体系。 ◆技术措施和作业指导书细化到每个施工程序与环节，对特殊施工工艺要求投入大量人力物力进行有计划多形式的培训。对作业厂队实行部分直接费成本责任制。明确承包责任、施工范围、施工工期及施工工序。每月进行质量考评并有相应奖励及处罚措施。 ◆明确设备使用、管理及材料领用、超节的责任；明确结算方式及奖罚措施。 ◆对关键部位和隐蔽工程施工实行 24 小时旁站监督。 ◆建立健全安全组织机构，细化《安全管理办法》，将安全管理纳入系统化、标准化管理轨道。 ◆定期或不定期地进行安全检查，在施工区域和危险地段设立明显的警示牌。现场生产作业坚持班前安全会制度。对施工厂队的安全生产状况逐月考评，考评结果以挂"红、黄、绿"牌方式公布，增加透明度。 ◆施工总体布置时对设备材料的堆放场地、厂区布置、风水电管线的架设等通盘考虑，严格做到材料按类堆放，及时清理回收，对施工道路经常进行保养和维护，及时清理工地的施工废料。 ◆工程合格率 100%，排沙洞混凝土衬砌工程优良率 98%
合同管理	◆由于工期延误及截流目标的重大影响，合同签订时间仓促，对合同条款深入了解分析不足，所签劳务分包合同有失公平性。 ◆在建设过程中，联营体充分借鉴外商先进的合同管理经验和严谨正规的工作实施方法，强化合同管理。 ◆组织多层次的合同管理机构，成立有外国专家参加的合同变更索赔工作小组，运用现代化的手段收集、整理、分析各种信息、资料和索赔函件。依据合同处理索赔及提交反索赔意见。在 1、2 和 3 号排沙洞混凝土工程施工中，细致研究合同，利用合同向外方成功索赔 82 万元，实现纯利润 240 万元
融　资	◆世行贷款项目；国际开发协会为项目提供 0.799 亿特别提款权信贷（合 1.1 亿美元）。 ◆业主给予联营体财务上大力支持。业主指令单独对联营体结算，保障联营体的调差收入，避免中间盘扣
协调管理	◆为保证按期截流，经与外商艰苦谈判和沟通，作出较大让步，引进 OTFF 联营体。 ◆施工过程中，资源调配、变更、施工技术方案等均要与外商总包及业主协调会谈，与质量及技术咨询等各方专家交流沟通

类　别	案　例　二
采购管理	◆运用项目局域网及互联网查询工程物资的市场行情。对供货商和市场价格进行详细调查。建立完整价格明细，列出供货商详细资料清单，数据收集整理成册作为采购定价标准。制定采购工作程序和标准
人力资源管理	◆人力资源预测。内部推荐及 PMC 母公司派遣或通过媒体及猎头公司招聘人才。 ◆注重处理正式职工与临时职工关系，组建高效团结合作的项目团队。 ◆建立强有力的 4R 执行系统： Rl——执行的驱动系统； R2——执行人的职责系统，结合相应的程序文件识别关键业绩（KPI）并提出一整套业绩标准； R3——执行效果的检查系统； R4——执行结果的考核系统

续表

类 别	案 例 二
技术创新与管理	◆主要装置采用EPC总承包方式，联营体对EPC承包商施工工艺、质量、设计全面把关和审查，并提供技术支持。根据项目要求，严格按照国内国际标准对施工技术进行监控，做到精细化、程序化和规范化。 ◆引进专利技术，审查专利商工艺包设计文件，提出统一标准并严格保密
信 息 化	◆建立项目独立网络，以北京为中心，与美国休斯顿、英国雷丁建立帧中继线路，与北京办公室，联营体三个公司的总部以及惠州的现场建立DDN连接；在SEI公司的LAN中单独划分出一组VLAN支持项目。 ◆采用Ex-ehange2000邮件系统；远程访问方案采用虚拟私有网络（VPN）；建立以DocumentumD4i为基础的电子文档管理系统（EDMS），在项目中实现统一的文档管理平台；应用ProjectNet系统，为项目组成员提供全方面多功能的服务。 ◆建立项目内部网。主要应用有人力资源管理、通用项目信息及进度、项目人员及电话目录、时间表等
施工管理	◆建立国际上严格的HSE（健康、安全与环境）体系管理工作程序和标准精细化；高度重视HSE培训工作；成立多层次的HSE管理机构并严格职责。 ◆建立质量体系并监督控制。设立专门的质量管理机构和专职QA工程师负责质量管理。进行质量策划，编制特殊过程编制作业指导书。培训项目的参加者正确运用项目质量文件及专业技术、管理文件。 ◆对人员资质、机械设备（包括检测设备）、作业环境等资源情况进行控制。 ◆对实施阶段过程输入进行检查、评审、验证；对过程输出进行检验或验证。大量运用检查表格，详细列出检查项目及标准。对采购过程及施工过程的不合格产品进行控制
合同管理	◆联营体与业主签订成本加酬金及奖励合同，与业主收益共享。 ◆编制PMC项目程序文件、工作手册及工程规定，成为项目执行过程中质量、进度、费用及合同管理和控制的保障。 ◆代表业主全面进行EPC，EP+C承包商资质审查、招标文件编制、评标工作。严格按国际惯例，每个环节均有大量程序文件、标准，选择最有竞争力的承包商。 ◆负责管理与业主有关的界面关系，编制对承包商及其活动进行有效协调、控制和报告的管理程序。 ◆合同执行过程精细化，管理层重点抓合同执行策略和项目执行力
融 资	◆对资金构成进行策划和调查，向业主提供融资策划建议，预测资金布局。与融资财团和政府部门协调沟通，协助业主办理有关融资事宜，提供HSE等方面检测和评估报告。 ◆以银团贷款形式融资，包括境内融资、境外商业贷款、出口信贷等
协调管理	◆与政府部门、贷款方、ECA等的联系工作。代表业主从事认证、报批许可、报建、申请等工作。 ◆整合全球资源，在中国、英国、美国、马来西亚、意大利5个工程设计中心协同工作。 ◆对各EPC承包商及分包商全面协调与监控管理。 ◆使动迁的2700多户共8300人得到很好安置

类 别	案 例 三
采购管理	◆ 施工过程中各项目部将各种大宗拟采购材料的数量提供给工程指挥部的材料部，由材料部集中询价，利用大宗采购（租赁）的优势最大限度采购（租赁）材料，同时避免高峰使用材料时可能造成的恶性竞争。 ◆由材料部负责定出一个购进材料的最高限价和订购方法，以指导各项目部进行材料采购

续表

类　别	案　例　三
人力资源管理	◆指挥部根据五大工程控制节点，将整个施工过程划分为五个阶段，在各项目部之间开展阶段劳动竞赛并与经济效益挂钩。 ◆项目部联合办公室各职能部门由各母体单位的管理骨干组成，职员间相互学习、交流，进一步提高管理水平。联合办公室各职能部门集中处理对内、对外业务，减轻了各成员单位业务量，降低现场管理费用。 ◆项目内部分配由联合办公室的各利益相关方成员一起协商，减少分配方案的意见分歧。 ◆项目办聘请建筑技术方面资深专家，组成专家技术委员会。采用特聘的方式，邀请专家了解和参与工程的全过程，以例会制和专项技术评审会制度进行运作。 ◆建立专家库，每个专业领域有不少于10名专家，在需要时调用。每月召集一次专家例会并巡视现场，使专家们充分了解工程进展及技术问题。 ◆给予专家一定的决策权，重大设计、施工、设备方案，须专家委员会论证、通过。委托专家作为业主代表参加评标，考察设备生产厂。共召集国内外专家60余人次，论证会议30余次
技术创新与管理	◆技术部主要工作是过程协调、结果把关，将参与建设的勘察、设计、检测、施工、政府有关部门等各种技术资源串在一起，充分整合，并依靠项目专家技术委员会做强大后盾，形成对项目全方位的技术把关。 ◆实行项目技术总控制，确保工程运转在统一的技术指令中。技术部采用社会化，引入有经验的项目咨询机构，编制技术总控大纲，包括网络计划、总技术规定、标准、验收总规程、项目质量总目标。在总控大纲的指导下，各参建单位再具体编制分项计划，技术管理制度、办法，具体的技术措施、细则，报业主审查通过后统一执行
信息化	◆对工程周边地基处理运用了地基处理管理信息系统。对地基资料和施工过程进行有效的管理，把道路的地质概况、投资预算、合同文件、沉降计算、施工方法、施工过程控制、竣工报告、质检要求等相关文件都放入地基处理管理信息系统中，并根据系统对工程进行监督、管理
施工管理	◆工程按纵向伸缩缝分为五部分共八个区段施工。指挥部组成后通过集团公司的授权，赋予指挥部独立指挥的权力，对本工程使用的劳动力、资金、建材及设备机具进行统一的调配，对技术方案及计划统一审核。 ◆明确各部（室）的主要职责在最高决策层的领导下，直接指导、监督、检查和协调五大项目部的工作。会战的施工组织与管理采取以指挥部为龙头，各公司项目部相互配合、相互促进的模式。 ◆由工程部对工期控制情况进行跟踪，并制定相应的管理制度强化过程控制，以确保各种信息的反馈与问题的纠正得以顺利进行，形成科学合理的闭环管理流程。 ◆现场将塔吊的各种资料全部输入指挥部电脑，由指挥部统一指挥和协调，设定了各项目部使用塔吊的时限，以解决群塔的调度，避免各工区争用塔吊
协调管理	◆外部待决事项管理针对外部单位包括各个相关的政府职能部门、建设单位、设计单位、监理单位以及工程所在地周边的一些关系等，表现为适度的管理。 ◆内部待决事项管理针对内部单位，包括指挥部的各个职能部门、下属各个项目部、各个专业分包、劳务分包单位等，表现为强制性的管理

柔性壁垒分析 **表 11-8**

类别	案例一
结构方面	◆结合工程特点，联营体情况及施工管理需要，从岗位职责、行政后勤、经营合同、承包分配、施工生产、物资器材、劳务用工、员工基本行为准则等方面建章立制，建立健全各种规章制度。 ◆实行“部门经理—项目区段工程师—总工长—工作面工长—中方工长—技工及劳务”责任链，一般不设副职，实现机构精简。根据需要设岗和调整，实施动态管理。灵活用工制度和聘用、考核、奖惩规范机制。 ◆现场设联合办公室，下设商务、行政财务、质安、技术、外事等部门。 ◆学习借鉴国外承包商以合同为中心管理观念、细致管理制度，对现场和成本管理精、严、细、实的做法以及设备管理的制度化、程序化和规范化
文化方面	◆小浪底工程采取国际招标，在二标联营体中，来自于不同国家地区的人员合作工作，国籍不同，思想观念、文化背景、生活习惯、价值观均有很大的差异。各方成员都能看到和体会到东、西方国家的一些差距，眼界变得开阔、观念发生变化。东、西方的文化与思想相互交融

类别	案例二
结构方面	◆美国 BECTHEL 公司负责项目执行程序、进度计划、人力投入、采购、建设、费用估算与控制、与业主的关系协调，乙烯及大部分公用工程的工艺包设计。 ◆英国 FW 公司负责联营体的质量保证、技术支持、国外标准规范和大部分工艺装置的基础工程设计和组织。 ◆中方 SEI 负责全厂初步设计文件的编制、地方政府管理的协调、国内标准规范、设备材料分交、现场准备以及大量公用工程界外设施、聚丙烯等装置的基础工程设计。 ◆PMC 设立项目董事会、项目职能组和项目管理组三个管理层，PMC 组织采用典型的矩阵式模式。PMC 共制定各种程序 2337 个、项目指导 134 个、计划文件 604 个、规格标准 1204 个、工作指导 50 个
文化方面	◆每位员工必须认真阅读《道德指南》等道德管理方面的文件，签字承诺遵守项目规定的所有道德规范。 ◆培训内容包括 HSE 培训、入职培训、专业知识培训、项目各部工作程序与内容培训、各种工作技能培训。形式灵活多样，包括面对面培训，网上培训等。 ◆采用问卷调查、满意度调查等评价员工的工作，对优秀员工进行物质和精神奖励。 ◆对员工考核内容包括工作是否主动、解决问题的能力、团队工作精神及文化包容性、交流能力及坦诚度、是否适应中西方工作方法等。 ◆引进六西格玛管理

类别	案例三
结构方面	◆联合体现场项目部组织结构属于职能式和矩阵式相结合的结构。通过集团公司的授权，赋予指挥部独立指挥的权力，对本工程使用的劳动力、资金、建材及设备机具进行统一的调配，对技术方案及计划统一审核，各分项目部具有一定的独立性和授权。组织结构扁平化，机构较精简，管理效率和水平较高。 ◆指挥部专门由工程部对工期控制情况进行跟踪，并制定相应的管理制度强化过程控制，确保各种信息的反馈与问题的纠正得以顺利进行，形成科学合理的闭环管理流程
文化方面	◆联合体各成员单位隶属于一个集团公司，成员间相互熟悉程度和企业文化认同度较高，文化壁垒较低。 ◆引入社会化管理，搭建专家技术交流平台和引入咨询，充分利用社会资源，形成良好交流沟通氛围

以上基于管理性任务和组织结构设计任务两个方面对于联营体的柔性分析有助于掌握和评价联营体对于外界及工程任务环境柔性匹配的程度，并结合管理性任务和组织结构任务开发出所需要的柔性潜能，提高联营体的竞争力。

四、柔性评价分值

工程承包联营体所面临的某一环境方面的动荡性程度，需要联营体具备相应程度的柔性能力来匹配。图 11-4 给出了有关柔性与环境动荡性关联度的分析矩阵示例，矩阵中分值的高低反映了联营体柔性与环境动荡性关联程度的高低。分值越高（即关联度越高），则联营体在其现实柔性方面对于相应环境的适应力就越应得到重视。

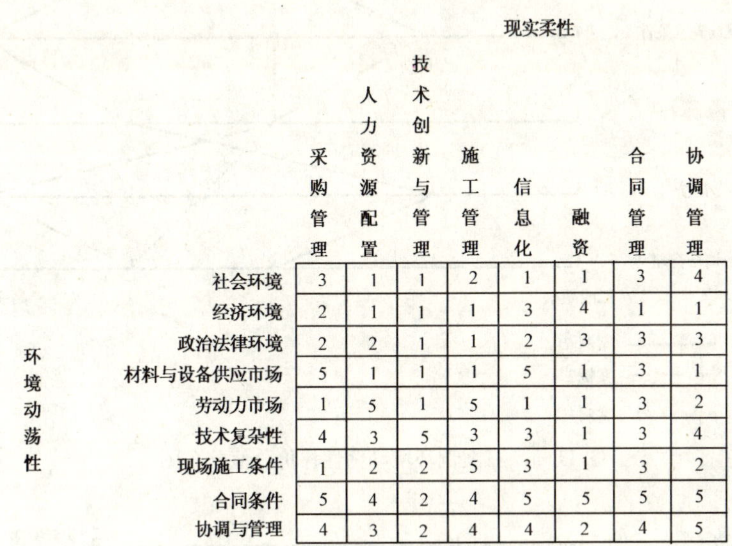

现实柔性

环境动荡性	采购管理	人力资源配置	技术创新与管理	施工管理	信息化	融资	合同管理	协调管理
社会环境	3	1	1	2	1	1	3	4
经济环境	2	1	1	1	3	4	1	1
政治法律环境	2	2	1	1	2	3	3	3
材料与设备供应市场	5	1	1	1	5	1	3	1
劳动力市场	1	5	1	5	1	1	3	2
技术复杂性	4	3	5	3	3	1	3	4
现场施工条件	1	2	2	5	3	1	3	2
合同条件	5	4	2	4	5	5	5	5
协调与管理	4	3	2	4	4	2	4	5

表中 5、4、3、2、1 分别代表关联度很高，较高，一般，较低，很低

图 11-4　工程承包联营体柔性与环境动荡性关联度分析矩阵

在对上述三案例的比较分析和评价中，采用比较图和五分制法。在环境动荡性状况中，按照评价后的结果，从低（或简单）到高（或复杂）划分为 5 个分值，分值越高，代表环境动荡性程度越高，环境越多变和复杂。类似地，在柔性概况的分析中，也将采购管理、人力资源配置、技术创新与管理等指标划分为 5 个评价分值，分值越高，反映联营体柔性化程度越高。在结构和文化壁垒分析中，壁垒程度越高表示对于柔性的限制越大，但组织可以激发的柔性潜能也越大。环境动荡性评分结果如图 11-5，柔性评分结果如图 11-6。

五、结论及分析

经过分析，可以判断出工程承包联营体各方面的柔性能力能否与环境的动荡性因素相适应，并可以帮助制定相应的改善措施。

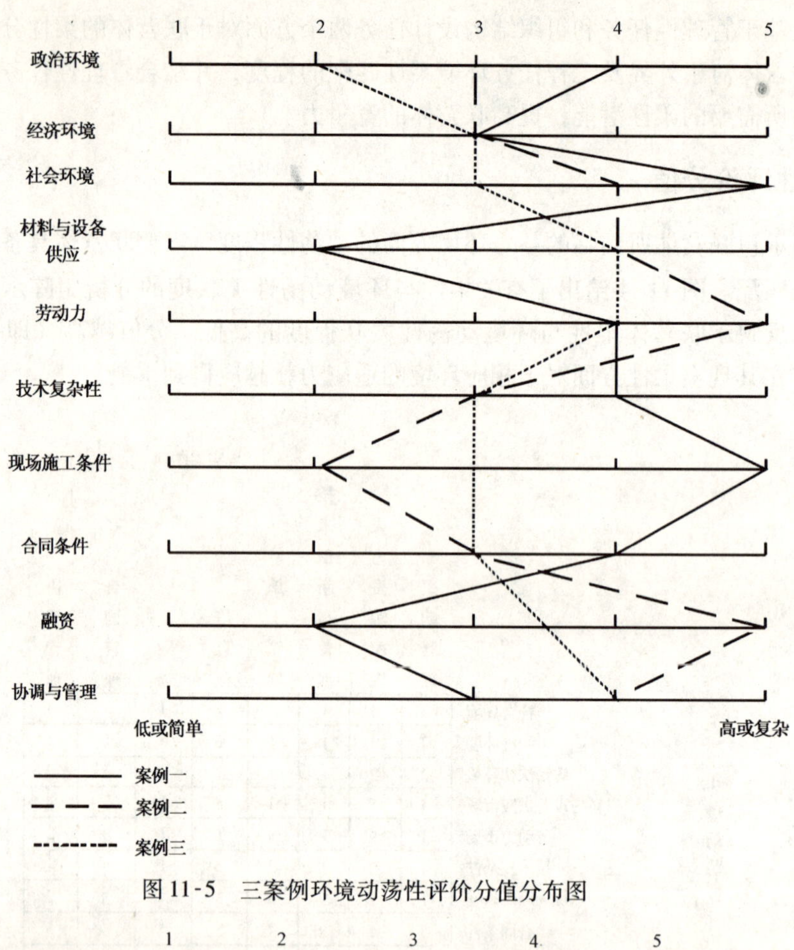

图 11-5　三案例环境动荡性评价分值分布图

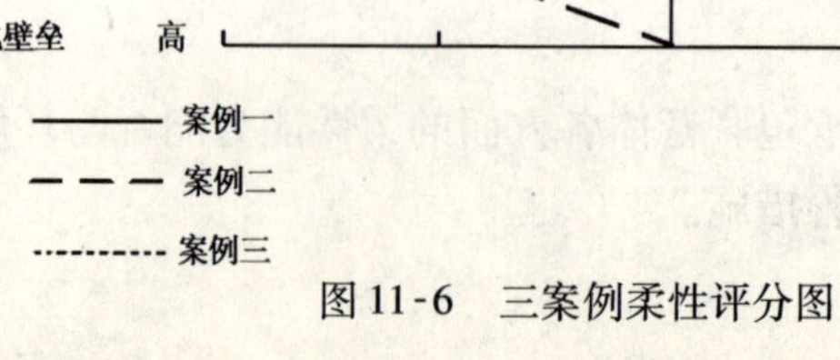

图 11-6　三案例柔性评分图

在案例一中，项目受到政治及社会方面因素影响较多，同时为保证工程按期完成，需要具备柔性很高的协调与管理能力。所签劳务及劳务管理合同对联营体限制很多，OTFF联营体处于不利的合同条件下的压力和风险较大。而由于OTFF联营体仅承担劳务及劳务管理工作，在材料设备供应以及融资方面面临的复杂因素较少。在劳动力需求方面，由于项目复杂、现场施工条件恶劣及工期紧迫，对联营体施工队伍以及技术实力提出了很高的要求。从案例一联营体现实柔性匹配上可以看出，联营体在人力资源和技术管理方面发挥了较高柔性，满足了工程需要。而由于合同的限制，在采购管理和融资上柔性很低，并未发挥联营体的柔性优势。在信息化程度及合同管理中，随工程进展不断进步，柔性程度中等，还有进一步提高的潜力。结构壁垒和文化壁垒也处于中等水平，其中组织结构对柔性激发有一定限制，在满足工程需要前提下应进一步精简组织机构，提高效率；而文化壁垒也应加大调整力度，使项目上的中外合作各方更好地交流和学习，同时加强文化建设，构建积极向上、团结和谐的联营体文化。

在案例二中，项目受所在地政府、居民及周边环境等社会条件因素影响较大。同时由于项目投资额巨大，涉及的国际采购、劳动力、融资以及利益相关者的协调等内外部因素众多而复杂，因此对BSF联营体综合管理能力提出了很高的柔性要求。在联营体柔性匹配方面，联营体由国外著名承包商与国内工程公司组成，在国际信誉、融资、国际采购、人员配备以及与国内各方进行协调沟通等方面都发挥了各成员优势，从而能有效整合各方资源，在项目进程中发挥了很高的柔性匹配能力。尤其是联营体信息化程度很高，使得联营体内部、项目部与各联营体成员公司总部之间的信息沟通交流顺畅，大大提高了联营体协同作业能力和整合全球资源的效率，成为BSF联营体柔性的最显著特点。由于在工作程序、施工管理、HSE管理等方面的严格程序化以及标准精细化，使得联营体结构壁垒较高，刚性很强。但由于操作的规范化精细化，工作效率很高，已能很好地满足工程需要，较好地处理了刚性与柔性的关系。

在案例三中，由于进出口贸易增长的迫切需要，外经贸部以及广州市政府的高度重视，联营体在项目实施中工期和质量要求上较高，各方面资源以及协调获得了充分的支持。由于会展中心工程在结构、设备设施等方面技术应用的先进性和复杂性，使得联营体技术管理难度很高。在联营体柔性匹配方面，由于各个联营公司隶属于同一个集团，在各方面资源、人力、管理方面的合作和交流都有很高的效率，很好地集中了各方面资源满足工程需要。联营体引入社会化管理，组建项目专家技术委员会，为保证项目技术方案的顺利实施起到了关键作用，并且极大地缩减了成本，这一做法成为该联营体应对项目复杂技术因素最成功的柔性匹配方式。由于项目成立了项目指挥部全权指挥，在管理措施、工作流程、技术指令以及各方面人力物力资源的调配上都有统一的调度，在发挥各分公司项目部独立完成施工区任务的同时，也体现了职能制组织管理的高效率，使得联营体结构壁垒较低。各联营体成员企业价值观和文化较一致，在交流合作和融合方面较容易，文化壁垒也很低。

参考文献

[1] Ansoff H. I. Corporate Strategy. New York：McGraw－Hill，1965

[2] Porter M E. The Competitive Advantage. New York：Free Press，1985

[3] Eppink D. J. Planning for strategic flexibility. Long Range Planning，1978，11：9～18

[4] Aaker D. A.，Mascarenhas B. The need for strategic flexibility. Journal of Business Strategy，1984，5（2）：74～82

[5] J. L. Johnson. Market－fourced strategic flexibility：conceptual advances and an integrative model. Academy of Marketing Science Journal，2003，31：74～99

[6] D. L. Ferrin. The use of rewards to increase and decrease trust：mediating processes and differential effects. Organization Science，2003，14（1）：18～31

[7] C. S. Lim，M. Zain Mohamed. An exploratory study of project based international joint ventures the case of Chek Lap Kok Airport in Hong Kong. International Journal of Project Management. 2000，18：267～273

[8] Ford D. N.，Lander D. M. and Voyer J. J. A real options approach to valuing strategic flexibility in uncertain construction projects. Construction Management and Economics. 2002，20：343～351

[9] Corkin，L. The lion's share. International Construction Review（CIOB），2007，8：10～14

[10] Humphrey J. and Schmitz H. Governance and upgrading：linking industrial cluster and global value chain research. IDS Working Paper 120，Brighton，Institute of Development Studies，University of Sussex. 2000

[11] Gereffi G.，Humphrey J. and Sturgeon T. The governance of global chains：an analytic framework. Review of International Political Economy. 2003，1

[12] Kaplinsky R. and Morris M. A Handbook for Value Chain Research. Prepared for the IDRC，2001

[13] 赵振宇，申立银. Are Chinese contractors competitive in international markets? Construction Management and Economics. 2008，26（3）：225～236

[14] 申立银，赵振宇. Strengths，weaknesses，opportunities and threats for foreign－invested construction enterprises：a China study. Journal of Construction Engineering and Management. 2006，132（9）：966～975

[15] Derek H. T. Walker，Derick S. Johannes. Construction industry joint venture behaviour in Hong Kong designed for collaborative results. International Journal of Project Management，2003，（21）

[16] Beliz Ozorhon，David Arditi，Irem Dikmen，M. and Talat Birgonul. Effect of host country and project conditions in international construction joint ventures. International Journal of Project Management，2007，25（8）.

[17] Li Wai Hung，G. M. Naidu，S. Tamer Cavusgil and Richard C. Yam. An exploratory study of project based international joint ventures：The case of Chek Lap Kok Airport in Hong Kong. International Business Review，2002，（11）.

[18] John Naylor，Mark Lewis. Internal alliances using joint ventures in a diversified company. Long Range Planning，1997，30（5）

[19] Kaplinsky R. and Fitter R. Technology and globalization：Who gains when commodities are de－commodified? International Journal of Technology and Globalization，2004，1

[20] 亨克·傅博达．创建柔性企业—如何保持竞争优势．北京：人民邮电出版社，2005
[21] 申立银，叶堃晖，邓小鹏．建筑企业竞争力．北京：中国建筑工业出版社，2006
[22] 汪应洛，刘益，李恒．柔性战略的理论分析方法及其应用．北京：中国人民大学出版社，2005
[23] 姚先成．国际工程管理与现代建筑企业．北京：中国建筑工业出版社，2004
[24] 姚兵，丛培经，萧利民．建筑业行业及企业发展战略概论．广州：华南理工大学出版社，2001
[25] 中国大中型企业国际竞争力评价报告课题组编．中国大中型企业国际竞争力评价报告 2002～2003. 北京：中国财政经济出版社，2003
[26] 赵曙明等．跨国公司人力资源管理．北京：中国人民大学出版社，2006：135
[27] 南希·阿德勒．国际组织行为．北京：北京大学出版社，2004
[28] 泛华建设集团．建筑工程项目管理服务指南．北京：中国建筑工业出版社，2006
[29] 约翰·B·库仑．跨国管理战略要径．北京：机械工业出版社，2006
[30] 梁鑑等．建设工程合同管理与案例分析．北京：中国建筑工业出版社，2004
[31] 赵振宇，刘伊生．基于伙伴关系（Partnering）的建设工程项目管理．北京：中国建筑工业出版社，2006
[32] 叶永玲．虚拟经营战略．上海：上海三联书店，2004
[33] 承包商会综合部．2005 年中国对外工程承包市场分析报告．国际工程与劳务，2006
[34] 李小冬，关柯，赖熹．大型承包商国际竞争力的综合评价及其模拟分析．哈尔滨工业大学学报．2004，1354～1357
[35] 汤礼智．国际工程承包总论．北京：中国建筑工业出版社，1997
[36] 约翰逊·凯方·斯科尔斯．战略管理．北京：人民邮电出版社，2006：361
[37] 吕文学．我国大型建筑企业竞争力及其提升途径研究．天津大学博士学位论文，2003，93～113
[38] 李东奇．中国企业海外经营的现状分析与策略选择——以辽河石油勘探局苏丹项目为例．对外经济贸易大学工商管理硕士（EMBA）学位论文，2004
[39] 阮连法，曾辉，章慧．建筑企业竞争力评价体系的构建与实证分析．建筑经济．2008，4
[40] 叶勤．企业战略理论的竞争优势观及其演进．经济评论．2004，3：61～64
[41] 谢琼，张丽，李启明．2003 年度国际市场 ENR225 承包商和 220 家设计公司市场分析．建筑经济．2004，12
[42] 罗甲生等．设计施工联合体模式的理论探讨与实证分析．建筑经济．2005，4
[43] 赵书华，李雪．价值链分析：中国对外工程承包企业发展之路．建筑经济．2005，7
[44] 卢勇．大型工程建设的信息沟通与虚拟组织环境．基建优化．2002，4
[45] 周敏，汪霄．大型工程建设的信息管理与组织结构变革．基建优化．2004，1
[46] 李京文．重大工程项目技术经济论证的新发展．土木工程学报．2002，1：29
[47] 谢荣见，孙剑平．改善企业管理沟通的策略分析．现代管理科学．2006，6：22
[48] 乐云．国际工程项目管理的前沿研究方向．建设监理．2004，6
[49] 王健男．国际承包工程代理商的作用．科技情报开发与经济．2003，11：94
[50] 梁勇等．国际承包工程的多元文化环境与文化风险管理．重庆建筑大学学报．2000，4：78
[51] 龚振等．国际企业跨文化管理的概念模型与策略分析．科技管理研究．2006，3：59
[52] 赵伊川等．跨文化沟通中的主要障碍及其改进途径．大连海事大学学报．2006，2：55
[53] 唐红霞．企业战略联盟·价值链·绩效评价．南京工业大学学位论文，2004
[54] 尚耀华，金维兴．中国建筑企业的战略选择．建筑经济．2005，10：5～10
[55] 陈英成．工程咨询企业走出去的现状与问题．国际经济合作．2004，8：4～6
[56] 樊建森．新形式下中国对外工程承包企业发展的战略研究．对外经贸大学学位论文，2002

[57] 刘家明．谈国际工程战略联盟合作伙伴的考察．内蒙古煤炭经济．2003，6：7～9
[58] 宋榕．试论国际战略联盟的管理．经济论坛．2004，12：64～65
[59] 姚滢．企业战略联盟的管理．江苏商论．2005，8：90～92
[60] 张京敏．战略联盟失败的原因及启示．商业文化．2005，1：54～57
[61] 赵振宇等．FIDIC 施工合同条件下承包商风险探析．土木工程学报．2003，4
[62] 罗玲，黄敏镁．战略联盟失败原因分析．武汉理工大学学报（信息与管理工程版）．2004，6：54～56
[63] 于丽娟，祝爱民．企业核心能力柔性及其提升研究．技术经济与管理研究．2005，2：100～101
[64] 王泰，周艳．从联营体到虚拟化经营．建筑．2002，10：31～32
[65] 谢韬．本土化经营——中建总公司在美国建筑市场的成功之道．国际经济合作．2005，4
[66] 达庆利，王恩，万伦来．虚拟企业结构模型及运作机制：一种类生物化的分析视角．北京：清华大学出版社，2004
[67] 陈宗贵．浅谈工程建设联合体．经营管理．2000，3
[68] 宇剑波，李彦勋．从 OTFF 联营体谈水电施工企业的联营．中国水利．2001，1
[69] 胡季民，许成宏．从突围到腾飞——记东阳三建在阿尔及利亚扭亏为盈的品牌之路．施工企业管理 2007，2
[70] 代婷蓉．广州国际会展中心建设技术管理的启示．工程建设与设计．2003，12
[71] 伍尚明．联合体施工管理实例——浅析广州国际会议展览中心工程项目管理．广州建筑．2004，3
[72] 杨旭，卓荣．浅谈广州国际会展中心设计管理．南方建筑．2005，2
[73] 彭飞．中外联营体如何成功执行项目．国际经济合作．2003，2
[74] 潘鹏．浅谈南海石化项目施工阶段的 HSE 管理．石油化工安全技术．2006，2
[75] 谢寅龙．中海壳牌南海石化项目质量监督的组织与实施．广东土木与建筑．2005，8
[76] 郑垣，吴振华．大银行的大手笔．中国城市金融．2002，3
[77] 杨玲．推行可持续发展建筑促进资源节约型社会建设．甘肃冶金．2006，2：66～67
[78] 仇保兴．推行绿色建筑加快资源节约型社会建设．中国建筑金属结构．2005，10：5～9
[79] 李峥嵘，杜璇．绿色建筑评估体系对建筑节能管理的启示．建筑节能．2007，3：1～3.
[80] 张辉．全球价值链动力机制与产业发展策略．中国工业经济．2006，1
[81] 赖明，尚春明，仝贵婵．中国建筑业信息化的现状与发展．建筑经济．2003，10
[82] 杨建龙．国际建筑业的现状与趋势分析．施工企业管理．2004，8
[83] 王亦武．构建企业联盟，创造双赢格局．国际经贸探索．2001，5：11－12
[84] 张梅．公路建设与土地资源环境保护——巴基斯坦某公路项目实施案例．世界环境．2006，2
[85] 郑延庆．潜力巨大的俄罗斯工程承包市场．国际工程与劳务．2008，1：19～21
[86] 陆志军．坚定目标，优化管理——巴新柏马公路项目二标段记事．国际工程与劳务．2007，12：42～44
[87] 元世军．国际 EPC 项目的实施要点．国际工程与劳务．2007，4：8～10